"KOKUGO" TO IU SHISO
by Yeounsuk Lee
©1996, 2012 by Lee Yeounsuk
Originally published in 1996 by Iwanami Shoten, Publishers, Tokyo
This simplified Chinese edition published 2022
by SDX Joint Publishing Co., Ltd., Beijing
by arrangement with Iwanami Shoten, Publishers, Tokyo

本书受三得利文化财团海外出版助成资助

［韩］李妍淑 著

王晴 译

作为思想的「国语」

近代日本对语言的认识

生活·讀書·新知 三联书店

Simplified Chinese Copyright © 2022 by SDX Joint Publishing Company.
All Rights Reserved.
本作品简体中文版权由生活·读书·新知三联书店所有。
未经许可,不得翻印。

图书在版编目(CIP)数据

作为思想的"国语":近代日本对语言的认识/(韩)李妍淑著;
王晴译.—北京:生活·读书·新知三联书店,2022.10
ISBN 978-7-108-07445-4

Ⅰ.①作… Ⅱ.①李…②王… Ⅲ.①日语-语言学-研究
Ⅳ.① H36

中国版本图书馆 CIP 数据核字(2022)第 086505 号

策划编辑	叶　彤
责任编辑	周玖龄
装帧设计	康　健
责任校对	张　睿
责任印制	卢　岳
出版发行	生活·讀書·新知 三联书店
	(北京市东城区美术馆东街 22 号 100010)
网　　址	www.sdxjpc.com
图　　字	01-2017-8538
经　　销	新华书店
制　　作	北京金舵手世纪图文设计有限公司
印　　刷	鸿博昊天科技有限公司
版　　次	2022 年 10 月北京第 1 版
	2022 年 10 月北京第 1 次印刷
开　　本	880 毫米×1230 毫米　1/32　印张 11.5
字　　数	265 千字
印　　数	0,001-5,000 册
定　　价	79.00 元

(印装查询:01064002715;邮购查询:01084010542)

目 录

前　言　语言与"想象的共同体" ··1
序　章　"国语"以前的日本语——森有礼与马场辰猪的日本语论···10
　　一　森有礼的日本语论···10
　　二　马场辰猪对森有礼的批判···23
　　三　马场辰猪的语言空白··30

第一部　明治初期的"国语问题"

第一章　国字问题的方向···37
　　一　"书写"与语言表象···37
　　二　前岛密的汉字废止论··40
　　三　西学学者的假名文字论与罗马字论·······································44
　　四　明治最初十年的国字改良运动··47
　　五　明治三十年代的国字问题···52

第二章　言文一致与"国语"··60
　　一　语言的危机与言文一致··60
　　二　从国字改良到言文一致——前岛密、西周、神田孝平···63

三　物集高见与张伯伦的"言文一致"……………………66

　　四　东京话与言文一致……………………………………72

　　五　通用文与言文一致……………………………………78

　　六　帝国意识与言文一致…………………………………80

第三章　"国语"的创成…………………………………………86

　　一　"国语"的受孕………………………………………86

　　二　明治初期"国语"概念的变迁………………………91

　　三　大槻文彦与"国语"的成长…………………………98

　　四　"国语"理念的创成…………………………………101

第二部　上田万年的语言思想

第四章　早期的上田万年………………………………………113

　　一　从"国文"到"国语"………………………………113

　　二　青年语法学派与全德国语言协会……………………122

第五章　"国语与国家"…………………………………………137

　　一　"国语"的政治洗礼…………………………………137

　　二　"母亲"与"故乡"…………………………………143

　　三　为了"国语"…………………………………………148

第六章　从"国语学"到"国语政策"………………………152

　　一　国语学的构想…………………………………………152

　　二　标准语与言文一致……………………………………156

　　三　国语政策与国语学……………………………………165

　　四　被教育的"国语"……………………………………168

　　五　从"国语"到"帝国语"……………………………172

　　六　后来的上田万年………………………………………175

第三部　国语学与语言学

第七章　被遗忘的国语学者保科孝一……183
一　从上田万年到保科孝一……183
二　"国语"与殖民地……189

第八章　围绕国语学史展开的讨论……196
一　国语学与语言学……196
二　保科孝一的《国语学小史》……199
三　国语学的体系化……203
四　山田孝雄的《国语学史要》……209
五　时枝诚记的《国语学史》……211

第九章　国语的传统与革新……215
一　语言学与"国语改革"……215
二　围绕假名使用改定展开的讨论……220
三　山田孝雄与《国语的传统》……223
四　时枝诚记与语言过程说……231

第四部　保科孝一与语言政策

第十章　标准语的思想……243
一　"标准语"与"共通语"……243
二　"方言"与"标准语"……246
三　从"标准语"到"政治性的国语问题"……249

第十一章　朝鲜与德领波兰……252
一　朝鲜与波兰的"同构性"……252
二　国语教育与同化政策……255

三　《德领时代波兰的国语政策》……258
　　四　"学校罢课"与"三一运动"……262

第十二章　什么是"同化"？……270
　　一　殖民政策与同化政策……270
　　二　殖民地朝鲜的"民族语抹杀政策"……276
　　三　什么是"同化"？——"教化"与"同化"……280

第十三章　伪满洲国与"国家语"……289
　　一　所谓"多民族国家"伪满洲国……289
　　二　"政治的国语问题"与多民族国家……290
　　三　奥匈帝国的"国家语"论争……293
　　四　"国家语"的构想……298

第十四章　"共荣圈语"与日本语的"国际化"……306
　　一　伪满洲国的"假名国字论"……306
　　二　《大东亚共荣圈与国语政策》……309
　　三　《向世界蔓延的日本语》……312
　　四　第一次国语对策协议会……316
　　五　第二次国语对策协议会……321
　　六　国语改革与日本语的普及……326
　　七　"国粹派"的反击……329
　　八　"共荣圈语"之梦……335

结　语……337

后　记……344

岩波现代文库版后记……346

参考文献……351

译后记……361

前　言
语言与"想象的共同体"

对于人类来说，语言是最理所当然的了。顺从自然行为的说话者在用母语说话时，并不会意识到自己在说哪种语言，而且也不会像语法研究者那样，首先思考母语的语法规则然后再去组织自己要说的话。对于这种说话者而言，当被告知是在说"××语"的时候，这种知识从本质上讲是陌生的。在这个意义上，某个人如果被告知他是在讲××语，或者是在用"国语"说话，那么让说话者意识到这件事情的那一瞬间，人类语言就进入了新的历史阶段，也即，语言的异化的历史由此开始。

也就是说，尚未让反省意识介入其中的时候，并不是在使用被对象化了的"××语"，而只是在"说话"而已。但是，当我们试图寻找"说话"这件事情的根据时，或者对"说话"一事萌发了或多或少的目的意识时，"语言"就会成为先于"说话"这一自然行为而存在的实体，并占据主导地位。可以这样来看，并不是"说话"创造了"语言"，而是在某处存在着的"语言"这一事物，才是"说话"这一行为被遮掩起来的基础。只有在这个时候，人们才可能毫不犹豫地为语言下如此的定义："语言是传递的手段。"因为，在此之前，这一语言并不是从语言之外的状况中可以将意思直接剥离出来的"手段"。当然"语言是传递的手段"这一定义，并不能说完全错误，只不过就刻意遗忘语言的"历史的疏离性"（歴史的な疎外性）这一点来说，不能不说它是虚伪的。

从而，语言被设想为是与人类的说话行为相分离的实体存在，以及是可以从文本语境中任意抽象出来的、中立化的道具，两者可以说是如硬币的正反面互为表里的。从这一点来看，语言被认为是民族精神的精髓这一语言民族主义，和"语言说到底就是交流的手段"的语言工具论，这两者也是同时代语言认识的双胞胎。它们与高度的意识形态性相结合，由此开始了"语言"的时代。

本尼迪克特·安德森指出，语言具有"创造想象的共同体，以此建构特定的连带感"①的能力。这是因为"不管多小的国家的国民，构成这个国家的大多数人，彼此之间并不认识，也没见过，甚至相互之间连听都没听说过，即便如此，每一个人的心中，却存在共食圣餐的想象"②。在这里，语言正是存在于共同的圣餐所在之处，是沐浴圣灵的面包，有时候也是这圣餐的主宰者。

据安德森所言，这个"共同的圣餐"是以默认这一集体共有"同一种语言"为前提的。但是，一个社会集体意识到他们共有同一语言，接着就想要从中找出其巨大的价值，这是无论何时何地，在什么情况下都无须质疑的自明的事实吗？安德森的"国家"并非存在于可见的制度层面上，而是"作为想象，内心中描绘出来的想

---

① 本尼迪克特·安德森著，白石隆等译：『想像の共同体』，リブロポート出版社，1987年，第219页。[作者所引文献多数未译成中文，为方便有志进一步研究的读者，故以日文原貌呈现，余下皆如此处理。——编者]
② 同上，第17页。

象的政治共同体"。而且,无论是语言这一事物的同一性,还是语言共同体的同一性,与"国家"的同一性一样,都是想象的产物。也就是说,同一的语言共同体的成员,虽然没有彼此相遇,也没有过交谈,但深信不疑的是,大家共同地使用着"同一种"语言。经验上无法一一确认的语言共有意识,与政治共同体同样,显然也是历史的产物。所以,当"国家"这一政治共同体与使用着"同一语言"的语言共同体,这两者的想象发生层叠联结在一起的时候,通过想象受胎孕育的叫作"国语(national language)"的婴孩便清晰地呈现出了它的原貌。

众所周知,"国语"这个制度作为支撑起近代国民国家的必要条件,开始于法国大革命时期。在那时,法语才开始作为"国语"成了统合"国民(nation)"精神的象征。但是在当时的法国,通过维莱科特雷法令[①]与法兰西学术院等创造出的法语,它是具有同一性的,这一意识已经变成了自明的公理。革命家们也将法语的传统当作既成之物接受下来。

首先确立"语言"本身所具有的同一性,以及"语言共同体"的同一性,然后将其注入国家意识或国家制度,从而产生"国语"。但并非所有的场合都是这样的。从这一"国语"的产生背景来看,法国与日本的情况截然不同。

---

① 维莱科特雷法令(Ordonnance de Villers-Cotterêts)由法国国王弗朗索瓦一世于1539年8月10日至25日期间在埃纳省小城维莱科特雷颁布。同年9月6日,巴黎高等法院将其纳入法律。该法令共有192条。其中第110、111条首次确立了法语在正式文件中的使用。从那时起,法语取代拉丁语成了法律和行政上的官方语言。——译注

对于近代日本①来说，并不是"日本语"先确立自己的地盘，在此基础上再筑造"国语"这一建筑物的。恰恰相反，首先是"国语"这一光鲜亮丽的塔尖搭建起来之后，才急匆匆地制作出"日本语"的同一性这一基础，这一过程毋庸置疑。

"国语"是经受了各种各样的意识形态的洗礼之后诞生的概念，如今这一事实被广泛地接受。相对而言"日本语"或许会被认为是语言学上承认的、中立的客观存在物。但是，认为"日本语"是不潜藏任何意识形态性的概念，这本身也是特定的意识构造的产物。对于这样的"日本语"概念所蕴含的问题，龟井孝（1912—1995）给出了恰当的论述：

> 但是如果在这里严肃地反问"日本语到底是什么"，这绝对不是可以自明的概念。只要不进行任何抽象操作，语言就不可能作为一个统一的实体对象呈现在我们的眼前。②

> 无论《万叶集》的语言与20世纪日本的语言从实质上有多么不同，如果将它们都作为"同样的日本语的面貌"来引导我们去接受的话，这种情况至少不是在纯粹意义上的语言学的直接影响下产生的结果，而是某种固定观念的独断所致。这种独断是从某种思想中派生出来的，它假定了超越历史的、形而

---

① 日本的"近代"在时间范围上与中文的"现代"相对应，但为了更贴合日本语境下的"近代"所包含的近代化、近代性的含义，在此保留原文的"近代"一词，他处亦是如此，不再做说明。——译注
② 龟井孝:『「こくご」とはいかなることばなりや』,『龟井孝論文集1・日本語学のために』,吉川弘文馆，1971年，第229页。

上学式的绝对存在（比如作为神话的绝对存在）。①

在这里，虽然只论述了在时间的连续性下保证的语言的历时同一性，但从共时性的角度来说也是如此。如今，居住在"日本"这个政治的、社会的空间里的所有人若不相信大家使用的是"同样的日本语"，作为概念的"国语"也将无法成立。毋庸置疑，现实的语言中一定会存在着各种各样地域性的、阶层的、文体的变异。但是，无论这种变异性多么分散，能够将其视作真正的"变异"来理解，正是因为其背后有着共通的同一尺度。也就是说，对于"国语"的成立，最为根本的是，无论现实中存在着什么样的语言变异，是否坚信有超越这些变异的不可撼动的语言同一性存在。现实的语言变异是次要的，而基于想象的"国语"的同一性本身是更为本质的，这种语言意识是绝对必要的。

当然，为了实现"国语"体制，不得不依靠"标准语政策"来尽可能地消灭语言的变异性。然而，从语言本身的性质来看，语言是无法完全实现均质性的。对于"国语"来说，一边面向的是现实中的语言政策，另一边如前所述必须伴随着想象的登场。

在近代日本，"国语"概念的成立过程同步于"日本语"同一性自身的确认。然而，需要揭示近代日本的国语意识的存在方式的时候，这一并行的过程经常会被忽视。因为在建造"国语"这座耀眼夺目的建筑物时，上述过程就像地基那样，虽然重要，但并不会引人注目。而且，所谓"日本语"的同一性是一种很难用手去触摸

---

① 龟井孝：『「こくご」とはいかなることばなりや』,『龟井孝論文集 1·日本語学のために』, 第 232 页。

的柏拉图式纯粹精神上的语言意识。正因如此,如果没有非常敏锐的、毫无遗漏的视觉的话,很容易将其忽略。然而,将"日本语"的同一性作为毋庸置疑的自明的前提来看待,又很难使"国语"的概念所具有的不可思议的威力显现出来。在日本,"国语"概念确立以前,对于那些完全无法相信存在着"同一种日本语"的人来说,通过研究去明晰他们的思维过程,这一工作十分必要。因此我在序章阐述的就是这个问题。

日本的"语言的近代",是从最初的"日本语"这个语言统一体是否真实地存在这样一个疑问出发的。而"国语"可谓是为了全力击碎这样的疑虑而创造出来的概念。"国语"并非是作为既成之物而存在的。"国语"这个理念在明治(1868—1912)初期完全不存在,它的理念与制度是在日本建设近代国家的过程中被创造出来的。

在论述"国语"概念的起源时,人们经常会提到本居宣长(1730—1801)以来的"国学"传统。但是,我并不想在此采用这样的视点。在某种程度上,与其把"国语"当作日本的"近代",不如将其视作"语言的近代"中固有的表现。理由是,在"国学"中,"日本精神"与"日本语"的结合确实是以鲜明的意识形态的面貌呈现出来的。但是,国学者们认为理想的语言是《古事记》等古典文献中的那些没有沾染"汉意"①的"和语"②。尽管如此,这些

---

① 汉意(からごころ),本居宣长提出的批评概念。"汉意"批评是本居宣长的神学的核心主题。"汉意"从字面意思上讲是指"中国式的思考方式"。本居宣长认为这是将事物进行合理化、判断是非的一种"癖好"。——译注
② 和语(やまとことば),日本语中又称大和言叶,是日本语词汇来源的一类,指相对于汉语和外来语的日本原本使用的固有词汇。——译注

并不是"国语",甚至连"日本语"也称不上。

毋庸置疑,"国语"是表现"日本精神"与"日本语"的结合的终极概念。日本在战前的殖民地所推行的并不是"日本语教育",而是"国语教育",它是所有"同化政策"的根本原则。这样一来,日本殖民地统治的"思想依据"就包含了"国语思想"。因而在考察"国语思想"是如何形成的时候,日本殖民主义的思想根源也会昭然若揭。另一方面,以"国语"概念为抓手,同时也可以做出如下论证:日本的殖民地统治并不是随着近代日本的存立而衍生的副产品,而是深深扎根于日本近代本身的、更为本质性的事物。

不仅如此,"国语"在日本放弃殖民地之后依旧存在着。"战败"并非"国语"理念的终结。即使现实中的殖民地不复存在,作为"思想依据"的"国语"思想却没有泯灭。在《国语与国家》一文中首次清晰地描绘出"国语"像的上田万年,以及继承了上田思想的国语学者保科孝一所设想的"国语"体制,与战前相比更接近于"战后"现在的日本的语言状况。这意味着,从"国语"的思想史来看,"战前"与"战后"之间并不存在绝对性的断绝。

笔者在考察明治初期以模糊不清的面貌出现的"国语"之状况的基础上,最为重视的是从上田万年到保科孝一的这一连贯性的谱系。当然,除两者之外还有很多担负着建设"国语"思想重任的人物,但"国语"理念不能仅仅从政治、思想层面来考察,还要立足于"语言"来理解,这个谱系最具有决定性的意义。如果"国语"首先是"语言意识形态"的话,那么符合"语言"本身的分析方法就显得格外必要。笔者的野心在于,试图证明往往被归结到思想史、政治史、文学史等方面的"语言思想史",其自身是具有独立轮廓和固有构造的,这也是本书的主旨所在。

笔者试图与日本的"语言的近代"相结合，从语言思想史的视角来探讨"国语"理念的历史。这样一来，"国语"不仅仅是日本殖民主义的思想史基础，日本语的"近代"本身的特质也可以被清晰地刻画出来。

以下是本书的构成：

在序章部分论述"国语"以前的日本语并没有被视为自立的统一体这一问题。

第一部是"明治初期的'国语问题'"，主要讨论了明治初期开始到大约明治三十年代末期的"国语"概念的变迁。文字表记和文体的问题是后来"国语"的内涵被质疑时最大的热点，第一章和第二章旨在了解其历史背景。第三章则以明治初到明治三十年代左右作为研究对象，试图追踪"国语"概念是在怎样的思想背景之下被制造出来的。

第二部为"上田万年的语言思想"，主要分析了在近代日本"国语"理念的形成方面，扮演决定性角色的上田万年的思想。在第四章讨论上田对传统国学的批判以及对近代语言学的接受之后，第五章则重点分析了其著名的演讲《国语与国家》，对这篇演讲进行了全方位考察，通过细致的分析，阐明了上田语言思想的基础。第六章讨论的是在以近代语言学为基础而创造的国语学与以标准语的制定为代表的国语政策之间，上田建立了什么样的关系。

第三部与第四部主要探讨了上田的忠实弟子保科孝一的活动。

第三部是"国语学与语言学"。在这一部分中，讨论近代日本的"国语学"的存在方式与保科孝一所构想的"国语改革"的方向性之间的关系。第七章是国语学者保科孝一的概述性介绍，第八章则主要围绕《国语学史》所展现的语言学与传统的国语学之间的对立关系进行讨论。特别是在第九章阐明了语言学与传统的国语学两者的尖锐对立并非只是学问上的，也与现实的"国语问题"中保守派与改革派的立场有关。第三部讨论的国语学者除了保科孝一之外，还有山田孝雄和时枝诚记。

第四部是"保科孝一与语言政策"。这一部分从某种意义上说是本书最为重要的部分。保科孝一在忠实地遵从上田万年创立的"国语"理念的同时，耗时50年之久在日本的"国语政策"方面发挥了主导作用。在这里，不仅阐述了保科属于日本国内的"国语教育"领域，还置保科于时代的脉络中，论述了他的思想在为殖民统治制定"国语政策"时起到的作用。首先第十章讨论的是"标准语"概念。第十一章有关殖民地朝鲜、第十三章有关伪满洲国、第十四章有关"大东亚共荣圈"，这三章主要分析保科有针对性地提出的政策性建议，进一步揭示了保科的"国语"理念的内在实质。在第十二章，则论述了近代日本的"同化概念"与语言政策的关联。

序　章
"国语"以前的日本语——森有礼与马场辰猪的日本语论

一　森有礼的日本语论

论及在明治以后的日本作为"国家语言（national language）"的"国语"具有的正面价值时，有一位绕不开的人物。这并不是因为这个人物可作为炽热的"国语爱"的典范，恰恰相反，他是被视为无法令人容忍的"语言卖国贼"而被提及的。这个人物就是后来成为明治政府首任文部大臣的森有礼（1847—1889）。

1872 年（明治五年）5 月 21 日，时任驻美辨务使一职的森有礼给耶鲁大学的著名语言学者惠特尼（W. D. Whitney，1827—1894）①写了一封信②，1873 年（明治六年）又刊行了英文著作《日本的教育》（*Education in Japan*）。森有礼在书信及著作的序文③中

---

① 威廉·德怀特·惠特尼（William Dwight Whitney）是美国的语言学家和词典编纂者，以他在梵文语法和吠陀语言学方面的工作，以及对语言作为社会机构的有影响力的观点而闻名。他是美国哲学协会的第一任主席，也是《世纪词典》的主编。——译注
② 『森有礼全集』第一卷，宣文堂书店，1972 年，第 305—310 页。
③ 『森有礼全集』第三卷，宣文堂书店，1972 年，第 213—267 页。其中关于"日本语废止论"的部分在第 265—267 页。

谈论了《日本语废止论·英语采用论》(「日本語廃止論・英語採用論」)，这成为之后他遭受非难的缘由，可以说这一主张甚至连一位支持者都没有。森有礼的观点被认为是轻率的蠢话而遭到嘲笑，也被认为是荒唐透顶的谬论而遭受攻击。但是，嘲笑也好攻击也好，并不一定是在正确地理解了森有礼的论述之上做出的反应。以下引用一些代表性人物的言论。

> 明治初期，森有礼作为辨务使居住在美国时，说我国的国语有非常多的缺点，在教育上起不到作用什么的，发表应该全面废除国语，定英语为国语的意见，并以此观点向欧美的学者征求过意见。收到书信的学者也对这胆大妄为的计划投以冷笑（如萨斯①），指出这种鲁莽的愿望将危及国家的基础（如惠特尼），甚至有人连理都不理。（山田孝雄）②（着重号为引用者所加）

> 江户时代（1603—1867）的国学者，曾视当代的口语为俚语、俗语，认为它们鄙俗不堪，因而只对古典语言充满了向往，而明治时代的人却对自己的语言文字的混乱不堪感到悲观。……另一方面，对欧美的语言文字充满向往，理想是把国语废除，代之以欧美的语言。森有礼的国语废止论很有名，但

---

① 萨斯（Archibald Henry Sayce，1845—1933），英国的东方学者、语言学家。以对古埃及楔形文字的研究闻名于世。——译注
② 山田孝雄：『国语学史要』，岩波书店，1935年，第298页。

是高田早苗①、坪内逍遥等人的主张中也有同样的意思。(时枝诚记)②

明治初年，森有礼提出废除日本语，采用英语之论说，遭到美国语言学家惠特尼的责难已是众所周知的事情了。当时，持有这种观点的人不止森有礼一个人。(时枝诚记)③

明治初年的森有礼，也就是之后担任文部大臣的森子爵，鉴于日本语非常复杂并且缺乏规则，所以感到很难体现出国民教育的业绩，就提出了不如通过英语来施行教育的意见。(保科孝一)④

接触到西洋的杰出文明的我国知识分子，由于对西洋的过度崇拜，甚至提出了用西洋语言来代替国语的国语变革论。以支那大陆文明为背景的汉字·汉文最初进入我国的时候，顷刻之间成为官方文字·文章。与此类同的现象重现在明治维新时期，其代表就是明治五年森有礼在任驻美辨务使时期发表的英语采用论。(平井昌夫)⑤

---

① 高田早苗（1860—1938），明治时代到昭和初期日本的政治家、政治学者、教育家、文艺批评家。曾担任早稻田大学首任校长。——译注
② 时枝诚记：『国語学史』，岩波书店，1940 年，再版于 1966 年，第 157 页。
③ 时枝诚记：『国語問題のために——国語問題白書』，东京大学出版会，1962 年，第 40 页。
④ 保科孝一：『国語と日本精神』，实业之日本社，1936 年，第 11 页。
⑤ 平井昌夫：『国語国字問題の歴史』，昭森社，1948 年，第 173 页。

序　章　"国语"以前的日本语——森有礼与马场辰猪的日本语论

当时我国的思想家和有智识者大多相信只有西洋文明才是唯一的文明，并认为被其同化才是日本的出路，因而被欧洲的"音韵文字"吸引，进而产生了用欧洲的语言取代国语的国语变革论。明治五年6月，之后任文部大臣的森有礼当时作为辨务使滞留美国的时候，就将用英语取代汉文的日本语论寄送给耶鲁大学的语言学教授惠特尼。（大野晋）①

这些揭露森有礼罪状的、如同诉状般的陈述中，却包含着暧昧的奇妙之处，这一点是不可忽视的。在尚未正确地把握森有礼的意图的时候推进议论，这一手法中隐含着解开日本人的语言意识之谜的关键要素。

关于森有礼的目标是什么，论者们的表述各不相同。而且，就这些表述自身而言也可发现其模糊不清之处。比如，山田孝雄说，森有礼提出"全面废除国语，将英语作为国语"之说，但是"全面废除国语，将英语作为国语"究竟包含了什么样的含义？如果想要理解这句意义不够明确的话，首先应该指出第一个"国语"是指日本语，而第二个"国语"是指"国家的语言"或者"公用语"。由此可见，在当时，虽然文章大意是清楚的，但山田对"国语"一词的使用方式却是极其混乱的。

大野晋说，森有礼的目的是主张"用英语取代汉文的日本语"，但这里与山田的用词一样含混不清。如果想要理解这句话，那么"日本语"就不能当作固有名词来理解，而必须将其视为"在日本

---

① 大野晋：『国語改革の歴史（戦前）』，丸谷才一编：『日本語の世界16・国語改革を批判する』，中央公论社，1983年，第19页。

用的语言"这一普通名词来理解。

我并没有揪住这些琐碎的点不放、吹毛求疵的意图。而只是想关注为什么后来的论者没有一个人对森有礼的主张有过正确的理解。这是因为森有礼作为论述前提的语言意识与明治之后确立下来的语言意识从根本上就是截然不同的。现在已成为共识的"日本语"或者"国语"这些概念,在森有礼的语言认知结构中,只不过是无法预想的缥缈之物。

但是,以森有礼为例的这些论者,丝毫没有关心过这些细小琐碎却重要的点。正如时枝诚记总结的"明治初年,森有礼提出废除日本语,采用英语之论说,遭到美国语言学家惠特尼的责难已是众所周知的事情了",只要这种大而化之且能吸引眼球的概述就足够了。这样一来,森有礼的主张就在没有被仔细研究的情况下,形成了"森有礼因过度崇拜西洋欧洲,提出'日本语废止、英语采用论',却被英语国家的国民惠特尼责难"这样一套传言大行其道。

那么,森有礼到底怎么想的?让我们首先从这封写给惠特尼的赫赫有名的书信开头部分读起:

> 日本的口语不适合日渐增大的帝国的人民的需求,即便是运用国际音标,对书写语言的帮助也非常有限。如果我们想要与时代同步的话,应该采用更为丰富、用途更广的一种欧洲语言。这一想法在我们当中广为流传。①

森有礼所说的是,作为"商业民族"的日本如果想要急速扩

---

① 『森有礼全集』第一卷,第310页。

大与全世界的交流的话,那么不能不采用英语。但是,森有礼绝对没有提到一句有关应该放弃使用日本语的主张。接下去森有礼这样说道:

> 迄今为止所有日本的学校,几个世纪以来都是在使用中国语。这是非常奇妙的事情,从我们的教育目的来看,没有一个学校、一本书是通过我们自身的语言实现的……期待能有以日本语为基础的学校,但现在可以教日本语的老师却没有一个人,甚至连一本教程也没有。为了实现这一追求目标,我们应该走的唯一道路是,首先要将基于纯粹的声音表记原则的口语恰当地转换为书写语言。①

森有礼确实极力主张"向日本帝国导入英语"②,但这与"废除日本语"完全是不同层面的问题。因为,在这里只是强调作为"通商用语"的英语的必要性。

另一方面,森有礼也只不过指出必须要改变迄今为止以汉文为基础的教育方式,需要确立基于日本语的教育法,因而提倡日本语的罗马字化。这一论述不管怎么看,都不是为了"废除日本语"。如果说到与此相关的论述,相比写给惠特尼的书信,《日本的教育》一书的序文更符合其意。正如《森有礼全集》的解说者伊万·P. 霍尔(Ivan P. Hall, 1932—)③指出的那样,这两篇文章在对待日本

---

① 『森有礼全集』第一卷,第309—310页。
② 同上,第310页。
③ 伊万·P. 霍尔,美国日本历史研究者。——译注

语方面存在一些微妙的差异。①

但是，森有礼对英语的见解却是一贯的。他的英语采用论的提出有着极其实用主义的理由。森有礼在给惠特尼的信中说："在商业世界中，无论是亚洲还是其他地区，如果不采用像英语那样的优秀语言的话，日本文明就不可能有进步。"这一观点在《日本的教育》"序文"中有更清楚的表达：获得"讲英语的种族的商业能力"，是作为"商业民族"的"我们保持独立性的必要条件"。在这种实用主义中隐藏着极端的合理主义，因此森有礼并没有成为顺从的英语崇拜者。他认为，"在英语中，因为在书写方面须遵从语源或是读音的法则、规则、秩序，所以有大量的不规则动词"，这一点成为"在日本导入英语"的困难之处。在这里，森有礼甚至提出"为了方便日本国民的使用，建议剔除英语中所有的不规则性"②，比如，废除掉动词活用中的 saw 与 seen、spoke 与 spoken 之类的不规则变化，全部相应地改成 seed、speaked 这样的规则变化形式。在拼写方式上，为了将单词的后缀与读音相统一，提议把 though 写作 tho，把 bough 写作 bow。

这就是森有礼的简易英语论。关于这一提案，霍尔谈道："（森有礼的书信）内容与其说是日本国语废止论，不如说是英语废止论。他总共 8 页的信中，有 6 页都不是关于日本语的，而是都在攻击英语。"③森有礼与惠特尼的最大争论焦点实际上是关于英语的，也就是关于森有礼的"简易英语（simplified English）"这一提议。

---

① 『森有礼全集』第一卷解说，参照第 94 页。
② 『森有礼全集』第一卷，第 308 页。
③ 同上解说，第 94 页。

关于森有礼的提议，惠特尼的回复如下：日本若想吸收欧美文明，那么必须接受原原本本的英语，而森有礼提出的"简易英语"却变成了"日本人与英语国民之间的隔阂"①。的确，惠特尼指出通过"本土的语言"的日本语进行教育本身，是日本社会文化发展的必要课题。为了实现这一课题，将日本语罗马字化，"在条件允许的情况下，尽早取英语之优势而补日本语之不足"②也是必需的。在此基础上，惠特尼进一步提出，"中国语在日本所占据的地位应让给英语，让英语成为学术语言、经典语言（the learned tongue, the classical language）"③。也就是说，惠特尼认为，应该把迄今为止的汉文/日本语的双言现象（diglossia）转而确立为英语/日本语的双语状态。正如霍尔指出的那样，这样的英语的地位是与中世纪拉丁语、英国殖民地英语的地位相当的。④ 如此看来，所谓森有礼提出"废除日本语，采用英语"，反而遭到英语国家国民惠特尼告诫的说法，是故意避开了事实的本质，只不过是知识层面的无稽之谈而已。

而且，森有礼与惠特尼之间甚至有一个共同的认识。那就是关于"中国语"给日本语带来的影响。惠特尼认为"中国语给日本语带来的影响是非常有害的，可叹可悲。如果从中国语中完全地脱离出来，日本将得到不可估量的利益"⑤。惠特尼的这一意见，与森

---

① "On the Adoption of the English Language in Japan. By Prof. W. D. Whitney",『森有礼全集』第三卷，第416页。
② 同上，第422页。
③ 同上，第421页。
④ 『森有礼全集』第一卷解说，第26页。
⑤ 同上，第420页。

有礼在《日本的教育》"序文"中的表述相呼应。"(日本的)书写文字的文体是与中国语相同的。我们的所有教育机关都在用中国典籍……如果不借助中国语，就无法学习我们的语言，也无法在交流中运用我们的语言。这正是我们自己语言的贫瘠之表现。"①

森有礼所言日本语的"贫瘠"并不仅仅是指日本语的通用范围很狭窄。森有礼考虑的是，被"中国语"即汉字、汉文支配的日本语并不是自立的语言。在这个意义上，森有礼并不是云中漫步的梦想家，可以说他的思维全部立足于明治以来"国语国字问题"的核心。由此，森有礼想要通过"简易英语"的导入，把日本语近代化过程中最大的障碍——中国语的因素去除掉。与此同时，也可以进一步提出放弃作为"对交流产生障碍的、不确定的媒介"②的日本语。

但是，森有礼真的提出"废止日本语"了吗？如上所述，在给惠特尼的书信中，没有一句与此相关的论述。森有礼的类似于"废止日本语"的明确主张只见于《日本的教育》"序文"中的以下部分：

> 日本近代文明的步伐已经抵达国民的内心。跟随步伐而来的英语不断地抑制着日本语与中国语的使用……在这种情况下，在我们列岛之外的地方绝对不会被使用的、我们的贫瘠的语言，注定要陷入被英语支配的命运。特别是，在蒸汽、电气的力量逐渐遍布这个国家的时代注定会是这样。我们这个不遗

---

① "On the Adoption of the English Language in Japan. By Prof. W. D. Whitney"，『森有礼全集』第三卷，第265—266页。
② 同上，第266页。

余力地追求知识的知性民族，努力获取来自西洋的学问、艺术、宗教等贵重的宝库中的真理时，不可能以对交流产生障碍的不确定的媒介为基础。想要通过日本的语言来维持国家的法律是绝不可能的，各种各样的理由都在提示着应放弃使用日本语这一出路。①

然而，在这里不容忽视的是，在上述文章的最后部分，森有礼所说的是"日本的语言（the language of Japan）"，而不是日本语（Japanese）。事实上，森有礼在开始部分所说的是"英语不断地抑制着日本语与中国语的使用"②。毋庸置疑，森有礼并不是在关心中国的命运，他紧紧关注的只是日本的情况。森有礼坚信"日本的语言"所处的状态是Japanese（日本语）和Chinese（中国语）的无秩序的混合状态。总之，对于他来说，"日本语"并不等同于"日本的语言"。

森有礼的"日本语废止论"经常被提到，但是重要的并不是"废止"的主张是否妥当，而是对"日本语"的概念界定。在这个意义上，霍尔提出了颇具远见的评论："围绕国语问题，森有礼写下的文章中，或者是反对他的人及其论敌所写的文章里，经常出现'Japanese'和'Chinese'（在语言意义上的）这种表述。但是其意思却有几分复杂，因此读者自身不得不去考虑这些词在不同的语境

---

① "On the Adoption of the English Language in Japan. By Prof. W. D. Whitney",『森有礼全集』第三卷，第266页。
② 同上。

中究竟是什么意思。"①

比如说，在上面的问题中提到的 Japanese 是指，排除了汉语要素、汉文文体的"和语（やまとことば）"，Chinese 则可以理解为在日本使用的汉字、汉语、汉文。现在所通用的"日本语"概念，在森有礼那里根本不存在。

森有礼指出"日本的语言"最大的问题是口语和书写语言之间存在着无法填埋的令人绝望的鸿沟。在写给惠特尼的信中，森有礼写道："日本的口语不适合日渐增大的帝国的人民的需求，即便是运用国际音标，对书写语言的帮助也非常有限。"② 另一方面，他又写道："现在日本使用的书写语言与口语之间完全没有关系，几乎都是采用象形文字的方式进行书写的。这种混乱的中国语被混入到日本语中（a deranged Chinese, blended in Japanese），全部文字都起源于中国。"③

在这样的日本的语言状况下，"日本的语言"不可能是单一的、均质的"日本语"。森有礼也没能设想出可以超越这种语言分裂的

---

① 『森有礼全集』第一卷解说，第 95 页。
② 同上，第 310 页。
③ 同上，第 309 页。森有礼指出："虽然有一些将汉字还原为单纯的声音文字、停止使用汉字的尝试，但是因为用眼睛看感觉到熟悉的文字很多，将这些全部转变为用耳朵听的语言，在记忆方面是非常困难的，会引起麻烦。所以这一尝试是完全行不通的。"（全集第三卷，第 265—266 页）在这里，森有礼所指出的实际上是预言性的。从本书后一章来看，明治最初十年末期，也就是日本首次兴起罗马字运动的时候，最初的执行者全都想用汉文书写的文章进行罗马字化处理，结果只创造出一些读不懂的文章。对这一倾向持反对意见的，明确指出罗马字化的前提条件是言文一致，将日本的罗马字运动推向下一阶段的，是时任东京大学博言学科讲师的 B. H. 张伯伦。

"日本语"的一体性。这也许是后来的论者以各种偏离正题的议论对森有礼进行批评的原因。对森有礼的批判中，除了之前引述的马场辰猪之外，其他都是在"日本语"转向"日本的国语"之后。那些对森有礼"废止日本语"的意图感到愤慨的人，对他们来说"日本语"作为"日本的国语"，占据着不可撼动的地位。但是在森有礼的思维中，"日本的语言"的模样尚处于缥缈的状态。尽管后来"日本语"作为"日本的国语"有了一张清晰可见的面孔，但森有礼所思考的"日本语"却有着好几张模糊不清的面孔。森有礼的论述中最为本质的问题是，他没能把"日本语"作为与"日本帝国"这一政治统一体同一层次的语言统一体来看待。

重复上述所言，把"日本语"当作一个统一体来把握，这在当下已是毋庸置疑的前提。但是，这种前提本身就是在历史中被制造出来的新的认识。森有礼的论述像一把火炬，照亮了近代日本语言思想史中被遮蔽的部分。

"日本语"即"日本的国语"这一认识是近代日本的语言意识默认的前提，同时也是这一语言意识最终想要达到的理念目标。而且，从伦理和道德上，这一认识也是自不待言的。但是，森有礼的论述中完全没有这样的意识。由此可见，各位论者当然会对森有礼的发言感到不适。之前引述的森有礼的批判者们，尽管他们之间对于"国语国字问题"有个别论点上的对立，但是都把森有礼视作共同的敌人。其中既有支持使用历史假名遣[①]和文言文的山田、时枝这样的传统主义者，也有支持言文一致和罗马字化的保科、平井

[①] 历史假名遣：历史假名遣是日本语国语记载法（假名遣）的一种。"遣"在这里的意思是"使用"。——译注

那样的国语改革派,他们对森有礼感到不满这一点是共同的。也就是说,森有礼的语言观念是与明治以后所有日本知识分子的语言意识相对立的异物,因为对于日本语来说它是"出轨"之辈。正因如此,对森有礼的反驳,与其说是理论上的批判,不如说首先是面对难以理解的事物时产生的充满不安的焦躁,以及对扰乱秩序的、不道德的危险分子无法容忍的愤怒。

更甚的是,森有礼把近代日本的语言意识中最不希望被触及的部分,轻率地全部暴露了出来。森有礼鲁莽地将"日本语"断定为"在我们列岛之外的地方绝对不会被使用的、我们的贫瘠的语言"。无论日本知识分子的反应多么虚张声势,都不过是在表达对这个无法争辩的事实所感到的不适。这是田中克彦所言的日本知识分子的"母语悲观主义的传统"[1]。也是铃木孝夫所述的"日本人在深层意识中对日本语的诅咒"[2]。但是,这只能作为不能公开的秘密。知识分子们对森有礼的议论展现出的完全是一种神经症式的反应。因为最让他们感到害怕的是,森有礼的论述中有一种可称为"希望被认为是谎言的真实"的东西包含其中。在这之后,为了治愈近代日本的这种病态的语言意识,或者说为了强硬地将其否定,出现了各种为寻求对策而进行的痛苦探索。后来的"大东亚共荣圈"的构想中,森有礼所指出的噩梦或许也成为其中一个能量之源。[3]

---

[1] 田中克彦:『国家語をこえて』,筑摩书房,1989年,第14—16页。

[2] 铃木孝夫:『日本語国際化への障害』,日本未来学会编:『日本語は国際語になるか』,TBS大不列颠出版社,1989年,第15页。

[3] 弗洛里安·库尔马斯(Florian Coulmas)对森有礼有这样的评论:"日本是世界上稀有的,以语言上的均质性为荣的国度。因此,上述森有礼那极为大胆的提案,即废除日本语代之以西洋语言,也就是英语的说法,(转下页)

二 马场辰猪对森有礼的批判

很可能因为是在国外出版的英文著作中提到的，所以上述森有礼的论点当时并没有立即在日本国内产生什么反响。然而，那时同样身处国外的马场辰猪却最早关注到了森有礼的论述，并对其进行了严厉的批判。马场辰猪之后成为著名的自由民权运动的斗士，但在当时，还只是伦敦的一名留学生，全身心地致力于学习法律。但是，马场辰猪所批判的是森有礼在《日本的教育》"序文"中所表达的意见。在森有礼给惠特尼的书信中陈述的"简易英语"论在此并没有被马场辰猪注意到，这一点需要注意。

马场辰猪对森有礼的批判，实际上是有釜底抽薪之效用的。这之后的批判者们，一味地在情感层面上对森有礼表达出抵抗的情绪，与此相反，马场辰猪试图通过撰写一部日本语语法书，彻底击溃森有礼论述中最核心的认识，也就是日本语是不完全的语言这一认识。这是一项极具知识严密性的、颇为艰辛的工作。之所以这么

（接上页）完全是没有道理的。"（弗洛里安·库尔马斯：『言語と国家——言語計画ならびに言語政策の研究』，山下公子译，岩波书店，1987年，第331页）但是，日本的"语言上的均质性"（如果有这样的东西存在），从明治以后的语言政策之结果来思考，那么论证则不仅是时代倒错的，而且明显是原因与结果倒置了的粗暴无礼的言论。实际上，这种说法本身只不过是认为"国语国字问题"的自明之前提是没有任何问题的同语反复而已，并没有认真地对待森有礼的论点，正因为将其视为"完全是没有道理的"愚论，所以弃之不理。近代日本的语言认识为了保护其根基不受威胁，不断地以否定森有礼的论点为目标。就连在外国研究者之中，这样没有想象力的言说也无所顾忌地横行着，由此可见日本的"国语"神话的影响力之大了。

说，是因为在当时尚未有一本体系化的日本语语法书。由此诞生了通称为《日本语文典》的一部英文著作 An Elementary Grammar of the Japanese Language。[1] 森有礼自己也没有想到，他的言论会促使最早的日本语口语语法书的诞生。在这本书的序文中，马场辰猪简洁明了、直中靶心地对森有礼展开了批判。

马场辰猪在序文中所表达的中心思想有两点。其一，否定森有礼将日本语与英语做比较，由此认定日本语是劣等的、贫弱的语言这一主张。其二，指出将英语作为唯一的公共语言时一定会产生的社会不平等，并唤起人们对此的注意。

如上所示，森有礼指出，没有汉语汉文的辅助，则无法在教育及现代意义的交流中使用日本语，这可以看作日本语贫瘠的证据。对此，马场辰猪做出如下的反驳："在汉语传来之前，作为传达信息的工具我们应该也使用过一些语言的。而之后因为我们接受了汉典、汉文学，所以不得不使用汉语及其句式来表达和语中无法表现的内容。结果，我们在教授语言的时候，也就越来越借助于汉语了。这是一个国家接受别的国家的古典文学时，大概都会发生的事情。这是因为，后者更多地存在着前者的语言范围内相应语句中无法表达的词汇。"[2]

马场辰猪从持有不同生活习惯的民族具有不同的概念构成这一点

---

[1] *An Elementary Grammar of the Japanese Language*, with Easy Progressive Exercises, Trübner & Co., London, 1873. 马场辰猪的『日本語文典』的英语原文收录于『馬場辰猪全集』第一卷，岩波书店，1987年，卷末第3—109页。『馬場辰猪全集』第一卷的第209—214页收录了这篇序文的日文版，本文引用时参照此版，稍作修改。

[2] 『馬場辰猪全集』第一卷，第209页。

来看，指出无法准确翻译为相应语言的时候，只能通过外来语的方式来理解，这一现象不仅限于日本。实际上，罗马法的英译中就有很多原封不动地使用拉丁语的现象。马场辰猪指出："这并没有显示出英语的贫瘠，只不过是展现出思维方式、习惯的不同而已。所以，一种语言需借助、习得其他语言，并不能说明这种语言是贫瘠的。"①

关于汉语汉文对日本语产生的影响，马场辰猪比森有礼更为乐观。但是，马场辰猪的论点并不是为了维护汉文在日本的地位，只是为了批评森有礼的把汉字汉语对日本语的浸染当作理由牵强地认为日本语是不完全的语言这一观点。在这里，马场辰猪把汉文与日本语的关系同拉丁语与西洋现代语的关系置于平行位置，以此将森有礼所信奉的西洋现代语，特别是英语的地位相对化。明治以来的"国字国语问题"中，把作为东洋古典语言的中国语的地位与西洋的拉丁语画等号，往往是拥护汉字汉语一方的主张，但是在这里，马场辰猪的论述与那种汉字汉语拥护论有本质上的不同，这一点必须要注意。

马场辰猪也并没有认为当时的日本语是完美无缺的语言。马场辰猪的语言观念中，存在着一种健全的相对主义。无论是哪种语言，都有各自的长处和短处。森有礼所希望引进的英语也是如此，无一例外。"这两种语言（英语与日本语），都是长处与短处并存的。"所以，英语的某个单词无法翻译为日本语是因为"习惯和思维方式的不同"而已，并不是说英语对日本语有着绝对的优势。②马场辰猪甚至认为对于书写方式和发音来说日本语更规律，可以说

---

① 『馬場辰猪全集』第一卷，第210页。
② 同上，第211—212页。

胜于英语（在这一点上，其实森有礼也认为这是英语的不足，但马场辰猪显然并不知道）。但是，如果不管个别的长短处，仅从"作为帮助记忆的念想符号的功能直接表示说话人心里所存有的观念记号"①这一本质来看，各种语言之间不可能存在什么优劣之分。

这样一来，马场辰猪是想通过《日本语文典》这本书来证明"日本语口语的哪个部分都有其规则，而且日本语中存在着八品词②及其详细的分类，动词的时制、法、态、统辞法等"。也就是说，他想证明"只要是与文法自身相关，对于普通教育的基础教学而言，日本语就是足够充分的语言"③。马场辰猪的论述中有着社会语言学的先见性，即通过书写语言的"语法"可以确认这种语言的存在，并且更进一步讲，可以为使用某种语言的语言共同体所表现出的自立性提供最佳证据。

不仅如此，马场辰猪清楚地揭示出森有礼的论述中隐藏的政治性的、社会性的意味。马场辰猪这样说道：历史上，某一民族使用其他民族语言的情况确实存在过。但是，这是被征服的民族被迫如此的结果，并不是自己主动去选择使用其他民族语言的。从这一点来看，森有礼的论述的前提本身就是错误的。而且，"即便是被征

---

① 『馬場辰猪全集』第一卷，第212页。在这一论述中，马场辰猪经常引用约翰·洛克的《人类理解论》，他对洛克的语言论的本质性意义有着深刻的理解。尤其是对洛克所希望实现的基于"语言符号的任意性"原理来否定带有绝对的、普遍性价值的"神圣语言"这一理念有着深刻的理解。关于洛克的语言论，详见 Aarsleff, Hans, *From Locke to Saussure*, University of Minnesota Press, Minneapolis, 1982。
② 分为名词、代名词、形容词、动词、副词、前置词、接续词、间投词（感叹词）这八种。——译注
③ 『馬場辰猪全集』第一卷，第211页。

服的民族不得不屈服于征服者的强力逼迫而使用其他民族语言，这个民族也无法丢弃几百年中已使用习惯了的、更为便利的本民族的语言"①。由此来看，试图用其他民族的语言取代本民族语言的森有礼的尝试，根本就是行不通的，而且是荒唐的设想。

但是，马场辰猪更为强调的一点是，在强制性的压迫下不得不引入外国语，由此产生的双语并存（diglossia）的体制，一定会给国民带来悲剧性的结局。这里说的是，会产生因语言壁垒而区隔出的社会阶级的分裂。"当然会这样，国民中的富裕阶级因为不像贫困阶级那样被不断地束缚在日常的工作中，所以他们有更多的时间用来学习语言。如果国家政务，甚至社会上的交流都是用英语进行，下层阶级就会从与国民全体有关的重要事情中被驱逐。古代罗马贵族的 jus sacrum（神法）、Comitia（民会）就将平民完全排除掉了。结果就是，上层阶级和下层阶级完全分离，两个阶级之间失去了共通的情感。如果这样的话，须两者团结的一体化行动就变得不可能了。统一为一体时产生的优势也会完全丧失。这种弊害可以参见印度……只要是无法用母语实施普遍的国民教育，这种弊害就会必然存在。"②

惠特尼也曾在批评森有礼的时候指出，如果采用英语的话，一部分知识分子与绝大多数的民众之间就会产生社会性的隔阂。尽管如此，惠特尼还是如说到过的那样，他自己的观点也是相互矛盾的，比如他劝说应该把英语用作日本的"经典语言、学术语言"。惠特尼在描述语言的断层状态时只是举拉丁语的例子而已，在中世

---

① 『馬場辰猪全集』第一卷，第213页。
② 同上，第213—214页。

纪的欧洲，拉丁语作为知识阶层的语言具有绝对权力。然而，马场辰猪却指出了同时代的威尔士、爱尔兰、苏格兰，还有殖民地印度的英语统治与双语现象所导致的政治的、社会的问题。无须赘言的是，威尔士、爱尔兰、苏格兰的语言原本是属于盖尔亚支语言的范围，英语（英格兰语）是外来入侵的统治语言。在这个意义上，马场辰猪比作为英语国家国民的惠特尼更为现实地、更为敏锐地看出殖民地语言上的统治问题。

马场辰猪对森有礼进行的这些批判，在其他批判者那里完全看不到。他们只是粗暴地叱责森有礼无视"国语"的传统、过分地陷入西洋崇拜中。然而，马场辰猪既没有因有破坏传统、崇洋媚外之嫌而揭发森有礼的罪状，也没有陷入狂热的"沙文主义（Chauvinism）"之中。马场辰猪的主张最为根本的是，拒绝让语言成为社会性统治工具，而应该致力于支撑起政治民主主义的语言民主主义的实现。对于这一点，萩原延寿（1926—2001）意味深长地说道："森有礼（主张采用英语）是优先考虑国际利益的，而马场辰猪担心的是国内影响。然而，两者在围绕'英语采用论'的交锋中，不过就是意外地揭示出日本现代化进程中的两条道路吧，即在这之后，经由藩阀政府和自由民权运动而产生的关于国权和民权哪个应该优先这一激烈争辩[①]

[①] 自由民权运动基于国家间的平等独立以个人独立为基础的思想，认为确立个人对抗国家的自由权利，即确立民权，是保障国家权利的前提。但在19世纪西方列强入侵东亚的国际环境下，修改在这些列强压力下签订的不平等条约，保持民族的独立性，是明治时代的国家任务，国权论得到了政府和民间的广泛支持。另一方面，明治政府提出了"富国强兵"的口号，基于国家即个人的思想，坚持国家权力高于民间权力。随着自由民权运动的衰落，国家权力至上论愈演愈烈，开始对内宣扬通过限制人权和自由来理所应当（转下页）

中的观点。"①

森有礼与马场辰猪的对决既可以说是真诚的对话，也可以说是一场论战。

但是，没有抓住问题的本质的那些批评者，无论是对森有礼的批评还是对马场辰猪的评论，都是从对自己立论有利的角度避害就利地进行论述的。典型的例子是山田孝雄对马场辰猪的赞誉。

在论述马场辰猪的《日本语文典》的划时代意义时，国语学者山田孝雄在《国语学史要》一书中对马场辰猪大加称赞，作为被专业人士认可的评价，这一赞誉之言经常被引用。②正如被评述的那样，马场辰猪的《日本语文典》的确是"最先全面考察日本语口语语法之后严谨地进行研究的产物"，"是我国国语学史上应受重视的一大著述"③。但是，不容忽视的是，山田孝雄称赞马场辰猪为"拥护国语的大恩人"④，这一表述中暗含着纯粹的学术性评价之外的意图。

后一章中会详细地论述，山田孝雄认为并不是在现代的口语中，而是在过去的古典文语中存在着"国语传统"的本质，因为站在这样一种复古的传统主义立场上，所以他拥护使用历史假名而猛烈地反对限制汉字使用的观点。非但如此，山田还将"万世一系"

（接上页）然地扩大国家权力的民族主义，对外则宣扬认可扩张主义和超越民族独立的侵略性的强国主义。——译注

① 萩原延寿：『馬場辰猪』，中央公论社，1967年，第42—43页。
② 同上，第39页；『馬場辰猪全集』第一卷题解，第269—270页。
③ 山田孝雄：『国语学史要』，第299页。
④ 同上，第300页。

的"国体"与"国语"这一神圣的传统紧密联系在一起。在山田看来,"国语改革"是直接与"国体"变革联系在一起的、难以接受的阴谋,为了反对当时国语改革派提出的限制汉字以及使用表音式假名的主张,他首先把森有礼放置在轻视"国语"的国语改革先驱者的位置上;与此同时,就把批判森有礼的马场辰猪置于与其敌对的一方,即拉入他自己的阵营中。

实际上,马场辰猪的日本语语法大体是遵从英语语法的框架结构的。比如说,动词分为过去、现在、未来三种时态,各种主语人称与单复数相配合进行活用。牵强地把日本语放置在欧洲语法体系中,原本是山田孝雄最为憎恶的事情,但是只因为马场辰猪批评了森有礼这一点,山田就把马场辰猪称赞为"拥护国语的大恩人"。

因此,马场辰猪在山田孝雄的推崇下成为语言爱国主义者的化身。但是,马场辰猪之所以对在日本引入英语这一做法感到忧虑,并不是因为这会有损于国语的传统,而是因为只有一部分精英才能够运用英语,其他国民则有被排除在教育之外的危险。他丝毫没有保持"国语"这一神圣传统的考虑。显而易见,无论山田孝雄多么称赞马场辰猪,正如严厉地批判森有礼那样,马场辰猪也同样会对拒绝语言民主主义的山田孝雄的语言思想加以批判。

三　马场辰猪的语言空白

马场辰猪对森有礼的批判,实际上是正中靶心的。但是《日本语文典》中所展示出的日本语的面貌与马场辰猪本人著作中的语言实践之间,却存在着明显的隔阂。

马场辰猪在《日本语文典》中想要指出"所言即所是的日本语

（the Japanese as it is spoken）"的体系性规则。至于语法，在必须采用过去的书面语的时代里，马场辰猪大胆地选取口语作为语法分析对象，很早之前出于本能地践行了后来才被现代语言学赋予市民权的记述主义（descriptivism）。关于口语的下面几个例句，在现在看来是理所当然的，但要知道它们来自马场辰猪充满了学术上的勇气和决意的《日本语文典》一书："Watakushi wa ik-imasu（わたくしは行きます）"（我正在去），"Watakusi wa ik-imasita（わたくしは行きました）"（我去过了），"Watakusi wa ik-imasho（わたくしは行きましょう）"（我之后会去）。①

然而，马场辰猪并没有在著作中用这些"所言即所是的日本语"。实际上，马场辰猪本人的著作都是用英语写成的。现在可以读到的这些他有关日本语的论说，全都是别人记录下的马场辰猪演讲的笔记。无论是在伦敦留学或在美国流亡时期写下的书物和小册子，还是在流亡之前已开始写的《马场辰猪自传》，都是用英语著述而成的。另外，在伦敦时的日记，甚至在日本所写的日记也都是用英语写成的。

马场辰猪在民权运动家之中，曾以卓越超群的辩论家之名著

---

① 『馬場辰猪全集』第一卷卷末，第28页。不过，例文中的口语日本语，更为正确的说法是口语东京话，并不是马场辰猪本人的"母语"。『馬場辰猪自伝』的接下去的一节超越了马场辰猪个人的问题，不过是窥视了当时日本语言状况的端倪，却给人留下了深刻印象。那说的是马场辰猪入学福泽谕吉的庆应义塾时的事情："从那时起，辰猪与同学们相遇，但那些人都比他年长，总共有三十位同学。正因为辰猪融入的是这样一种他不太适应的人际关系，所以就变得弱小可怜了。他无法理解同学们所说的话，这些人的话语跟辰猪故乡的语言非常不同。辰猪经常想回到土佐，去见见朋友们。"（『馬場辰猪全集』第三卷，岩波书店，1988年，第65页）

称。然而，正如萩原延寿指出的那样，"马场辰猪虽然说话时用日本语，却从不用日本语写作。写作时使用的语言是英语"[1]，对于这一惊人的事实，萩原延寿认为理由之一是，马场辰猪的知识性教养几乎全部来自"英学"，而决定性地欠缺了其他知识分子那样的"汉学"素养。

在这里不得不令人想起森有礼所说的，日本语受汉文的支配是"日本语的贫瘠"之证据。森有礼的这一论述，打击到了马场辰猪的致命弱点。颇具讽刺意味的是，马场辰猪的语言实践本身，却可以说是支持了森有礼的论述。另外，对于马场辰猪所批判的语言的阶级性来说，这不是将来才会发生的事情，而是马场辰猪生活的当下时代的日本语言状况。区别仅在于，在这里的统治性语言并不是指英语而是汉文。因为马场辰猪没有学习过作为书面语的汉文体，可以说他被日本的书面语世界放逐在外。批判森有礼的英语采用论的马场辰猪，却只能用英语写作，这样的悖论不折不扣地、象征性地反映出当时日本的语言状况。无论是森有礼还是马场辰猪，都不能够两只脚踏踏实实地踩在"日本语"的世界。在当时的日本语世界中，甚至连这样能站稳的地盘都不存在。这是因为"相较有更多时间用在语言学习上"的语言特权阶级，垄断了作为社会身份象征的文体的汉文训读体。

脱离汉文训读体的垄断圈，无论如何都需要依靠"言文一致"的理念。若要这个理念开花结果，必不可少的就是铤而走险地去进行语言探险，甚至称之为蛮勇的行为也不为过。二叶亭四迷通过创作小说《浮云》（1887年，明治二十年）践行了言文一致，然而，

---

[1] 萩原延寿：『馬場辰猪』，第94页。

据传他写小说每次遇到词不达意的情况时，实际上是首先用俄语写出来，然后反过来将其翻译为日本语口语体的。为了从汉文的桎梏中获得自我解放，必须经历在今天看来不可思议的语言上的艰苦奋斗。但对马场辰猪来说，《日本语文典》中所展示的日本语口语体与当时官方书面语汉文训读体之间，有一条难以逾越的鸿沟。为了填补这一语言的断层，马场辰猪所诉诸的表现手段却是外国语的英语。这绝对不仅仅是马场辰猪个人能力局限造成的，而是整个明治初期语言世界的局限所致。

森有礼和马场辰猪将明治初期摇摇欲坠的日本语状况揭示出来，从中阐发出不同的日本语论。森有礼认为日本语无法作为统一体担负起现代国家的重任，因而提出了"采用英语作为国语"的主张。马场辰猪却认为采用英语将会破坏日本国民的统一性，以此反击森有礼的倡议。但是，等待马场辰猪的是日本语的口语与书面语之间无法逾越的沟壑，这一点森有礼也曾清楚地指出过。与其说"国语"是在消除这样的困境后才得以实现的，不如说"国语"首先就是为了消除这样的困境才产生的。因此，国语不得不同时在两个轨道上行走。其一是通过"言文一致"达至书面语与口语的统一。另外一个是，在政治上的国家意识中，尤其是在"国体"意识形态培育出的国家意识中寻求"国语"的统一性这一前提及其支撑物。

毋庸置疑，如果想要把"国语"从一部分文化精英的垄断中解放出来，让其成为覆盖国民全体的语言表达的语言统一体的话，书面语和口语之间矛盾的妥协就变得不可或缺。但是，在日本，这种"国语"意识的觉醒是在"国家"意识、"帝国"意识的高涨中完成的。

　　这种日本式的"国语"意识的产生背景有以下两方面：其一是当时的日本政治情况，也可称之为乘上了时运；其二是对此反应敏感的时尚语言学家上田万年引入科学的现代语言理论，为其提供了向导。上田万年正是理解日本"国语"思想时最为重要的关键人物。因为明治前期以各种形式展开的语言格斗是汇入上田的"国语"理念之流后才得到了一个明确的解答。上田万年的语言思想将在第二部中详细分析。首先在第一部，作为预备工作，将围绕明治前期最大的语言问题——国字问题与言文一致，以及上田万年之前的"国语"概念的脉络展开讨论。

第一部

明治初期的"国语问题"

第一章
国字问题的方向

一 "书写"与语言表象

如果从语言本质上是"音"这一现代语言学的认识来看,文字的确只不过是语言的表皮而已。就像在妆容和衣着上无论下多大力气,对于人的身体来说不会产生一点儿影响一样,语言无论用什么样的文字来表记,都不过是不会与语言的本质产生关系的"外在"的事情。所以说,语言学的研究对象应该是对"音"的研究。更具体地说,语言学的研究领域应该是把"音"作为单位,在音素、形态、统辞等方面,考察音与音之间的相互关系吧。

尽管如此,对于采用什么样的文字进行表记这一问题,为什么人们倾注了那么大的热情呢?还有,如果文字对语言来说真的只是次要问题的话,那么法国的法兰西学术院、日本的国语审议会、韩国的国语研究所,以及韩文学会等团体所做的岂不成了巨大的浪费劳动力、无用且可笑的事情了吗?

说到文字的问题,人们总是有些过于感性,总是没有依据地怀有深切的共同意识或是敌对意识,这并不是因为这些人是没有语言学知识的街巷百姓。寻常百姓也在说着话,所以语言的真髓不应该被语言学家独占,而应该说真髓正是在寻常百姓所说的话中,在他们对说话行为的意识中存在着。（实际上，专业的语言学者同样对文字问题非常狂热。举个例子来说，在韩国，围绕着究竟是只用韩文还是韩文与汉字混用这一问题进行了激烈的讨论，甚至最终演变成了互扔椅子的肉搏战。）

在这里首先想探讨一个问题，语言的本质真的是在语言学意义上的"构造"或者是"体系"中存在着的吗？

语言学家 E. 克森利乌[①]通过提出"体系／规范（Norma）／现实体"这一三分法，以此取代索绪尔的语言（langue）和言语（parole），即体系与现实体的两分法。[②]在构造语言学的严格意义上，"体系（Sistema）"仅表示消极地划分出来的单位之间互动的关系网，它不是"应该实现的"，而是被定义为"应该被实现的"。所以，在这个意义上，体系只是限定了语言的可能性领域。而且，"体系"是语言学从学问上的兴趣出发构建的抽象形式，并不能直接决定语言的现实状态。

对此，"规范"创造的是某些现实体的理想模式。由此可知，规范既不是每个说话的现实体本身，也不是它们的简单叠加。规范的作用是，彻底地把体系中所指出的潜在可能性转变成具有积极意义的现实性。

但是，克森利乌所说的"规范"必须至少从两个不同的层面上来理解。其一是作为具体的言语行为在实际中不得不遵从的模式上

[①] E. 克森利乌（Eugenio Coșeriu，1921—2002）：图宾根大学专门研究罗曼语的语言学家，罗马尼亚学院的荣誉会员。——译注

[②] E. 克森利乌：『言語体系・言語慣用・言』，原诚、上田博人译：『コセリウ言語学選集 2』，三修社，1981 年所收。但这里并没有把 Norma 翻译为"语言惯用"，而是翻译为"规范"。另外，Habla 把它翻译为"言"一词，因其意思费解，所以从其内容来看，可将其视作"实现体"。

的规范。另外一个是，说话者对语言进行与之相符的价值定位这一总体上的规范。换句话说，前者的规范是现实说话中应该遵循的"型"，后者的规范反映出说话者对语言有着怎样的认识，可以说是语言的"表象"。由此，当说话者在日常生活中认为某种语言是"××语"时，人们联想到的正是这种作为语言表象的规范。

文字的问题大多数是从属于这个"规范"领域的。第一层意义上的规范，也就是作为"型"、模式的规范，显而易见，它支配着"书写"这一活动。就像沃尔特·J.翁（Walter J. Ong，1912—2003）所说的，虽然可以无意识地"说话"，但无法无意识地"书写"。"书写"这一活动要求尽可能地对写作者的意识进行支配。[①] 正因为"书写"的各个方面的活动都是在规范的支配下，所以从这个过程中产生出来的"写出来的东西"中就包含了创造出规范并将其强化的力量。

但是在第二层意义上的规范，也就是孕育出语言表象的规范，在制造它的过程中，人们越来越忽视"书写"是如何重要这一点。从这个意义上来看，完全是在出现了"文字＝书写"、语言以"被写出的东西"的样子得以呈现的时候，规范的重要性才会显得格外突出。在没有文字的时代里，某种语言的"全体"究竟能否进行表象呢？就像翁所说的，可以确定的是，在声音文化中语言可以在一瞬之间产生又在一瞬中消逝，如果不出声的话，则一定不会产生"应该在什么地方潜藏着的语言的'全部'"这一抽象观念。

所以说，用什么样的文字书写，以及如何用这种文字书写之类的文字问题，远远超出了只是表记法之类的技术问题的领域，而与

[①] 沃尔特·J.翁著，樱井直文、林正宽、糟谷启介译：『声の文化と文字の文化』，藤原书店，1991年。

"语言应该采用什么样的方式被表象出来"这样的语言的规范表象的成立基础之类的问题紧密地联系在一起。

明治以来，日本不断地为"国字问题"所困扰，"国字问题"也必须要放置在上述的视点中来考察。应该用什么样的文字书写日本语，这一问题是与应该如何表象"日本语"、如何对其进行价值定位之类的问题紧密相连的。

二 前岛密的汉字废止论

众所周知，拉开近代日本的国语国字问题之序幕的是，1866年（庆应二年）当时担任幕府开成所反译员[①]的前岛密向十五代将军德川庆喜呈递的题为"汉字御废止之议"（「漢字御廃止之議」）[②]的建议书。首先，请看表述了建议书主旨要约的开头部分：

> 国家大本在国民的教育，其教育须普及于国民，不论士族平民。要普及的话，只能用尽可能简单的文字文章。我认为：既然于深邃高尚的任何学科学问，还是只要先知文字，才能知道其事，我们就不应该采用艰涩迂回的教育办法使其知道学问在于知晓事理。因此，对于我国来讲，最好与西洋诸国一样，用标音符号（假名文字）以施行教育，而不用汉字，最终在日常公私之中废止汉字。[③]

---

① 将速记稿中的标记整理为普通文字的人员。——译注
② 西尾实、久松潜一监修：『国語国字教育史料総覧』，国语教育研究会，1969年，第17—20页。
③ 同上，第17页。

前岛论点的依据是一种功利主义的语言道具观,即语言,尤其是作为表音记号的文字绝对不是真的知识对象,而只不过是为了传达知识的道具而已。从这一观点来看,文字应该尽可能忠实地与声音相对应,文字语言必须具有"发挥出万人一目一定音之便利"的特点。真的知识不是"语言"(コトバ),而是存在于"物"(モノ)之中的,这一实学思想成了前岛的汉字反对论的核心。从这种立场出发,前岛认为汉字这一文字用作现代知识的获得与传达之手段是非常不合适的。

特别是,产生汉字反对论的一个重要因素,可以说是从中国文明中脱离的决意以及转而投向西方文明的志向。前岛将从美国传教士威廉姆那里听到的话引用到文章中。"支那(中国。引文中的字词保持原状——编者)人多地广,作为一帝国却沉沦到萎靡不振的模样,人民落入野蛮未开的风俗,成了被西洋诸国侮蔑的对象,其原因就在深受象形文字之毒害而不知普通教育的规则。"[①] 在这里,前岛将声音文字与象形文字的对立凝缩为西洋文明与东方文明之间的对立来进行表述。

从前岛可知,日本政治和文化上停滞的根本原因是,"在引入没有见识的国度(中国)的文物的同时,也引入了同样不便且一无是处的象形文字,还将其作为常用的国字来使用"[②]。然而万幸的是,日本有自己独特的,也是与西洋相通的东西,那就是作为"音符字"的假名文字。前岛指出"我国有可与西洋诸国相媲美的书写

---

① 西尾実、久松潜一监修:『国語国字教育史料総覧』,第18页。
② 同上,第17页。

时使用的固有言辞,即五十音的字符(假名字)"①。前岛也许认为,正因为在日本有假名文字这种表音文字存在,才没有像中国那样陷入危机,并且有了迈向现代化的可能性。

但是,尽管前岛提倡废止汉字,但并没有想要废止汉语的使用。"将他国的文字(汉字)用假名书写来替代,正如英国等用拉丁语作为国语的书写文字一样。"②也就是说,现代欧洲的俗语从拉丁语遗产中获得滋养,同时从它的支配下脱离出来从而形成现代国民国家的语言,这一过程在前岛看来,为日本语如何处理与汉语汉文的关系指明了方向。前岛最终想要达到的目标,正是通过废止汉字而达致文章的简略化,并在此基础上推行普通教育,创造出可以视为现代国民国家基础的"国民"。

维新后的1869年(明治二年),前岛向明治新政府提出了《对于国文教育之事的意见》(「国語教育之儀に付建議」)一文。③在与此同时附上的《国文教育实行的方法》(「国語教育施行の方法」)一文中,前岛再一次强烈地表达了,为了确立现代的国民教育,"向国民普及促进国家富强的实学",应"废止汉字,将假名定为国字"的主张。而且,作为具体的提案,他甚至设计出包括汉字废止计划在内的长达五期七年的"国文教育"计划案。

如此看来,在前岛的假名专用论中,一点儿也不存在之后的一些国学者所看到的复古主义色彩。即便是在《汉字御废止之

---

① 西尾実、久松潜一监修:『国語国字教育史料総覧』,第17页。
② 同上,第18页。
③ 吉田澄夫、井之口有一编:『明治以降国語問題論集』,风间书房,1964年,第39—43页。

议》中，前岛的"确立国文，制定语法书"这一提议中丝毫没有"恢复古文"的意思，而是说应该采用"今日通用的××语言"。在《国文教育实行的方法》中，则更为精密地说明了第一期计划的目标，然而这其中只能说可以看出一种"言文一致"要求的萌芽：

> 广泛地从府藩县中选出和学、汉学、西学学者各三位至五位，一同裁定国字、创定国文文体，遴选国语国文的典范。
> （略）
> （注意）新选的国语应接纳汉语和西洋语……文章不应以古雅为主，而应以近代文体中的俗文为主。（重点号为引用者所标）①

除此之外，在学制发布的第二年即1873年（明治六年），前岛又一次执笔写下了准备提交给政府的建议书《兴国文废汉字议》（「興国文漢字議」，但是这份建议书实际上并没有提交）。

不过，这份前岛从幕府末期一直写到明治初期的建议书，完全被无视了，甚至遭到了嘲笑和敌视。前岛的这些文章，到了1899年（明治三十二年）才终于被视为国字改良之先驱者的前岛的功绩而被刊行出来，进入了公众视野。②

---

① 吉田澄夫、井之口有一编：『明治以降国語問題論集』，第40页。
② 野口武彦认为前岛的《汉字御废止之议》"在庆应二年的时候是否存在这是值得玩味的"（『三人称の発見まで』，筑摩书房，1994年，第195页）。野口认为当时有"国语改革"的"始发点尽可能地从过去来进行追溯的要求"（同上，第196页），所以公开刊行了三十多年前的前岛的建议书，（转下页）

在同一年，前岛就任帝国教育会国字改良部部长，第二年又遵照文部省之嘱托，担任了国语调查委员长一职。但这个时候，前岛的任务已经结束了。因为重视功利性的前岛所提出的、朴素的实学主义所无法解决的问题已经开始横行于世了。

但是，前岛所做的并不仅仅只是向政府提交建议书。他也是一位忠诚的言行一致的实践者。可以作为其证据的是，1873年（明治六年）2月开始直到第二年5月为止，前岛发行了《まいにち ひらかな　しんぶんし》[①]（用假名书写的"每日假名新闻"——译注）。前岛遵照他自己的主张，将这个新闻的记事全部用平假名以及空格书写。考虑到明治政府发布的众多布告，还有相继发布的大多数的新闻都是用满是汉语（也包括明治时开始激增的和制汉语）的汉文训读体来进行书写的，那么前岛创办的只采用了平假名的新闻，本身就可以说是一种革新了吧（只不过文体还是文言体）。遗憾的是，前岛这个具有划时代意义的实践，也与众多其他建议一样，有些过于性急地追求理想，并没有结出果实，甚至也没有后继者。在此也只能说前岛停留在了先驱者这一位置而已。

三　西学学者的假名文字论与罗马字论

前岛废止汉字之后想要采用的国字是与拉丁字母同属声音文字的假名文字。但是，如果毫无留恋地全然摆脱中国文明的话，

（接上页）但是当时真的有这样的建议书吗？这是值得怀疑的。虽然有这样的说法，本书在这里遵照通常的论说。

① 参照山本正秀：『近代文体発生の史的研究』，岩波书店，1965年，第101—103页。

直接用拉丁字母不是更好吗？即使有人提出类似这样的议论也并不奇怪。

提出假名文字论与罗马字论是希望它们成为文明开化的推进力，这是当时著名西学学者们集并创设的明六社所刊行的《明六杂志》的重要论点。《明六杂志》第一号（1874年，明治七年）上刊载了西周的《以洋字为国语进行书写论》（「洋字ヲ以テ国語ヲ書スルノ論」）。①与前岛相同，西周也认为汉字是阻碍日本文化发展的最大因素，也主张如果要打破现状的话，必须要进行文字的改良。但是，西周认为与用元音和辅音相结合的音节来表示的假名文字比起来，忠实地表现出一个一个的声音的罗马字更为杰出。

西周积极地倡导日本语的罗马字化的最大理由只是，现在正是欧洲文化习俗急剧地被引入的时候，是基于"为什么我们不理会他们的书写文字？取人之长补己之短，又有何惮"这样一种实利的欧化主义的考虑，除此之外别无他物。西周将用罗马字作为国语表记所具有的优点具体地归纳为十项并列举出来，除了言文一致（西周并没有用这个词）的实现和教育文化的普及之外，外语（当然是指西洋语言）的学习变得更容易，在翻译西洋的著作时可以将学术用语原封不动地移入，甚至强调"如行使此法（罗马字表记法）则凡欧洲万事均可为我国详尽"。西学学者主导的早期罗马字运动的根底里，实际上有这样一种想要被西洋文明同化的渴望。

但是，西周所提出的罗马字标记法，为了将单词雅俗两方面的发音同时进行表现，对缀字和发音进行了区别。比如说，omosirosi 既可以读作"ヲモシロシ"也可以读作"ヲモシロイ"。从这里看

---

① 西尾実、久松潜一监修：『国語国字教育史料総覧』，第23—28页。

来，罗马字表记的优点到底在哪里，似乎并不清楚。这也许是西周的罗马字论的浅薄之处。

《明六杂志》中提倡假名文字的，还有清水卯三郎的《平假名之说》(「平仮名の説」，第七号，1874年5月，明治七年5月)。① 根据清水所说，欧美各国的文明进步是"语言与文章合一"的教育广泛地推广普及之后发生的。由此，日本也不得不采用"像说话一样写文章"的方式，以此"让天下的臣民掌握知识"。为此最好的手段是，比起罗马字，更应该用平假名来进行写作。为什么呢？这是因为日本已经有了平假名的传统，一般的民众最为熟悉的也都是平假名。

但是，在反对罗马字论这种极端的欧化主义的时候，假名文字却意外地暴露出其缺点。在假名专用文中，怎么说语言和文体都会被引向假名文的传统，因而不得不落入仿古的窠臼。这一缺点，在翻译西洋语言的时候，是特别致命的。

清水在发表《平假名之说》之前，用假名文翻译了化学入门书《物质原则之梯》(『ものわりのはしご』，1874年，明治七年)。② 清水的这项工作是在明治相当早的时期进行的，而且对象是自然科学的著作，从这些方面来说，是极具划时代意义的。尽管如此，采用和文体当然会遇到的问题就是，书中对化学用语的翻译从今天的角度来看，多少都有些不妥当。比如，"おほね"(元素)、"ほのけ"

---

① 西尾実、久松潜一监修：『国語国字教育史料総覧』，第28—29页。
② 清水卯三郎：『ものわりのはしご』序文，山本正秀编著：『近代文体形成史料集成・発生篇』，樱枫社，1978年，第146—148页。另参照山本正秀：『近代文体発生の史的研究』，第185—189页。

(空气)、"すいね"(酸素)、"みづね"(水素)、"すみのす"(碳酸)等情形。在这个时候，福泽谕吉的初等科学著作《训蒙穷理图解》(『訓蒙窮理圖解』，1868年，明治元年)，在名词类的翻译语中，绝对不会使用和语，而是使用汉语进行翻译，这与清水形成了鲜明的对比。而且，在这里，福泽的翻译语中原封不动地使用了到现在为止的物理学、化学的用语。

这个故事讲述了不稳定的近代日本语是如何命中注定地在某个时候被一定的方向所引导。所以，在日本语中"さんそ"这样的表记并不是十分充分的文字表记，而"酸素"这样的假名才可以让人感受到由此而生的语言感觉。

姑且不论，罗马字论接近的是西欧文明，假名文字论则具有与传统保持连续性的特征。但是，假名文字论与罗马字论即使在改良的方向上不同，在与汉字为敌这一点上却是共通的。在根本上将两者联结在一起的，是无论如何都要从中国文明圈中脱离出来的强烈愿望。

四 明治最初十年的国字改良运动

到了明治最初十年的中段，国字改良带上了结社运动的色彩。假名文字运动在1882年（明治十五年）结成了"假名之友（かなのとも）"、"假名会（いろはくわい）"①、"假名文会（いろはぶんくわい）"，第二年的7月，这三个会合并为"假名之会（かなの

---

① いろは是假名歌的最初三个假名，相当于26个字母的ABC，在此代指假名。——译注

くわい)"。而罗马字运动则在 1885 年（明治十八年）创立了"罗马字会"。关于这两个会实际展开的运动，在此不做详细的介绍。① 在这里，想要介绍的是最初参加了"假名之会"，之后却推动成立"罗马字会"的人物外山正一。

1884 年（明治十七年）11 月 4 日，外山正一在"假名之会"上做了有大题小做之嫌的题为"新体汉字破"(「新体漢字破」)② 的演讲，并于 12 月刊发了演讲稿。这里的"新体"一词会让人想起 1882 年（明治十五年）外山与他的同事矢田部良吉、井上哲次郎一起编写的诗集《新体诗抄》，外山利用"新体诗"继"诗歌改良"之后开始积极着手"文字改良"。实际上，外山与矢田部当时也参加了"罗马字会"（井上当时在国外留学）。总之，在《新体汉字破》的开头外山说道：

> 我是支持汉字废除一方的，我们完全不介意如何使用假名，只要它的目的是废除汉字。这一方队的人数越多越好。不管它的名字叫月之部还是雪之部，不管它拥护的是假名还是罗马字。因为现在没有比汉字更让我感到厌恶的了。③

这一意见中可看作借口的思想要素，虽然是在前岛密和西周那里也能看到的功利的语言道具观以及对西洋文明的追随主义，但是

---

① 平井昌夫：『国語国字問題の歴史』，关于这一点从第 181 页开始进行了详细论说。
② 西尾実、久松潜一监修：『国語国字教育史料総覧』，第 33—36 页。
③ 同上，第 33 页。

在外山这里，这一观念彻底到了滑稽的程度。

外山说知识有两种。一种是对社会有益的技术以及以事物为对象的"真正的知识"，另外一种是，"向人传递真正的知识时或是人与人交换思想时为达方便的知识"。语言和文字就是后者这种"为达方便的知识"，"就获取它本身而言并没有什么好处"。所以说，"语言也好文字也好，都不仅限于某一种，只要能让传播知识交换思想之事变得便利就好"。

如果为了掌握语言和文字这种"为达方便的知识"，抢夺了学习"真正的知识"的时间，那么则须立即将其废止。这正是汉字的处境。如果汉字妨碍了"国家进步""富强发展"的话，那么与西洋文明之间的距离就只会变得越来越大。"如果觉得这个说法是假的话，那么清法事件①（1883—1885 年，事件结果就是现在的越南的主要部分成了法领印度支那）就是胜于雄辩的事实。在学习汉字上花时间，就无法在战争中获胜……作为对手的西洋人，并不使用汉字，而在我们学习汉字的时候，他们已经使用上了电气，我们在写字的时候，他们已经把船造得更加坚硬。在学写汉字上花费了莫多时间的人民，与西洋作战时只会一败涂地"②，外山痛彻心扉地说道。

外山的这个演讲，就好像在嘲笑自由民权运动和基督教运动一样，最后以"废除汉字之事，比起开设国会更为要紧的是进行宗教改良"这一句话作结。在与东京大学的同事加藤弘之一同成了"优胜劣败"这一社会进化论的提倡者的外山看来，不得不批判天赋人

---

① 即发生在 1883 年 12 月至 1885 年 4 月的中法战争。——译注
② 西尾实、久松潜一监修：『国語国字教育史料総覧』，第 34 页。

权论这一自由民权运动和基督教运动的思想根基吧。外山的《新体汉字破》所提出的策略，虽然是想通过文字促进社会进化，但与此同时却扼杀了社会变革尚未生长之萌芽。

但是，在那个时候外山似乎已经下决心从假名文字论转变为罗马字论的拥护者了。这样说是因为，在同年（1884年，明治十七年）6月的论说《废除汉字兴盛英语是当务之急》（「漢字を廃し英語を熾に興すは今日の急務なり」）①一文中已经提出了废除汉字之后，"比起用假名，更适宜的是用罗马字"。并且他强调了罗马字的优势在于可以原封不动地使用西洋语言的原话。据外山说，日本处在不得不对欧美各国的文明"一股劲儿地模仿学习""将其知识全部拿来"的阶段，从社会进化的角度来看正是应该抛弃作为劣等失败者代表的汉字、振兴"国权"与"国产"的时候。

作为如此热衷于欧洲文明的外山所实践的罗马字，究竟是什么样的呢？请看接下来的例子：

NYOSHI NO KYŌIKU TO YASOKYŌ KAIRYŌ NO HŌ

Toyama Masakazu.

Hito no kengu wo shiran to hossuru mono wa nani yori mo mazu sono haha no kengu wo toubeshi. Kuni no kaika wo susumen to hakaru mono wa yoroshiku mazu sono kuni no fujin wo kairyo suto wo tsutomezaru bekarazu.（以下省略）②

---

① 吉田澄夫、井之口有一编：『明治以降国語問題論集』，第74—79页。
② 引用自山本正秀：『近代文体発生の史的研究』，第314页。

这看上去没什么，只不过是把当时的汉文训读体原封不动地转换成罗马字而已。不仅是外山，这是在其他罗马字论者那里也很常见的。无论多么醉心于欧化主义，文章本身仍然是汉文训读体写成的，这是明治知识分子共通的矛盾——当然，在当时这种矛盾并没有被认识到——它作为典型案例在此呈现出来。

这种文体的问题，在假名文字论者那里也会碰到。假名文字论者的文章与罗马字论者的不同，全是"之乎者也"式的模仿古文的调子。举个例子来看：

かなもじにて、ふみ、かゝむには、ひとの、みゝに、いりやすくして、むげに、いやしからぬ、ことばを、えらび、なるべく、かんごを、もちひぬことを、こゝろがくるこそ、かんえうならめ。①

正是这种文体的问题，成了削弱"假名之会"与"罗马字会"影响力的内部要因之一，这一问题会成为众矢之的。

比如，末松谦澄在伦敦时写的《日本文章论》(『日本文章論』，1886年，明治十九年) 中的"文章的体裁"② 这一章中说道，无论怎么使用文字，首先应该确定下来的是文体的标准，"罗马字会有将片假名直接按照汉文体写下来的倾向，假名之会在此方面则有拘泥于偏僻至极的古言之行迹，这是两会不得不受指责的地方"③。在

---

① 引用自山本正秀：『近代文体発生の史的研究』，第262页。
② 山本正秀编著：『近代文体形成史料集成・発生篇』，第255—260页。
③ 同上，第256页。

此，他严厉地批评了这两会的文章的现状。特别是对"假名之会"的批评中有很厉害的一点，那就是，末松认为他们想要"回复国学古风"这一举动是逆时代而行的，无论如何都不可能实现。根据末松的说法，文字的改良只不过是语言文章改良的一部分，最终的目标应该是言文一致。由此，在此之前属于国字改良运动的言文一致这一要求，把"假名之会"和"罗马字会"作为反面典型，以更为切实的面目呈现了出来。

五 明治三十年代的国字问题

在此之后的初代政党内阁首相，被称作"平民宰相"的原敬，在大阪每日新闻社当社长时，留下了关于国语国字问题相当积极的发言。在《汉字减少论》(「漢字減少論」，1900年，明治三十三年)一文中，原敬这样说，无论是"假名之会"还是"罗马字会"，都对现实状态充耳不闻。会员尚在，但如今什么成果也没有。"我坚持不加入假名之会也不加入罗马字会，是因为丝毫没有想为这些会辩护的意向。""这些会的主张中究竟有些什么东西，现在其实已经完全没在记忆中留下痕迹了。"[①] 时代的变化如此之快。

正如论说的题目所说，原敬主张应该通过汉字的减少来最终实现汉字的全面废除，然而原敬之所以对这两会有如此的评价，是因为国字问题在时代精神中所占据的位置已经偏离主流了。明治二十年代后半段直到三十年代，再次兴起讨论国字问题的热潮，于此相应的时代背景，是甲午战争之后强烈的反清意识与国家主

---

① 西尾実、久松潜一监修：『国語国字教育史料総覧』，第92页。

义的高扬。

已经写出《敕语衍义》(『敕語衍義』，1891年，明治二十四年)并且立足于天皇意识形态前线的井上哲次郎提倡反对汉字，并提出制定新国字的主张，而另一方面，通过《日本人》这一杂志来声张国粹主义的三宅雪岭，却提倡拥护汉字，这并不是什么让人吃惊的事情。为什么这么说，因为这两个人表面看上去水火不容的对文字的态度，实际上是从同一精神土壤中生长出来的。

井上哲次郎在1894年（明治二十七年）4月（8月甲午战争开战）时进行了题为"文字与教育之关系"(「文字と教育の関係」)[①]的演讲，在演讲中井上感叹道，西洋仅仅用二十六个字母就可以完成所有的书籍著述，而汉字的数量完全是无限的，而且这些汉字还有无限的组合方式。这样一来，"我国人还在记忆书写方式的时候，他国人早早地就已经在学习开启智识的学问了"。汉字是让日本文化停滞的罪魁祸首，这种见解在至此为止的汉字反对论者，特别是倡导欧化主义的罗马字论者那里经常可以看到，井上的这一见解也并不是什么特别新奇的事物。

但是，这之后才是井上真正想说的。也就是，"日本人在使用汉字的时候，多多少少都不得不受到汉字的支配，这实际上是很让人厌恶的事情"，"今天甚至还在被地位低下之国的文字所支配，这是非常遗憾的事情"。根据井上所说，汉字妨碍了"文字的独立"，继而与此相通的是将"思想的独立""国家的独立"置于危险之中。井上确信，抛弃汉字本身，就是日本从"支那"获得完全的"独立"的制胜之道。

---

① 西尾实、久松潜一监修：『国語国字教育史料総覧』，第53—58页。

尽管如此，井上也并没有站在罗马字论、假名文字论、汉字节减论的任何一方。井上曾经支持过罗马字论，而现在"醒悟到它是非常错误的"。罗马字从道理上讲是更为便利的，但是不符合"日本人的感情"。而正是这"日本人的感情"才是维持"国体"的基本原则，这是非常言之成理的。假名文字论值得敬仰的地方在于，"它是由思慕祖国之情产生的"，但是看了冗长的假名文就会明白"这是一种退步"。关于汉字节减论，井上认为，词汇正变得越来越多却要减少词汇（在这里，井上很可能把文字和词汇混同起来了吧），这"有些愚蠢"。

结果井上主张的是前两者所具有的"改良的精神"须继续发扬，把文字改造得"尽可能精确地表达我们的意思，尽可能单纯，可以言说思想，成为便于交流的器械"，即"从现有的平假名中制造出单纯的文字"。于是，在这种文字被制定出来之际，日本也可以"同样地推行欧罗巴的教育"了。

非要与前岛密进行比较的话，前岛的论说中"侮蔑"中国的是当下的西洋诸国，但是在井上这里，毫无疑问，日本已经变得可以"蔑视"中国了。于是，与此相应，议论中全面地表现出了特异的"国体"概念。前岛在《兴国文废汉字议》(「興国文廃漢字議」，1873 年，明治六年）这一文章中断言，国语国文的制定与"复古家们所谓的明正国体一说"[①]丝毫没有关系。但是，这一"国体"在井上的论述中却成了堂堂地列举出来的论据之一。不必说，这反映了 1889 年（明治二十二年）的大日本帝国的宪法，以及第二年的《教育敕语》发布时开始出现的状况。

---

① 吉田澄夫、井之口有一编：『国字問題論集』，富山房，1950 年，第 59 页。

但是，井上的言论也绝不是"复古家"的言说，必须要注意的一点是，它始终是在"改良的精神"这一基础上建立起来的。也就是说，井上所说的"国体"，与明治初年的国学者们高扬的复古主义事物截然不同，它安坐于近代国家体制的构成中，更是支持这一体制的概念。正因如此，井上用作批判罗马字的根据的"国体"，就不得不要求文字成为传达思想的"便利的器械"，这样一来就可以将其与西周和外山正一所说的功利的文字观无缝对接了。

对此，三宅雪岭用《汉字利导说》[①]（「漢字利導説」，1895年8月，明治二十八年8月）一文创造出了与到此为止出现过的论说不同的汉字拥护论。三宅指出，汉字的确有很多缺点，但是反对废除汉字这一举动。因为废除汉字这一事情作为国家的事情，需要花费很大的努力和费用，"与其在废止汉字这一事情上下功夫，不如在把汉字导向有利的方面上下功夫"。虽说《康熙字典》里有四万七千个汉字，但印刷所的汉字活字五千个就足够了，日常生活中应该熟知的汉字不过两三千字，改良了学习方法就应该能记住了，并没有那么大的困难。也就是说，汉字反对论者所非难的汉字学习中的难处，"与其说是汉字本身的性质所致，不如说是缺少有序的教学方法"。

那么，三宅说的"汉字之利"指的是什么呢？三宅接下去如此做了解释，"汉字之利在于可以获得东亚思想、扶持东亚政略和东亚商略，这些都要用汉字表记，所以要学习汉文。……（中略）识汉字，理解其法则，那么就可以总揽东亚的交流了"[②]。三宅进一步

[①] 西尾実、久松潜一监修：『国語国字教育史料総覧』，第79—82页。
[②] 同上，第81页。

说，从人口和社会状况来看，"支那"与其说是像法国或者德国那样的"一个国家，更理所当然地也是一个大陆"，"为了汲取大陆的思想，为了及时参与到对大陆的政略商略的制定中去，应该学习大陆的文字"。特别是，三宅注意到，汉字是中国各地各种各样语言的共通传达手段。也就是说，三宅真正想要主张的是：汉字作为"东洋交通的工具"是绝不可缺少的。

三宅雪岭的议论中需要注意的是，不知从何时起"支那"被去政治化，被单纯的中性地理概念"大陆"顶替了。正如对于井上来说，汉字已经不是敌国"支那"的文字了，而变成了作为政略商略对象的"大陆"的文字。

表面上，井上与三宅相互对立，但同时他们之间也有互补的关系。井上更为"内"向，三井则更"外"向地投射目光。因而，井上的新国字论与三宅的汉字节减论同时在国语调查委员会的决议事项中被提及。由此，井上和三宅在1900年（明治三十三年）成了文部省内设置的国语调查委员会的委员，而且，都被任命为1902年（明治三十五年）3月设置的国语调查委员会的委员。

在此，简要介绍一下这个国语调查委员会的产生过程。1896年（明治二十九年）设置的帝国教育会，在1899年（明治三十二年）10月设立了"国字改良部"（部长是前岛密），并推广了国语教育政策范围里的活动。于是，这个帝国教育会于1900年（明治三十三年）1月26日向政府、国会提出了《关于国字国语国文改良的请愿书》。[①]

在这份请愿书中，有如下主张：日本语的文字、文体、文法哪

---

① 西尾实、久松潜一监修：『国語国字教育史料総覧』，第107—109页。

一个也没有固定的标准，完全是无秩序的，从而指出"我国学生以及儿童为了学习这种语言的文字，浪费了大半的学校生涯，没有时间去获得其他有用的知识"这一现状。日本因为已经成了"在世界的竞争场里驰骋的帝国"，所以当务之急是改良"这一错杂、纷乱、不规律、不统一的文字、语言、文章"。这是因为"文字、语言、文章的好不好与国民教育振兴与否息息相关，与国民的民智开否，以及强弱、贫富息息相关，也与国家势力的张弛优劣有很大的关系"。所以首先必须着手的是"国字"的问题。汉字节减论、假名文字论、罗马字论、新国字论等各种改良提案，虽然"在汉字的不便利上有所认识，所以将其排斥这一点上是一致的"，但是这些提案的得失也有调查研究的必要。因此，帝国教育会从"凡是关于国字国语国文的改良本身都是国家为了国家而进行的调查研讨，所以实行改良是很值得期待的"这一立场出发，向内阁、文部省、各省大臣、贵族院以及众议院的两院议长提出了如下的请愿：

为了改良国字国语国文，并将其实行下去，政府应该迅速地对其方法进行调查。

那个时候，文部省的回应非常迅速。以直接应答帝国教育会请愿书的方式，于同年4月任命了省内的七名国语调查委员，并于1902年（明治三十五）3月通过国语调查委员会官制的方式将其升格为正式的政府机关（委员长是加藤弘之）。此外，文部省在同年8月进行小学校令改正的时候，下决心将汉字限定在一千二百字的范围内，发音的方式采用所谓的"画线标注假名"，并统一了假名字体。而且这一系列的改革体现在了第一次国定国语教科书《寻常小学读本》中。

　　文部省之所以对国语问题进行这样的处理，有一位核心人物起到了重要作用。这个人物就是1894年（明治二十七年）带着从德国留学中学到的近代语言学知识回国、在任东京帝国大学博言学讲座教授（1900年，明治三十三年）时将博言学科改称为语言学科的上田万年。上田一边在东京帝国大学里创设国语研究室，并作为研究室主任活跃在这个领域，另一方面，1898年（明治三十一年）起也在文部省专门学务局兼任文部省参与官。实质上主导了国语调查委员会与文部省的教育政策的是上田万年，以及被他的提案所吸引的人。

　　上田在1895年（明治二十八年）5月发表的《新国字论》[①]一文中已经表示大体上对井上的主张持肯定态度，但是，对"汉字那样的表意文字"或"日本语的假名那样的以辅音加元音为主的音节文字"表示反对，而认为"可以像罗马字那样能够精确地将元音、辅音分开书写的语音文字"最值得重视。[②]但是，他明白地指出，新国字论如果不是关于音韵学的正确的知识的话，就无法期待与之相应的成果。于此，上田将从欧洲那里带回来的近代语言学用作武器，毅然决然地以罗马字论者的身份开始着手"国语改革"。

　　虽然关于上田的所作所为会在第二部分详细地进行论述，但在此想预先透露一下以下的事情。井上的"朝内"的目光和三宅的

[①] 这篇论文收录于上田万年的『国語のため』，富山房，初版1895年，于1897年订正再版，第202—228页。也收录于西尾实、久松潜一监修：『国語国字教育史料総覧』，第73—78页。

[②] 『国語のため』，第207页。

"朝外"的目光,也就是"国体护持"和"大陆进出"的志向,在上田这里合二为一了。正是在这两种目光交会的地方,上田那如梦般的"国语"的理念萌生出来了。

在本章结尾之处想要强调的是,直到明治时代,即便出于反清意识,汉字全废的观点也是众多知识人,甚至连文部官僚都持有的观点。帝国教育会的《关于国字国语国文改良的请愿书》(认识到汉字的不便利之处,对其进行排斥是大家一致的观点[①])如此,国语调查委员会的决议事项(加藤弘之的报告《决定不使用象形文字汉字》[②])也如此,即便是尚未实现的目标,也包含着废止汉字之意图。但是颇具讽刺意味的是,正是在去汉字化之说盛行的明治时代,同时也是汉语泛滥、浸透在社会的各个角落的时代。柳田国男后来感叹道,世道变成了就连农村的女人也"关系呀、例外呀、全然呀、反对呀"什么的满嘴都是恶趣味的汉语。[③] 正是由于这样的二律背反,近代日本语不得不背负起困难的课题。

---

① 西尾实、久松潜一监修:『国語国字教育史料総覧』,第 109 页。
② 同上,第 125 页。
③ 柳田国男:『標準語の話』,收录于『標準語と方言』,『定本柳田國男集』第一八卷,筑摩书房,1963 年,第 517 页。

第二章
言文一致与"国语"

一　语言的危机与言文一致

作为近代日本的出发所尝试的语言改革,丝毫没有放过口语与书面语之间的隔阂。不过,让这种差异在意识的面前浮现出来的,肯定是因为配合着口语与书面语的秩序,即允许其相安无事地并存着的社会秩序已经逐渐崩坏。这一崩坏的方式表现在了不同的方面。

在江户时代,武士阶层与知识人的世界中作为文化用语和行政用语的汉文,或者说汉文训读文,进入明治时代后,突然降临到了民众的头上,这一情况如下所示:

> 维新以来,就没发生什么好事情。政府面对的是更为艰难的处境。幕府时期政府发布了数十次的公告,但是他们的语言中包含了太多的汉语,因此那些来自乡村的人很难理解。尽管报纸广为发行,但人们无法读懂并感到困惑。尽管如此,他们也别无选择只能接受政府的命令。①

---

① 引自「開化世相の裏表——『新聞雜誌』抄」(明治七年5月),明治文化研究会编:『明治文化全集』第二十四卷(文明开化篇),日本评论社,1929年第2版,1967年,第524页。

另一方面，与其他藩地在物与精神层面的交流完全处于闭锁状态的幕府体制下，口语分裂为各种方言，更进一步地，在一种方言的内部也被士农工商的身份关系所严格规约着。关于这一点，福泽谕吉在《旧藩情》（1877年，明治十年执笔）中留下了意味深长的证言。

根据福泽所言，江户时代中上级武士、下级武士、商人、农民从衣食住的习惯，到如站姿坐姿等日常的行为举动都非常不一样。所以，"这些风俗上的不同也体现在了发音中"[①]。也就是说，如果稍微听一下说话的措辞，就可以判别说话者的身份。福泽谕吉巧妙地将这一特点总结如下[②]：

	上级武士	下级武士	商	农
看呀	みちくれい	みちくりい	みてくりい	みちぇくりい
走吧	いきなさい	いきなはい或いきない	与下级武士相同	与下级武士相同或いきなはりい
怎么办	どをしよをか	どをしゅうか	どげいしゅうか或どをしゅうか	与商人相同

福泽谕吉在著作中所采用的"世俗通用的俗文"是作为跨越上述这种语言分裂，达致国民之间交流目的的一种武器。福泽谕吉在处女作《西洋事情》中，做出了"文章的体裁不必修饰，努力采用

---

① 『福沢諭吉選集』第十二卷，岩波书店，1981年，第49页。
② 同上。

俗语","只为求达意即可"① 这样的文章书写方面的声明。从福泽自身所用的语言来看，他亦秉承"以行文是否方便来做判断，可以不必过虑地使用汉语，在俗文中穿插汉语，接在汉语后用俗文，雅俗混用，就如侵犯汉文社会的宗教圣地一样紊乱文法，只有利用迅速让人明白的易懂文章，才可通俗地、一般地广泛传播文明的新思想"②（《福泽谕吉全集序言》）这一观念。

那么，进入明治时代以后，如果从语言层面上来看"国民"之间的交流这一诉求的话，究竟意味着什么呢？首先，对于当时地理上、阶层上深层分裂的状况来说，有必要创造出无论是哪样的"国民"都可以理解的词语和文体。这是与语言的现实状态相关的问题。

但是往往也有被忽视的一面，这就是关于语言的表象问题。正如福泽谕吉所提到的那样，如果谁开口说话，就可以通过他所用的语言判定其身份，这一事实表明，语言在各种社会的下位体系中不断地进行着分化。在这种情况下，单一的"国语"之存在，通常呈现为模糊不清的样子。在此，上级武士也好，下级武士也好，商人也好，农民也好，虽然并不是特定的，但必须创造出那个可能是任何人的"谁"、匿名的"国民"所讲的语言的样子。为此，没有被地理的、阶层的语言变异所污染的带有纯洁性的语言规范，应该存在在某个地方——必须建构这样一种语言的表象。

但是，这样一种无臭无色透明的语言体实际上是不可能存在的。某个特定的人说话时，必定会呈现出相应的变异形态；再者，即便有所谓的标准语言规范，也是从历史上来看，基于特定的地理

---

① 『福沢諭吉選集』第一卷，岩波书店，1980年，第101页。
② 『福沢諭吉選集』第十二卷，第144页。

的、阶层的、问题的变异形态而创造出来的。但是，作为语言的表象所具有的自主的理论，是将语言规范放置在各种各样的变异中，将其作为测量这些变异程度的标尺。正因如此，语言规范可作为"国语"的理念诞生之前的准备，也是这一理念最为核心的内容。而在现实中支撑这一理念的、明治时代诞生的语言形式，即是"言文一致"。

二 从国字改良到言文一致——前岛密、西周、神田孝平

前一章也提及，从前岛密、西周等人对于国字改良的提议中已经可以看出言文一致的愿望了。前岛在废除汉字，"制定确立国文的语法书"这一提议之中，对"说出来则成话，写出来则成文，使口谈、笔记这两者之差异缩小"这一文体的出现有所期待。但是，前岛给出的例子中，并不是说"恢复使用拟古谦让语"，而应采用"当今通用的谦让语"[①]，从这一主张来看可以知晓，言文一致的基准所追求的是武士阶层那种非常公共的语言。另一方面，西周列举的"所说之言"是演讲、笔记等，绝不是日常用语。西周在《论用洋字书写国语》和《百一新论》(「洋字ヲ以テ国語ヲ書スルノ論」、『百一新論』，1874年，明治七年) 等著作中，虽然尝试了某种言文一致，但那是"ゴザル"腔的问答体。不必说，西周所属的明六社把演讲和演说当作文化启蒙活动的一种并在日本活跃地推广，与这一点也有着密切的关系。

在这二人的提议中，之后围绕言文一致所展开讨论的几个问题

---

① 西尾実、久松潜一监修：『国語国字教育史料総覧』，第18页。

点都已经体现出来了。也就是，是把言文一致作为"言"与"文"的相互接近，在书写语言中引入口语的要素呢？还是应该让"文"靠近"言"以达成一致呢？这一系列所谓的"言"与"文"之间领导权的竞争，已经可以在此见其征兆了。原本言文一致当然应采取后者的做法，但是就像后来发生的那样，在明治时代"言"接近于"文"之说则更为有力。但是，无论采取哪一方意见，"言"总归是零零散散无法完全收束之物，因此"言文一致"尚不能扬帆启程。由此可见，有必要让"言"呈现出"型"来。前岛的武士阶层的语言、西周的演说语言，都是在为口语寻找其可赋予的"型"。

如此，前岛密、西周所代表的明治初期的国字改良论者的主张中，确实包含着对言文一致的自觉。不过，在他们自身的意识中，可以说言文一致的问题是从属于文字的问题的。前一章涉及的"假名之会""罗马字会"的文章实践中将这一状况如实地反映了出来。

看到这样的情况，明治初期努力推行语言改革的人自然会萌发这样的意识：首先应该提出的问题并不是国字改良，而是言文一致。

这其中不容忽视的是神田孝平的论说《读文章论》(「文章ヲ読ム」，1885年，明治十八年)。据山本正秀所言，神田的这一论述中首次使用了"言文一致"这一用语。① 不必赘言，到这时为止想要使口语与书面语彼此接近的主张并不少，但是将"言文一致"作为一种口号来表现，这在一针见血地点明这场运动的精神方面起到了极其重要的作用。

---

① 山本正秀：『近代文体発生の史的研究』，第39页。

神田的论说《读文章论》是为了批判西村茂树的《文章论》[①]（『文章論』，1884年，明治十七年）而写的。西村认为，现在的书写语言中有汉文与和文两种，因为哪一种用作书写语言都是非常不便的，所以要创造与明治日本相适应的书写体，就需要进行文章改良。但是，西村提出的方案是，首先阅读日本语的古文，熟习语法，然后在涉猎中国、欧美诸国，甚至是希腊、罗马的古典与文法知识之后，创造出至今未曾出现过的新的书写语言的形式这一相当空想式的提案。

对此，神田认为，书写语言须从汉文与和文的规范中脱离出来这样的书面语改良的意图是可以赞成的，但是为了实现这样的目的，西村那种渊博的知识完全是没有必要的，"只要用平生所需要用到的语言就足够了"[②]。为什么这么说？因为书面语改良的目的是"让日常语言和书写语言具有一致性"。无论怎样实行汉文的训点，都与原本的日本语在文法上不同，而且所谓的假名文也是基于过去的语言的，所以具有这些特征的书写语言与日常用语一定会有隔阂。如果要去除这种"书写语言的不便"，就必须在出声朗读书面语的时候光听就能让听话者理解。因此，神田认为"用日常语言说话，用日常语言做文章，即言文一致"[③]，并以此极力阐述言文一致的必要性。

更进一步地，神田批判了国字改良论。他认为无论是罗马字论、假名文字论、汉字节减论的哪一个都"只是改了文字而没有改变书

[①] 吉田澄夫、井之口有一编：『明治以降国語問題論集』，第169—174页。
[②] 同上，第175—176页。
[③] 同上，第177页。

写语言"①。如果改革书写语言的话，不管用什么样的文字都不会产生障碍，在改革书写语言之前先讨论文字的改革，则颠倒了顺序。

神田的这一主张，经由前一章节提及的末松谦澄的《文章的体裁》，还有同一时期《东京日日新闻》的福地源一郎的一些论说，比起国字改良更重要的是言文一致这一认识愈发高涨（但是这些议论没有一个是用言文一致体写的）。于此，即使在"假名之会"与"罗马字会"内部，也逐渐地出现了痛感言文一致很必要的人物，其中最具代表性的是同样以"言文一致"这一题名发表论说的物集高见与巴兹尔·霍尔·张伯伦。这二位当时是东京大学文科大学（现在的文学部）的同事。

三 物集高见与张伯伦的"言文一致"

在当时作为"假名之会"的评议员的日本学者物集高见以在会上的言说为蓝本，于1886年（明治十九年）单刀直入地以"言文一致"为题发表了论说文章。物集这篇文章，正如其所主张的那样，本身就是用言文一致体书写的。在这篇文章中，物集说明了言文一致的必要性并罗列了七项优点进行说明，论点如下：

> 大体而言，最好用大家能够很好理解的方式去说话。当你写下你想说的事情时，也应该用最好理解的方式去写。尽管我们现在试图按照我们说话的样子来书写，然而，书写语言出来的语言却并不能完全等同于口语，这一点须加以注意。所以我建议我们

---

① 吉田澄夫、井之口有一编：『明治以降国語問題論集』，第178页。

按照说话的样子写下来，让书写语言尽可能地平实简易。①

物集用"当今的日本人，嘴是活着的自己的嘴，但手却是死了的古人的手"②来做比喻，批判当时所用的书写语言不过是被自古以来的文章规范所束缚的模仿文而已。对此，物集用作对比的是口语的自然性和自发性。

放弃不动脑子地仿照他人的鹦鹉文，用从自己的嘴里出来的，天然自然涌现的活泼的、充满生气的语言，并将这种生气原封不动地写下来的话，是最好的。③

但是物集认为日本语中的敬语很多，如果原封不动地写下来的话文章恐怕就会变得冗长，所以"日记呀笔记什么的，属于口语的范畴，写下来的时候省去敬语，会更加好写"④。听话者就在眼前时说话，说话者与听话者之间根据关系会有各种各样的表现上的变化，但写成文章的时候该怎么办呢？物集认为在实行言文一致时首先应该直面的是如何处理文末表现的问题。实际上，物集在这一点上是非常自觉的，他在《言文一致》论的前半部分用"である"体，后半部分用的是"ます""であります"体，这样分别书写是非常具有实验性的尝试。言文一致这一主张本身并没有被言文一致

---

① 吉田澄夫、井之口有一编：『明治以降国語問題論集』，第182页。
② 同上，第181页。
③ 同上，第186页。
④ 同上，第187页。

地进行书写，从这一过渡状态中脱离出来的、物集的《言文一致》，不仅在理论层面上，在实践层面上也是非常具有划时代意义的。

在这一点上，张伯伦的《言文一致（GEM-BUN ITCHI）》（1887年5月，明治二十年5月）也是同样的。张伯伦根据在罗马字会的演说整理出来的论著是用"ます"体的罗马字写的。张伯伦在罗马字会会员的面前进行"言文一致——按照所说的样子进行书写"[①]——的必要性的演讲，是想借机批判《RŌMAJI ZASSHI》中使用的文体所造成的阅读困难。

据张伯伦所说，现在的罗马字论者的文体，即便是用罗马字写的，不逐一还原成汉字的话就读不懂，与难懂的汉文体殊途同归，这使得罗马字运动能否取得成功变得非常没有把握。即便如此，也没有期待像"假名之会"月之部那样使用过去的"大和语言"。如此一来，张伯伦主张"只用真的日本语即俗语，将其按照原本的样子来使用"[②]是应该采取的唯一方向。

相对于物集通过言文一致强调表达的自发性，张伯伦则更强调社会层面。张伯伦说道："无论是哪个已经开化的国家，大都是按照说话来进行书写的。"然而，与被拉丁语支配的中世纪欧洲相同，被汉字汉文支配的中国、朝鲜、日本、越南，在这些地方俗语被轻视，文化只是少数学者的所有物，面向民众的教育尚未普及。"自然的语言，也即俗语"无法被使用，所以阻碍了自由的思考、自由的论述，就无法产生优秀的著作。去除这些弊害的唯一方法，就

[①] 吉田澄夫、井之口有一编：『明治以降国語問題論集』，第216页，原文是罗马字。

[②] 同上，第219页，原文是罗马字。

是推行在近代欧洲各国实行的言文一致。"所以，想要改良日本的教育、劝告人们学习知识的话，废弃使用至今的各种复杂的问题，是第一良策。"①因此，张伯伦在论述中提出应立刻在《RŌMAJI ZASSHI》杂志倡导实行言文一致，并提议一般的报纸也一同呼吁提倡言文一致。

物集和张伯伦的这两个"言文一致"论，使得与二叶亭四迷一同成为言文一致小说旗手的山田美妙得到了一个让他踏出决定性一步的契机②，由此可见这两个"言文一致"论在当时具有相当广泛的影响力。尽管如此，并不能说自此言文一致就顺风顺水地向前行进了。不说别人，物集后来又将"言文一致"说撤回，并对此持反对的意见了。

物集在《言文一致》刊发十六年后的1902年（明治三十五年）12月的《读卖新闻》报上发表了名为"言文一致的不可能"③这一论说。这篇文章像是提议的口吻。1890、1891年（明治二十三、四年），他在编写日本语法书的时候，明白了书面文体中有会话文和记录文之区别，从而醒悟到言文一致是错误的。会话文采用第二人称、现在时态、句尾使用敬语，而记录文则用第三人称，过去现在未来三种时态都会用到，并不太使用敬语。企图用言文一致来清除这样的区别恐怕是不可能的。也就是说，物集认为只有将谈话原封不动地写下来的会话文才是言文一致的领域。

与《言文一致》相比这显然是一种后退。但是，这并不是物集

---

① 吉田澄夫、井之口有一编：『明治以降国語問題論集』，第221页。
② 关于这一点，将在下面的章节中详细展开。——译注
③ 山本正秀编著：『近代文体形成史料集成・発生篇』，第485—490页。

一个人身上发生的后退。这一趋势发生的背景是,在当时发生了文艺风潮。也就是说,物集所主张的会话部分用口语体,叙述部分用文语体这种样式,原封不动地成了当时风靡一时的砚友社派小说的样式。

但是,除了忠实地反映了时代精神的变迁之外,实际上物集对言文一致的理解本身原本就有致命的缺陷。这就是将"像说话那样书写"这一言文一致最为根本的精神,理解为了"将说的话原封不动地写下来"。的确,物集在《言文一致》中是以具备口语的自发性的书写语言为目标的。可是,仔细研究《言文一致》就会发现,物集的言文一致观里有让人疑惑不解的地方。物集在论述的最后提到"按照口语进行书写并不困难"。从《伊势物语》到《义经记》,如果把平安、镰仓时代的古典文章的开头部分一个个地翻译成现代文的话,只需要把"时间的部分和接续的部分"稍微修改一下,古文就能简单地变成现代文了。物集通过强调古文与现代文之间的连续性,也许是想提高现代语言的权威性。一边极力说明"真实地从自己身体中发出的"语言的重要性,又一边讲古文的变换书写可以作为言文一致的例子,这实在是令人费解,结果使得在物集这里,变不可能为可能的冒险意识变得极其淡泊了。

另一方面,辰巳小次郎在《驳言文一致论》[1](「駁言文一致論」,1887年,明治二十年)中严厉批判了张伯伦的观点。辰巳的论述中重要的是,它包含着言文一致的赞成者们不得不回答的难题。

辰巳首先表明了对张伯伦的文章极其好理解这点的"钦佩"之意。他列举出文章中很少使用汉语、经常加入俗语作为理由。甚至

---

[1] 吉田澄夫、井之口有一编:『明治以降国語問題論集』,第224—233页。

特地计算出张伯伦文章中的汉字字数、熟语数,将其与其他罗马字论者的文章进行统计学上的比较,真诚而仔细地进行了评论。也就是说,辰巳对张伯伦的"言文一致"在实行的层面上没有什么不满,只是指出一些可以看作汉文语体的地方,对此进行了批判。但是,辰巳自己的文章里,用的是汉字、假名混杂在一起的书面文体。

那么,辰巳到底对张伯伦"言文一致"的哪些方面进行了反驳呢?实际上是在理论层面。辰巳把张伯伦的"罗马字会的目的是原封不动地使用俗语"当作责难的对象,并试图在理论层面上证明口语与书写语言从根本性质上就是不同的。

辰巳所针对的张伯伦的观点从大方面来概括的话可以分为以下两点。其一,"不得不在政府的层面上推动改良",其二是"文明开化必然会要求言文一致"。

关于第一点,开化了的国家的政府虽然用法律约束人民,但是道德上的事情却交给人民来负责,由此,公开的文书里会用特定的语言,但是"政府并不妨碍人们用何种语言来说话"。辰巳列举出"でございます"这一表现有二十四种方言的变种,因而强调口语因各地方言的不同呈现出各种相异之处。所以,就像政府之力无法统一各地风俗、风气的不同一样,政府"出面来推动"口语的事情,则"是无论如何也不能达成的"。辰巳认为,如果张伯伦实行他所说的那样的言文一致的话,就不得不让人既会讲"帝国普通词",又可以理解"府县特殊用语"了。

对于第二点,辰巳认为口语适合"解释说明眼见之事",书面语适合践行文化历史的传承。所以,辰巳将张伯伦的论点反其道而用之,指出即便是在已经实现了言文一致的欧美各国,谈话与文章所用的语言也是不同的。所以,他从"野蛮人有言无文,只有开化的人才言文兼具"①这一"文明"的立场出发,拥护言文不一致。

辰已这种批判,特别是指出如果言文一致是指按照说话来进行书写的话,各地就会不同,不就会变成用各自无法互通的方言直接书写文章了吗?他提出的问题是言文一致论者无论如何都不得不做出回答的。

四　东京话与言文一致

对上述批判做出最明快回答的是山田美妙的《言文一致论概略》②(1888年,明治二十一年)。那时山田已经因为发表《武藏野》(1887年,明治二十年)这一言文一致体小说而闻名。《言文一致论概略》是小说家山田为言文一致确立理论基础而写的言文一致拥护论。

首先,山田认为主张言文一致的学者有两派。一派是"让言接近文"的"所谓通用文论者",另一派是"让文接近言"这一"所谓言文一致论者",或者称之为"俗文论者"。③山田自身是属于后者的阵营的,并就前者对后者的非难逐一罗列,条理井然地进行了反驳。

"通用文论者"对"俗文论者"进行批判时指出的第一条是,"如果我们在文章中直接使用今日的俗语,则会出现在日本国内无法通行的状况"。对于这一点,山田做出了如下回答。当自己用言

---

① 吉田澄夫、井之口有一编:『明治以降国語問題論集』,第233页。
② 同上,第234—245页。
③ 同上,第234页。

文一致体写文章的时候，绝不是"用什么语言都可以"的。各种各样的方言所特有的表现，即便尽量遵守古语习惯，也称不上是"通用语法"。但是，如果找到"通用的词语、通用的语法，并可以用这样的词语语法来写作的话"，经由言文一致体的表达，就不会产生传情达意上的障碍了。因而，山田指出，"仔细体会今天的东京话的性质，会发现其实东京话非常具有上述特点"。为什么这么说，因为"东京话不通的地方比萨州话、奥州话要少"，而且，"无论在哪里即便不能充分懂得东京话，也并不是完全不能沟通"。[①] 山田明言道，这样的"东京话"才是言文一致应该采用的所谓"标准型"。

更进一步地，山田将"东京话"可以担负起日本的中心角色的理由从历史层面进行了说明。江户时代在江户建立了中央政府，由于各地的武士、商人会聚到江户，"唯独在江户产生了语言的混合"，而"东京话"继承了"江户语言"的优势。另外，东京在将来也会是日本的首都，与各地方的来往会更加广泛，由此而来的是"为了从中心一点到四周的传达无障碍地进行"，"东京的语法以后也会变得对各方而言更具普遍性"吧。因此，"以今天的俗语为基础，加之语法规则的束缚，并矫正语言随意的发展，那么精彩完美的文章、现实中表达充分的语言一定会轻而易举地出现"[②]。

在这之后，山田条理清楚地解释了即便是通用文也不能带来的语言的历史变化，只要有"文法上的监督"俗语也就不会产生激烈的变化，俗语里面也有井然有序的文法规则，以及古文被视作优美的文体只不过是"厚古薄今"之类的"好古僻"在作祟。

[①] 吉田澄夫、井之口有一编：『明治以降国語問題論集』，第235页。
[②] 同上，第237页。

像这样冷静地对言文一致反对论逐条进行处理，从社会的、历史的观点出发支持言文一致的山田，也因为其自身是著名的作家，所以坚决拥护言文一致的正当性，给世人留下了深刻印象。那个时候还有"提倡言文一致的趣意书、使用新文体的宣言、文体革新党的旗印"（1900年，明治三十三年刊发的高松茅村的《明治文学言文一致》①中的话）。而且，对于二叶亭四迷的"だ"调，山田采用可作为他的标志的"です"调作为论说的语体，也是不容忽视的。

不过，仔细阅读山田的议论的话，会发现有一些不易察觉的陷阱。可以算是充满紧张感的"一赌"之事的言文一致，在山田那里被视作好像没有主体介入也可以成立的历史必然之物。也就是说，山田对"东京话"逐渐地从"型"到"规范"这一位移的过程进行探索时，最终的结论就变成了必然发生这样的位移了。

但是，必须要注意的是，山田美妙必须力证他所认为的"东京语"的标准性。这反映出当时"东京语"作为文章语言的规范还没有被明确地得到确认的状况。

事实上，赫本②在《和英语林集成》第二版（1872年，明治五年）中写道："作为首府，同时也是天皇和文化人居住的京都的语言，本应该成为最具权威性的标准语，但是说方言的同好们却越来越多，地方口音和野蛮话到处可见。"③但是，到了之后的第三版（1886年，明治十九年），赫本对上述引用的后半部分进行了修改，变成了"在王政复古以及迁都东京之后，东京方言获得了优势地

---

① 山本正秀：『近代文体発生の史的研究』，第666页。
② 即 J. C. 赫本（James Curtis Hepburn）。——译注
③ J. C. 赫本：『和英語林集成』第二版，美华书院，1872年，序文第14页。

位"①。从明治最初十年后半段到二十年代初，言文一致运动开始达到兴盛期，与"东京话"的主导权逐渐地被承认的时期相一致，这并不是偶然的。

在当时，面向自由党民众的机关杂志《自由灯》的1885年（明治十八年）6月30日号里，以"赖床者"为笔名，刊发了《东京话的通用》(「東京話の通用」)一文。② 首先作者论及"一讲到日常通用语的日本语中应该让哪些地方的语言广泛通用的时候，我就会回答：东京话"。明治之后通过废藩置县等改革，地方与中央的交流日渐密切，地方的人并没有说"带有乡音的方言"，而是"不知道什么时候就使用上了东京语言"。虽然曾经通过人情本③学习到一些东京语言，但是"如今的旁训新闻（给文章全部加上注音的民众用的小新闻）读记起来非常方便，所以傲慢的书生还没有踏进东京的时候自己就可以使用东京的语言了"。在这里意味深长的是，首先"傲慢的书生"出现在最前面，作者指出这些书生还没有去过东京，却特意开始使用东京话了。然而，这一论说的作者并没有批评这样的情况，而是主张地方的小学教育应该专门进行东京话的学习。其理由是，"语言与文字有很大的不同"，所以"通俗文章的规范首先应该从用词的规范开始"。作为将言文一致与之后的标准语制定在很早的时期就联系在一起的论说，这一意见应该受到关注。

另外的例子是，在当时大日本教育会的干部西邨贞编的《幼学读本》(1887年，明治二十年)中，出现了作为教科书却大量使

---

① J. C. 赫本：『和英語林集成』第三版，丸善商社书店，1886年，序文第13页。
② 山本正秀编著：『近代文体形成史料集成・発生篇』，第224页。
③ 即江户时代后期到明治初年流行的爱情小说、风俗人情小说。——译注

用谈话体这一值得关注的事情，而且他明言"这些会话体是以东京士君子之间通行的语音为标准的"，因此具有先驱性。据西邨贞所言[①]，说话具有自然地被同化之倾向，"东京则是 Assimilation（同化——译注）的中心"[②]。

如此一来，东京话逐渐普及到全国这一现实与东京话逐渐地掌握起语言的主导权这一意识相结合，在言文一致要求的背后发挥着作用。而且，相反地，用言文一致体写的小说是使东京话得到普及的一个主要原因，这一点也不容忽视。二叶亭四迷、山田美妙、坪内逍遥、尾崎红叶等早期的言文一致体作家，几乎全都是东京生人。甚至二叶亭四迷在最早的翻译《通俗虚无党形气》发表之际，在自己作品的广告文中宣传这部作品是用"高雅的东京话"翻译的。[③]

森鸥外的小说《青年》（1910—1911年，明治四十三至四十四年）中的主人公小泉纯一到东京后立刻携介绍信到作家石狷太郎的住所拜访，出门时在回答女佣去往何处这一询问时，他是这样回答的：

---

① 山本正秀：『近代文体発生の史的研究』，第440页。
② 在倡导国体教育主义的初代文部大臣森有礼的主导下，1886年（明治十九年）公布的小学校令、中学校令、师范学校令、帝国大学令确立了教育的国家统治，首次确定了教科书检定制，在教育科目中导入了军式体操。在以小学校令为基础，由文部省编辑局编纂的《寻常小学读本》（1887年，明治二十年）的序言中只是说"地方的方言与鄙野之物应予以去除"，而并没有明确表明须积极地将东京话设定为标准语。据与这本教科书的编纂有很大关系的伊泽修二所言，采用"であります"体是为了避免包括东京话在内的方言风格。另外，用言的促音的特殊写法"取りて"也是"为了遵从各地方的说法"（同上，第436页）。也就是说，既可以读作"取りて"，也可以读作"取って"。
③ 同上，第492页。

"想去拜访大石先生。"

从农村来的纯一在这里使用了读小说时记住的东京词语。就像是使用尚未习惯的外国语那样,一句话一句话深思之后再说出口。所以看到这样一种回答尚未有不妥帖之处,心中很是欢喜。①

当然,小说中发生的事情并不能直接等同于作家的经验。首先,欧外与主人公贫穷学生的境况不同,他在石见国津和野藩医的家里出生,五岁通读汉文,八岁开始学荷兰语,十岁到东京学习德语,是一位高才生。但是,欧外之所以可以这样去写这一场景,是因为当时从地方到东京来的很多学生都有这样一种共通的基于现实的记忆,欧外在此将其唤醒。如此一来,以东京话为基础建构的小说的言文一致体,成了往地方传达东京话的媒介。

山田美妙通过强调江户话与东京话之间的连续性,正当化了现在东京话所占据的作为标准的地位,但不能因此忘记实际存在于江户话与东京话之间的一种断层。可以说明治时代诞生的"东京话",是江户土著切割掉了庶民语言之后形成的。

《日本语的历史》的作者(应该是龟井孝)这样说,"作为江户民众的日常用语的、活的江户话,即俗称的'江户之子'的语言。他们一旦与其他方言进行接触,就会意识到自己是纯粹的江户居民,江户话这种乡土方言在江户时代之后也被使用着;与此相对,东京话是东京以外各自有各自方言的人,在说客套话的时候使用的

---

① 『鷗外選集』第二卷,岩波书店,1978年,第54页。

所谓'国语'的代表"①。

"江户话"与"东京话"有这样一种相互联系又相互断绝的错综复杂的关系。将这种关系断然切断的是筹划制定"标准语"的国家力量。

如此一来，东京话就逐渐被限定成《幼学读本》中那样的"东京的士君子"的语言了，在此基础上作为标准语的东京话诞生了。特别是这之后，在"东京中流社会的语言"这一概念规定下，它成了国家通过学校教育在全国范围推广规范语言的基础。

五　通用文与言文一致

"假名之会"的会员三宅米吉在论说《关于各国的地方方言》②（「くにぐにのなまりことばにつきて」，1884 年，明治十七年）中，已经主张言文一致了。三宅将言文一致与语言统一放置在同一视野中进行了论述。他认为要达成语言统一的话，有三种方式，即经由雅言实现的统一，经由特定都市（京都和东京）的现代语形成的统一，从国内的所有方言中选择其共通的要素进行统合。但是无论是哪一种在实际操作上都是很难做到的。而且，为确立"国家语言的根基"（在三宅这里，"国家的语言"不是方言，而是指"国语"），不可能强硬地对方言乡音进行修正。因此，最好的手段是，通过促进人与人之间的交流，让语言"在不知不觉之间发生改变"。在这

---

① 『日本語の歴史 6・新しい国語への歩み』，平凡社，1965 年，第 35—36 页。
② 吉田澄夫、井之口有一编：『明治以降国語問題論集』，第 487—497 页。原文是分行标注注释的。

里，包括标准语在内，人为的语言统一被强烈地否定了。

接下去，三宅在《不要轻视俗语》①(「ぞくごをいやしむな」，1885—1886年，明治十八至十九年)一文中，否定了汉文和雅文的权威性，明确地主张俗语的正当权利。但是，三宅所说的"俗语"并不是指方言。三宅说"所谓俗语，并不是指低俗不堪的语言，不是粗话、下流话"。三宅认为须在语言规范中设定的是"中层社会人士的日常用语"②。自不必说，通过三宅的论述，俗语得以发扬光大。这从当时的语言意识来看虽然具有划时代的意义，但不容忽视的是，他就像预先知道了关于标准语制定的讨论一样，在之后也提出以"中等社会的语言"为基准。

在这之后，三宅在海外留学之后写下的《言文一致论》③(「言文一致ノ論」，1888年，明治二十一年)中，逐渐对口语中的形式性与规范性提出了要求。三宅认为"想要让文章与口语相近的话应该如何去做呢？只有一个方法，就是在口语中加入修辞的训练"。为达到这一目的三宅提出的方式是，让演说家精挑细选地选择词语，让"上流人士"得到更多的演说机会，让"上流的雅客"来做精彩的戏剧批评，学校老师注意自己使用的语言的同时对学生的"说话方式进行批评指正"等。这样一来，三宅认为经由"口语改良"而实现了言与文的接近，接下来就可以期待二者相一致了。

正如山田美妙指出的，言文一致阵营中最初有两种流派。一种

---

① 吉田澄夫、井之口有一编：『明治以降国語問題論集』，第455—467页。原文是分行标注注释的。
② 同上，第458页。
③ 山本正秀编著：『近代文体形成史料集成・発生篇』，第498页。

是让文接近言的"俗文论者",另一种是让文与言相互接近的"通用文论者"。在这里被称作"通用文"的文体是以前的汉文训读体在夹杂了口语要素,进行平易化之后,在明治时代形成的文语文。三宅在与《言文一致论》几乎同一时期写出的《教授读本的趣意》(「読本教授ノ趣意」)中,明确表明自己站在后者的立场上,他说"谈到今天的小学教育,我只能说自己是'言文相近'的支持者……实际上,我们不应该教授那些俗语体的文章"①。

三宅米吉的这一转变,是以言文一致从"由下而来"的对汉文、雅文的反对,转变为"由上而来"的对口语标准化的要求为前提的过程。这与三宅从言文一致的"俗文论者"变身为言文相近的"通用文论者"的过程是相一致的。因此,正如三宅指出的,在学校教育中教师对学生的"说话方式进行批评指正",也就是说通过矫正方言来进行的标准语教育,成了对"言"这一侧进行规范化的最大的强制力量。

六 帝国意识与言文一致

已经设立了国字改良部、在语言政策方面积极推进活动的帝国教育会在1900年(明治三十三年)3月,进一步创设了"言文一致会"。如此一来,不仅是国字改良,言文一致也渐渐地被放置到国家语言政策之中了。1900年这一年,林瓮臣的"言文一致会"、桐生悠悠的"言文一致协会"②等民间一些标榜研究、推进言文一

---

① 山本正秀:『近代文体発生の史的研究』,第688页。
② 同上,第49、52页。

致的团体出现了。言文一致取代了国字改良,成为语言问题中最为重要的课题,被推到了众人面前。

在这些团体中,影响力最大的还是帝国教育会内的"言文一致会"。这个"言文一致会"在1901年(明治三十四年)由著名知识人、教育家集结而成,并举办了两次演讲会。这些演讲中的一部分,在曾经为言文一致论争留下相当大版面的《读卖新闻》上刊登了出来,让一般读者也可以读到。接下来举一些从语言意识这一端反映出的日清战争以来国家意识高扬的例子。

首先是井上哲次郎的《关于言文一致体》(「言文一致に就いて」)[①]一文。井上从"最言文不一致的情况让人想起的是日本和支那"开始谈起。井上指出"支那的文章非常难懂,再加上古老,实际上非常妨碍支那思想的发达"。"支那语"因为没有活用也没有句尾的变化,所以"无法缜密地表达思想","所以用汉文没法正确地表达西方的伦理学、经济、哲学等等,无论是多么伟大的人物都不行",而与此相对的是,"日本的文章比起支那要发达得多"。"发明出在句尾加上不起眼的假名,促进了日本人的发达进步。"所以,井上甚至说"日本人胜于支那人就是因为持有这样一种良好的工具"。

如此,井上认为从语言方面来讲日本语已经比中国话优越了,应该在文体的层面上再推进一步,即应该实行言文一致。但是井上为支持言文一致而给出的其优势之处在于,除了易懂和自然之外,"言文一致可以有助于国语的独立"。

日本自古以来"因为受到汉语的支配,所以国语无法发达。因

---

① 吉田澄夫、井之口有一编:『明治以降国語問題論集』,第317—330页。

而要逃脱束缚的话,最为重要的是言文一致。实行言文一致就是从支那的文章规则中脱离出来的第一步,现在是正该如此的时候"。此外,井上一一细数了汉字汉语的缺点、难点,"如果采用言文一致的话,无论是罗马字还是假名,只要再推进一步就可从汉语中解脱出来"。由此,作者在最后说,"言文一致会"对于"摆在日本国民的前途上的一大问题",即"汉字的改革"所起的有益作用值得期待。

井上只是将日本与中国做比较,而提出包括朝鲜在内的论述的是白鸟库吉的《要求言文的一致之历史原因》(「言文の一致を要する歴史の原因」)。[①] 白鸟指出日本语和朝鲜语同样属于阿尔泰语系,相似之处非常多,尽管同样也受到汉语的影响,但"日本语逐渐从汉语的束缚中逃遁出来,变得更为尊重国语国文",进而要求言文一致。与此相对,"朝鲜仍然在文章上采用纯粹的汉文,而说话时则说自己的语言",这是为何呢?白鸟从"所有国家的语言都是与国家的兴衰相伴随的"这一视点出发,这样回答道:"因为朝鲜……在政治上、文化上蒙受汉民族的影响,绝不可能形成俨然独立的国家","自己国家没有独立的力气,所以这个国家的语言也失去了独立的勇气从而陷入从属地位"。对此,同样受到汉语影响的日本没有失去"我们的国体""日本国民这一观念""作为日本人的爱国心",因为"我们国家一直处于独立的地位,从来没有服从过支那",所以"国语发达后(可以)从汉文的束缚中脱离出来"。根据白鸟所说,江户时代鼓励使用汉文,"是从取其长这一精神出发的,而绝不是那种尊敬支那人、屈服于支那的卑屈心使然"。所以,"到了明治时代流行那种带有汉文臭味的和汉混合文,是对于汉文

---

① 吉田澄夫、井之口有一编:『明治以降国語問題論集』,第 297—312 页。

而言国语取得的胜利"。特别是，日清战争之后"支那无论是在实力上还是在文明上都比我国劣等这一事情已经显而易见了"。现在"我国已经加入到列强之中"，实行各种各样的改革则为当务之急。这样一来，白鸟给出的结论是，废弃不经济的汉文，"用今日实际存在的活生生的文法作文，是学习上最有利的，也为我国国民带来莫大的利益"。

  从语言学的立场来看，拿缺乏形态论要素的汉文与即便贫弱也具有形态论要素的日本语做比较，是其意味深长之处。另外，在白鸟和井上那里，有从汉文的束缚中让日本语独立出来的姿态，这正好让人联想到里瓦罗尔（Antoine de Rivarol）在《关于法语的普遍性》（1784年）中说的，法语是比拉丁语更为合理、明晰的语言。但是结果，正如他落入妄自尊大的法国中心主义一样，井上和白鸟的议论中，都带有要证明日本优越性的心情，这一国粹主义式的努力溢于言表。里瓦罗尔的论证依据的是人类普遍的"理性"，而井上和白鸟则全面依赖于日本之外无法通用的"国体"的概念。

  应该注意的是，与个别事实的误解、歪曲相比，更甚的是围绕言文一致的全面讨论与之前的已经完全不一样了。这对于国字问题也是一样的，以前借助的是欧美各国的言文一致的理想，来与日本言文不一致的现实做对比。但现在却是，与中国、朝鲜这些到目前为止尚未实行言文一致的国家相比，日本表现出原本就有语言上的、历史上的言文一致的潜在志向。支撑起这样的思考的根底是日本已经"加入到列强之中了"这一意识。关于这一点，林瓮臣的"言文一致会"也是同样的，它的主旨书上强调"我们日本国已经身处海外强国的竞争场了"，如果进行言文一致与国字改良的话

"我们日本的文明一定能对海外列强及其发达进步做出挑战"。[1]

日本正处于帝国主义阶段,如杰森所说,1900年前后是从"明治日本"到"帝国日本"转换的时期[2],所以在语言意识、语言制度的层面上,也是往"帝国日本语"方向发展的时期。

帝国教育会内设的"言文一致会"于1901年(明治三十四年)2月向贵族院、众议院提出"关于实行言文一致的请愿"[3],并获通过。这个请愿书以这样的话开头:"大致而言,国语的独立、普及、发达是巩固国家的统一、助长伸张国势、加快国运的进步的第一方法,由此我们相信,必须使语言与文章相一致。"(重点号为引用者所加)这里的确把言文一致当作可左右国家、国运、国势之事来看待的。这是因为,言文一致是与西欧列强相竞争时的语言武器。请愿书说道,欧洲各国在三百年前从拉丁语的支配中脱离,实行了言文一致,所以踏上了"文明开化""富国强兵"之路。与此相对,"朝鲜、女真、契丹、满洲、蒙古"没有做到言文一致,所以"国运倾颓,国势贫弱,国家或衰或亡"。在日本,语言、文字、文体哪一个都很复杂,在习得上有困难,"有必要获得其他有益的知识",却浪费了巨大的努力。这是"对在世界竞争场里立足的日本而言非常不经济的"事情。"言文一致是学制改革的先决问题。"所以,请愿书在最后要求,在文部省内的国语调查委员的决议之后,作为正式的政府机关"立即设立国语调查会,将言文一致作为国家

---

[1] 林甕臣:「言文一致会主旨」,西尾実、久松潜一監修:『国語国字教育史料総覧』,第117—118页。原文是分行标注注释的。

[2] 杰森:「近代化に対する日本人の態度の変遷」,杰森编、细谷千博编译:『日本における近代化の問題』,岩波书店,1968年,第78页开始。

[3] 吉田澄夫、井之口有一编:『明治以降国語問題論集』,第288—289页。

事业来实行"（重点号为引用者所加）。

  这份请愿书经两院通过，1902年（明治三十五年）3月，国语调查委员会这一官制机构设立并任命东大校长加藤弘之为委员长。本书第二部分中提及的想引入西欧语言学而派遣上田万年到德国留学的就是这个加藤弘之。

第三章
"国语"的创成

一 "国语"的受孕

使明治这一时代发生动摇的语言问题,即国字问题与言文一致问题,无论哪一个都是在作为引爆剂的日清战争之后才与"国家意识"甚至"帝国意识"发生关联的。处于这些言说的焦点位置的是"国语"理念,在这里扮演了重要角色的是上田万年。关于上田万年的语言思想,本书的第二部会详细地讨论。在这一章里想要探究的是在上田万年之前,"国语"究竟是怎样的一个概念。

"国语"这个词并不是到明治时代才有的,就像被赋予了近代意义的汉语那样,"国语"是明治日本及其意向凝缩之后创造出的近代的产物。即便如此,"国语"这个表达也不是某一天突然出现的,从受孕到诞生有着一段不容忽视的经历。

"国语"这个词语,在近代日本的语境下已经成为过于自明的了,为了对其历史起源进行反省,需要相当的知识上的紧张感。也就是说,对"国语"这个概念内部潜藏着的暴力性进行反省的时候,也需要对将"国语"当作自明对象而不加置疑的"国语学"进行知识上的省察才行。或者说,在明确"国语"概念的历史性起源的时候,两方面的工作必须要一起进行。因为"国语"并不只是为了实现国家支配的政治性装置，同时也是束缚近代日本精神的知识性装置。

对"国语"概念的形成进行历史性追溯，具有先驱意义的是龟井孝的论文《"国语"究竟是什么语》(「「こくご」とはいかなることばなりや」)。在这篇论文中，作为明治时代流向四面八方的"国语"之源之一，龟井举出了西学学者川本幸民在他的著作《气海观澜广义》(『気海観瀾広義』,1855年，安政二年)的凡例中，陈述自己著作的文体想要避免使用汉文的决心时的例子：①

如果我将其翻译为汉文，或许会发生误解。所以我用现在的国语来写，就会很容易地被理解了。

龟井认为，这里的"国语"毫无疑问是相对于汉文的概念，应该是指文章中用假名书写的部分和用训读字的汉字书写的部分。所以，他这样揣测川本："并不是舍'和'而用'国'这样的文字上的考量，而是在'语'的层次上采用日本语的意图。"也就是说，不是"和语"，也不是"国文"，而是选择了"国语"，这其中可以看出川本独特的表达上的想法。

但是，不容忽视的是，几乎在同一时代，出现了意义完全相反的"国语"概念。1842年（天保十三年）时，翻印的荷兰语版《和兰文典前篇》在安政年间出版了几个译本。开头部分的 tale（英语

---

① 『亀井孝論文集 1・日本語学のために』,第240页。另外参照了京极与一：「「国語」「邦語」「日本語」について—近世から明治前期に至る」,『国語学』第一四六集，1986年9月。

的language）这一词在1855年（安政二年）的《和兰文典前编译语筌》中被翻译为"国语"，以及1856年（安政三年）的《和兰文典读法》中也被翻译为"国语"（クニコトバ）。① 不必说，这里的"国语"并不是指日本语。另外，它既不是对立于汉文的要素，也不可以看作单词水平上的语言要素。它被用作一般性的普通名词，用以指称不特定的个别语言的全体。

但是，事实上"国语"这一译语并不稳定。在同样的《和兰文典前篇》的译本《训点和兰文典》（1857年，安政四年）中，tale被翻译为"国词"（或许也读作クニコトバ）。② 而且，开成所发行的《英吉利文典》（1866年，庆应二年）的和译本《插译英吉利文典》（1867年，庆应三年）中，补充了将language翻译为"国语言""国词"的部分。③（但是，如上所述，如果考虑到"国语"一词的训读是クニコトバ的话，问题就会变得更复杂了。也就是说，"国语"有可能是クニコトバ的假名汉字。）

这样一种"国语"概念的复杂状况在明治初期的英和词典里也留下了痕迹。柴田昌吉与子安峻这两位英文学者在1873年（明治六年）刊行的《附音插图英和字汇》（简称《英和字汇》）④ 是日本最早的正式的英和词典，在这本书中对language一词的译语进行了如下所示的注音假名标记：

"语ゴ、词汇コドバ、话ハナシ、国语コクゴ、话法カタ、民タミ"

---

① 山本正秀：『近代文体発生の史的研究』，第71页。
② 同上。
③ 同上，第83页。
④ 柴田昌吉、子安峻：『附音插図英和字彙』，日就社，1873年。

而在 speech 一词的译文中则标记如下：

"说话、语言、国语、词汇、公言、演述、口演"
（ハナシ、ゲンゴ、クニコトバ、コトバ、コウ、ノベタテ、コウジャウ）

在 language 和 speech 相对的不同含义中，"コクゴ"是从语法、词汇的角度指示语言的全体，而"クニコトバ"可以看作是指具体的用词、说话。但因为两者都是用"国语"这一汉字表记来表示的，所以会带来麻烦。

但是，同样是这两位编者，在 1882 年（明治十五年）出版的《增补订正英和字汇第二版》①中没有加入假名注音，所以并不清楚 language 的译语"国语"与 speech 的译语"国语"有没有读音上的区分。在这里 language 的译语变成了"语、言、话、语言、词、谈、国语、话法、民"，speech 的译语变成了"说话、语言、国语、公言、演述、口演"。

这一点在后面也会涉及，即便有"国语"这样的汉字表记，但被习惯性地读作"コクゴ"或"クニコトバ"已经是很后来的事情了。虽然看上去微不足道，但是"国语"理念之所以能成立，可以说重要的一点正是在于"クニコトバ"这样的和语表达被舍弃，而留下了"コクゴ"这一生硬的汉语表达。

可以说柴田昌吉和子安峻的《英和字汇》是有其蓝本的。这就是 1866 年到 1869 年罗存德（W. Lobscheid）在香港发行的《英华字典》②一书。据森冈健二的调查可知，柴田、子安的《英和字

---

① 柴田昌吉、子安峻：『増補訂正英和字彙第二版』，日就社，1882 年。
② Lobscheid, William, *English and Chinese Dictionary*, Daily Press, Hongkong, 1866-69.

汇》中 47.2% 的词条与《英华字典》有着共通的译语。[①] 但是，关于"国语"却并非如此。《英华字典》中 language 的译语只是"话、语"，而并没有被翻译为"国语"。也就是说，由此可知带有 language 意思的"国语"这一表达，是纯粹日本制造的汉语。

另外，从赫本的《和英语林集成》来看，在其初版本（1867年，庆应三年）及其第二版（1872年，明治五年）中也没有采用"国语"（コクゴ）这一词条。值得注意的是，赫本没有采用这一词条本身可以证明在当时"コクゴ"这一词语并没有被广泛地使用。《和英语林集成》中出现的"国语"也是在第三版（1886年，明治十九年）中才出现的。

从上述情况来看，明治初期"国语"一词作为 language 的翻译语，被日本的西学学者、英语学者使用，并被当作非常时髦的表现。这一现象，在之后也会有所涉及。

到此为止，可以得知，明治初期的"国语"含有两个完全不同的意思。首先，"国语"被当作日本固有的语言来使用。这时候，比起表现言语所指的全体，它更强调在单词的水平上与汉语（之后还有与西洋语）相对立的意味，而且可以看出"和语"与"国语"的微妙差异。与此相对，与 language 相对应的"国语"并不限于特定的语言，而是普通名词，它可以指称语言所要表达的全体概念。但是，因为它有可以将其替换的其他表现形式（比如"くにことば"），所以这一用法本身不具有稳定性。

---

① 森冈健二编著：『近代語の成立——明治期語彙編』，明治书院，1969年，第95页。

二 明治初期"国语"概念的变迁

在近代日本的所有语言问题方面都称得上先驱者的前岛密在"国语"概念形成方面也起了重要的作用。之前也提到过的《汉字御废止议》①(「漢字御廃止之議」,1866年,庆应二年)中,与"国语"相提并论的还有"本帮语""御国语"这些表达,稍加注意则会看出这里面有用法上的区别。"本帮语"是作为语言的全体名称,与"支那语"相对立的,"国语"则是被当作语句水平上与"汉语"相对立的日本语要素来使用的。再有,"国语"则是"引入英国等的缅甸语之类语言以形成国语",其用法并不一定限定于日本语。"御国语"大概应该读作"みくにことば"吧,可以理解为文脉上是从"爱国心""大和魂"而来的修辞表达(并不一定是古语)。

但在这里需要注意的是,开创"汉字御废止之议"作为"国家的大本在国民的教育中……"(着重号为引用者所加)的前岛所具有的"国家"意识、"国民"意识。"国民"这一词,一方面经由福泽谕吉等先导启蒙思想家的活动,另一方面经由明治新政府在各种布告中的使用,在明治时代首次被普遍化了。恐怕前岛也是通过这些洋学的知识,发现了作为近代政治概念的"国民"的意味,和通过"普通教育"实现"国家富强"这一领先于时代的主张。

然而,前岛的这种"国家"意识、"国民"意识充分地得到表达是在维新后的《对于国文教育之仪的建议》②(「国文教育之儀に付建議」,1869年,明治二年)一文中。在这里已经不用"本帮

---

① 西尾実、久松潜一监修:『国語国字教育史料総覧』,第17—20页。
② 吉田澄夫、井之口有一编:『明治以降国語問題論集』,第39—43页。

语""御国语"这样的表达了，而是始终如一地采用"国语""国文"。因此，更为重要的，是这些词语的意味和内容。在第一章中已经说过，前岛的《国文教育实行的方法》的第一期中，主张通过"和学、汉学、西学学者"来"创定国文体"，选择"国语国文的典范"。也就是说，和学（如今的国学）已经丧失了"国语国文"的专有权了。事实上，应该是"新选国语不论汉语还是西洋语都应该容纳其中"。前岛的这一"国语"是超越了和、汉、洋的对立的。就像经常出现的"新选国语"这一表达一样，前岛的这一"国语"并不是通过"传统"来保存的，从头到尾都一定是对现时要求的回应。因此，成为这样一种现在性的基础的，必然是领会实学思想之后的"国家""国民"。

带有这样一种语言意识，更加让前岛在《兴国文废汉字议》①（「興国文廃漢字議」，1873年，明治六年）中如预见到国语调查委员会的设立一样，推行语言政策而设立作为政府机关的"国语课"的倡议得以实现。

与前岛的一贯性相比，西周的"论用洋字书写国语"②表现出语言用法上的不稳定。也就是说，在题名中用了"国语"，但是在正文中却变成了"用洋字来写和语"。另外，如"儿童首先学国语，之后再进行汉语的教学"这样的表述也并列地使用了"国语"。西周对"只用古文法"的国学者加以严厉的批评，虽然用了"和语"，但并不是指一般所说的"みくにことば"。尽管如此，如第一章中论述过的，西周的罗马字书写法是包含了语言的雅俗两方面的发音

---

① 吉田澄夫、井之口有一编：『国字問題論集』（上卷），第51—61页。
② 西尾实、久松潜一监修：『国語国字教育史料総覧』，第23—28页。

的，所以基于现在性的"国语"意识，比前岛的要稀薄得多。

还有一点需要注意的是，无论是前岛还是西周，"国语"仅限在语句的层面上，到此为止尚未成为包含语言全体之物。

回到前岛那里，在他的《兴国文废汉字议》中特意声明，学习国语是为了兴盛实学，完全与"僻古家所谓的正明国体论"①无关。这也许是因为"国语"这一表达很容易让人与"僻古家"联系到一起吧。

因为支撑起维新的意识形态之一是为国学追本溯源的尊王攘夷论，所以明治新政府一经成立，不仅仅发布了以废佛毁释运动为开端、以1870年（明治三年）的大教宣布之诏令为其顶点的宗教政策，在文化教育政策方面也让国学者参与其中。1868年（明治元年）在京都的汉学所之外又新设了"皇学所"，第二年在东京以曾经的昌平坂学问所为中心设立了大学校。②在这些地方，国学与汉学相比占据了优势地位。而且，大学长官废止了孔庙释奠，也曾向集议院提出"废止使用'国书'和汉籍素读"这样露骨的反汉学的议题。③在包括了大学校规定在内的《给昌平学校的建议》(「昌平学校ヘノ達」，1869年，明治二年）中有"神典国典的要旨在于尊重皇道，辩明国体"这样的表达。龟井孝认为，这个"国典"指的是与汉籍相对立的神道关系以外的日本书籍，这样的用法为"国

---

① 吉田澄夫、井之口有一编：『国字問題論集』（上卷），第59页。
② 明治三年（1869年）明治政府以昌平坂学问所为中心设立的统合了开成所、医学所的教育机关。——译注
③ 引自"集议院日志"（明治二年9月12日、17日），明治文化研究会编：『明治文化全集』第一卷（宪政篇），日本评论社，1955年第二版，第169—172页。

语"这一表达的成立提供了基础。①

再者，1871年（明治四年）以国学者为中心的文部省出版了《语汇》，在卷一的凡例中出现了"皇国语""皇国言"这样的表达。这两者都是与"字音"相对来使用的，应该可以读作"みくにことば"。如果是福泽谕吉的话一定会痛斥"怎么能随随便便地像使用熟字那样使用'皇'这个字！"。②

但是，明治政府正处于从皇道复古主义向开化主义逐渐转变的过程中。在教育方面，1872年（明治五年）的学制公布正表明了其向开化主义的转变。如此看来，前岛密以学制公布为契机起草的"兴国文废汉字议"是想强调，"国语"与"僻古家"所说的"国体"之间并没有丝毫的关系。

事实上，对提倡皇道主义的国学家进行的各方面的批判中，有非常猛烈的批评。从国学者已经变得活跃的时候开始，儒学者发起了对"近来那些文盲至极的人杜撰并主张的国学、皇学"③的批判。再有，来自西学学者的严厉批判也不亚于儒学者。加藤弘之的《国体新论》④（1874年，明治七年）是其代表。在这里加藤痛斥国学者"其见识之陋劣，其论说之野鄙，实在令人发笑"，驳斥他们的天皇崇拜为"吐露出卑屈心的愚论"。因而，加藤认为"国家的着眼点

---

① 『日本語の歴史6・新しい国語への歩み』，引自第209页。
② 『福沢諭吉選集』第二卷，岩波书店，1981年，第236页。福泽谕吉的《文字之教》（1873年，明治六年）这本书是儿童读物，但也应该将其视为明治初期的汉字节减的尝试，以及福泽的文体实践来关注。
③ 明治文化研究会编：『明治文化全集』第一卷（宪政篇），第173页。
④ 松本三之介编：『近代日本思想大系30・明治思想集Ⅰ』，筑摩书房，1976年，第76—95页。

在于人民，为了人民而有君主、有政府，这才是理由"，并主张以天赋人权论为基础建设"光明正大的国体"。加藤断言道"天皇与我们人民一样是人类"，这表明当时"国体"一词中还可以有不那么死板的意味。但是在那以后，出于对打着天赋人权论的旗号日渐高涨的自由民权运动的恐惧，加藤全面否定了自己之前的论说，并于1881年（明治十四年）亲自公布了不再发行《国体新论》这一消息。

这些先姑且不论，"国语"这一表达还是被限制在了国学式的造词法这一基础上，可以说"不适合汉学者以及西学学者感情的东西被保留下来了"①。正因如此，到明治最初十年前半段为止，用和"邦人""邦国"等词语相关联的方式，"邦语"一词也被普遍化了。

比如神田孝平的《应在大学校设置邦语课程》②（「邦語ヲ以テ教授スル大学校ヲ設置スベキ」，1879年，明治十二年）、提出"当务之急是修正我们的邦语，设定语法"的加藤弘之的《关于博言学的提案》③（1880年，明治十三年）等文章中，"邦语"一词是作为确定下来的用法来使用的。但是，"邦语"这一词语的使用者并不只是这些进步的西学学者。天皇侍讲元田永孚起草的《教学大旨》④（1879年，明治十二年）中也可以看到，在对当时的教育情况进行批判的几个地方，可以看到这样的表达——"甚至善于讲西洋语言

---

① 『日本語の歴史6・新しい国語への歩み』，引自第209页。
② 吉田澄夫、井之口有一编：『明治以降国語問題論集』，第59—62页。
③ 同上，第63—64页。
④ 松本三之介编：『近代日本思想大系30・明治思想集Ⅰ』，第263—264页。

的，却不能将之翻译为邦语"（着重号为引用者所加）。《教学大旨》是作为天皇的话公之于众的，所以这证明这个词已经被普遍使用了。

然而，如此一来，并不是说"国语"这个词就已经简单地被取代了。"邦语""日本语"的确只用来指称日本固有的语言，而"国语"是作为指称language的普通名词留存下来的。给出的关于"邦语"的例子中，在加藤的论说《关于博言学的提案》中，如"通过学习语言学，我们可以通识东西两大洋各国的国语"这一节中所见，"国语"是作为普通名词来使用的。另外，矢田部良吉的《用罗马字为日本语注音》①（1882年，明治十五年）中，也可以看到"支那的……"和"我国国语……"这样的表达。尽管有"我国国语"这样微妙的说法，但这些也可以看作是"国语"作为普通名词的用法吧。事实上，矢田部在说"我国国语的形成并非一朝一夕"的时候，"国语"也并非限定在日本语上，而是用在英语、法语、中文上也可以的概念。这样的"国语"用法，还不是意识的产物。

作为普通名词的"国语"也有升格为学术用语的时候。被聘请为帝国大学博言学科教授的张伯伦，在1887年（明治二十年）发行了文部省的《日本小文典》，在"绪论"中他这样写道："世界上有很多国语，比如英语、法语、德语、支那语等等，各有各的语法。"②这里的"国语"，明显仍然是language的对应语。

但是，在普通名词意味上的"国语"中，一直存在着一个竞争

---

① 西尾实、久松潜一监修：『国語国字教育史料総覧』，第30—32页。
② B. H. 张伯伦：『日本小文典』，文部省编辑局，1887年，第1页。

对手，那就是"国家语"（くにことば）。加藤弘之的《有关日本语学》①（1890年，明治二十三年）中并没有使用"国语学"，而是用了"日本语学"这样的名词，因此这篇文章应该受到重视。在其中，加藤认为"语言（ランゲージ）这样的词语并没有完全适合的日本词语与之对应"，但是可以将之译为作为"总括性的总体的使用方式"的"国家语"一词。②对此，在这个论说中"国语"是作为一个语句层面上的概念被使用的。

如上所述，明治初期的"国语"概念尚且处于远未成熟的状态。关根正直的《国语的本质及其价值》（「国語の本体并ヒニ其価值」，1888年，明治二十一年）在探究国语意识变迁之后提出了不容忽视的论说，关根在这篇文章的开头写道："近来的中小学学校里，有叫作国语的学科。但什么是国语？一谈到它的本质，似乎没有人能说得清楚。"③因此，关根认为"国语指的是从英文的'语言'这一词语翻译过来的词语"，这么说的话不如称之为"国文"更便于理解吧，因为"'语'的话是指单词层面上的事物"。④

关根的这一证言非常重要。关根所说的可以证明，首先"国语"这一表达一般是作为英文学者翻译的译语被接受的。但另一方面，"国语"只是在"语"的层面上的概念，可能会被认为是不能充分覆盖语言的全体性之事物。也就是说，即便到了明治二十年代初，在"国语"这一表达中，作为language的译语的"国语"和在语词的层面上与"汉语""洋语"相对立的"国语"，仍然无法

---

① 吉田澄夫、井之口有一编：『明治以降国語問題論集』，第84—95页。
② 同上，第87页。
③ 山本正秀编：『近代文体形成史料集成・発生篇』，第405页。
④ 同上。

并存。

三　大槻文彦与"国语"的成长

如上所述，明治初期的"国语"，其意义与用法有着明显的不稳定性。因此，完全没有实力担负起之后那样巨大的象征意味。在一定意义上，可以说在当时即使没有"国语"这个概念也不会产生困扰。但是，在这个过程中"国语"逐渐成长，"长大成人"之后毫不犹豫地发挥出了它的本性。这个过程呈现出各种各样的样子。这就是大槻文彦的著作中所描绘的"国语"概念的变迁。

大槻文彦独自编纂的《言海》（1889—1891年，明治二十二至二十四年）之后成为各种日本国语词典的典范。然而，实际上《言海》绝不是以"国语词典"的身份而被后人铭记的。这本书的题名全称是《日本辞书言海》。在这本书的开头部分的《本书编纂要旨》[①]（1884年，明治十七年执笔）中，大槻将其规定为"这是一本日本通用语的辞书"。但实际上，在《本书编纂要旨》中没有出现过一次"国语"这样的表达，取而代之的是"日本语"。因为"所谓日本辞书是指用日本语来解释日本语"[②]。并不是说大槻有意识地拒绝"国语"这样的表达。而是可以看出，大槻文彦在《言海》的《本书编纂要旨》中即便不使用"国语"，也不会带来任何麻烦。

到了《言海》完成后不过六年的1897年（明治三十年）发行同样是大槻编纂的《广日本文典》的时候，情况就相当不同了。这

[①] 吉田澄夫、井之口有一编：『明治以降国語問題諸案集成／語彙・用語・辞典・国語問題と教育編』，风间书房，1972年，第288—322页。

[②] 同上，第291页。

本书的"总论"写道:"世界各国中有各种语言,它们互不相同,这就是各个国家的<u>国语</u>。因而各国的语法,也随之呈现出不同的样子,所以这本书是记录日本国语的语法的,叫作<u>日本文典</u>。"[1](双下划线为原文所有)从"解释日本语"的《言海》到"记录日本国语的语法"的《广日本文典》这一转变,可以说就是"国语"升格到意义论地位的过程。

但是,《广日本文典》并不是只用"国语"这样的表达,而是采用"日本国语"这一如今看来冗长的表达,但这样的用法有其理由。在这里的"国语"的这一用法,与之前提到的张伯伦的《日本小文典》中的用法极为相近。根据与这本书同时刊行的《广日本文典别记》中的注释来看,这里的"国语"是与作为普通名词的language相对应的词语[2],还没有形成"国语"即"日本语"这样一种同义关系。实际上,在这个《别记》的"序论"中,"国语"是在各种文脉中,指称英语、法语、俄语、中文等个别语言。而且,这个《别记》的"序论"中,就连没有使用固有的"国"字的"亚米利加土人"也被列入"国语"的行列。也就是说,"国语"是为了无差别地规定个别语言而使用的中性的概念。而且,在这里"国语"也并没有被要求"训读作'くにことば'或是'こくご'"[3],其读法自身还未被确定下来。

同样的《广日本文典别记》的"序论"中,可以看到完全不

---

[1] 吉田澄夫、井之口有一编:『明治以降国語問題諸案集成下卷/文体・語法・音韻・方言編』,风间书房,1973年,第249—250页。
[2] 同上,第276页。
[3] 同上。

同的"国语"的用法。据大槻所言,"英国的国语"中连语法也渗透着各国外语的要素,"国语形成之后,独立国的体面就蒙上了耻辱"。对此,在日本尽管有"上千年来,朝鲜语、汉语、梵语、洋语等混入"的现象,但这些只限于名词的范畴,创制出语法组织的"本国的语格语脉"没有受到一点儿破坏。这是"日本国语"无与伦比的卓越性之证据。如果按照大槻的说法,"上千年如此,从今往后上万年也会依然如此。与国体、国语相伴,则不会受到他人的侵犯,不会受到外国的侵略,犹如神明加护一般"。因此,大槻以这样的"国语"理念的显扬为这个"序论"作结:"一国的国语,对外是一个民族的证明,对内则可以让同胞一体的社会正义感得以固结。也就是,国语的统一是达致独立的基础,也是独立的标志。这样一来,国语的消长与国家的兴盛相关,国语的纯驳、正讹与否与名教相关、元气相关,与一国之荣光相关,那么,我们为什么不努力去弘扬这一皇国威力呢?"[①]

可以说,是可以将这几处的"国语"解释为普通名词的。但是,一旦经过"国体=国语"这一滤网筛选之后,"国语"概念就不可避免地被归纳到日本语之中。因此,在为数不多的语言中,只有日本语占据了与国语相当的至高地位。

从大槻文彦的《言海》到《广日本文典》,再到之后的《广日本文典别记》这一系列的著作中,"国语"从不存在的状态直到出现,特别是各种各样的象征意义不断增加的过程,展现出近代日本的"国语"从诞生到成长这一过程。

[①] 吉田澄夫、井之口有一编:『明治以降国語問題諸案集成下卷/文体・語法・音韻・方言編』,第274—275页。

然而,"国语"这一词语的意思和用法并不是一步步地被整理,概念也不是呈现出阶段性的发展的。必须要认识到这其中存在着一个非常大的断裂。如果将大槻的著作看成比喻的话,1884年(明治十七年)的《言海》的《本书编纂要旨》与1897年(明治三十年)的《广日本文典》这两个文本之间,在语言意识层面上发生了某种变化。这种变化可以说是国家意识在语言上的投影以及"国语"在象征意义上的极大化。在这里,作为被咒语束缚的近代日本之语言意识的"国语"概念,确立了其真正的意味。

四 "国语"理念的创成

直率地说,"国语"理念是在以日清战争(1894—1895年,明治二十七至二十八年)为顶点的明治二十年代精神状态的土壤中生发出来的。大体上讲,如果说明治最初十年是自由民权运动与欧化主义的时代的话,二十年代则是经由官民一体而创生出了统一的"国民",并且"国家"意识高扬的时代。因此,所有的社会势力都不知不觉地被吸引到一点上来,即探求与近代国家相符合的"国民像"。

1885年(明治十八年)废除太政官制,成立以伊藤博文为首任总理大臣的内阁制之时,森有礼担任了文部大臣一职。森在就任大臣时提出的《阁议案》中说道:"如果我们想在国际权力中占有竞争地位和尊贵的地位,如果我们要提升国家地位以抵抗列国,并以此巩固伟业的话,最为根本的是培养发展国民的志气,而只有一定的教育基准才可做到。"^①因此，森在1886年（明治十九年）发布了"学校令"，试图将小学校、中学校、师范学校、大学校体系性地编入国家规划中，以此确立近代的教育制度。此时森将这一教育理念称作"国体教育主义"。尊崇皇道主义"国体"的是水户学之流，其思想基于憧憬古代天皇亲政并且企图复古。而森的"国体"并不是基于这种复古主义的，完全是作为近代国家的基础性原理而设立的。用森的话说，对于"我国万世一王"而言，"人民护国的精神"则是"铸成一个国家富强之基础的唯一的资本巨大的宝库"。在这里，"国体"成了真正意义上的政治性概念。（对于"国语"理念来说与复古主义的因素相诀别具有怎样重要的意义，这一点在之后会有所涉及。）

关于这个"学校令"，诸如教科书检定制的确立、军式训练的导入等一些重要之处值得分析，但是这其中不容忽视的是在中学里将一直以来使用的"和汉文科"更名为"国语及汉文科"这一事情。特别是，1889年（明治二十二年）作为其余波，帝国大学里将"和文学科"改名为"国文学科"。这样一种学科名的改变并非无足轻重。因为，这样一种从"和"到"国"的变换中，意味着语言意识中发生了根本性的变化。

最能展现这一事态的是，以"日本文章会"与"语言取调所"为据点的国文学者们的活动。^②这两个团体都是在1888年（明治二十一年）设立的，参加活动的国文学者基本上是共通的。

这其中，首先想要提及的是新国文运动的主导者落合直文。需

---

① 『森有礼全集』第一卷，第344页。
② 关于这一点可参照山本正秀：『近代文体发生的史的研究』，第740—762页。

要特别注意的是，一开始，落合就经常在其论说中与国体、国威、国力等词语并行使用国文、国语、国诗、国歌这些词语。让语言与文学以如此一贯的"国X"这样的词语面貌出现，这明确地展现出了落合的意图所在。今天来看，特别使人吃惊的是从"和歌"到"国歌"的称呼变化。因此，他将纪贯之视作"国文国歌的再兴者"[①]。

事实上，落合独特的历史观是支撑这一用词法的基础。据落合的《日本文学的必要》（1889年，明治二十二年）、《奈良朝的文学》（1890年，明治二十三年）等论著所言，日本的历史中有两个顶点。落合认为，奈良时代是打破致力于"国文中用汉文以代之，国歌中用汉诗以代之"的"模仿主义"，专心于"保存国之美"的时代。[②] 因此，奈良时代"连臣民也有忠君爱国之性情"，因而日本成了"语言内在的神灵临幸之国"。[③]

如此一来，落合生发出了"日本文学与日本国家兴衰与共"[④]这一断言。文学与国家在天皇制这一媒介的作用下产生了有机的共生关系。落合认为"我为奈良朝文学的兴盛而高兴，又为其衰微而悲哀，而我所悲哀的并不只是因为文学"，而是"因为国家"吧。

但是，是什么让奈良朝从兴盛走向终结，使其衰落的呢？落合认为原因是儒学和佛教。所以，也正是因为这一点，"奈良朝的文学与今日的明治文学相比较的话，两者非常相似"[⑤]。的确，明治维

---

① 『明治文学全集44·落合直文·上田万年·芳贺矢一·藤冈作太郎集』，筑摩书房，1968年，第10页。
② 同上，第7页。
③ 同上，第9页。
④ 同上，第9—10页。
⑤ 同上，第10页。

新是通过国学者用"勤王思想"反对汉学者连王室是什么都不知道,只知道"尊崇中国贬低自己"而实现的。这种"勤王思想"本身就是"日本的文学根基","给国家以文明的基础"。但是,尽管如此,过于依赖对近来欧美各国文化产物的模仿,"我国古来有之的爱国心"变得衰弱,"国力日渐减退,人心日渐浮躁"。"日本文学的必要"就在于此。落合指出,必须脱去"表皮般的文明",确立日本固有的"稳定的国体","借此构建文明之基础,与世人共同迈向真正的文明"。①

同时击退"汉"与"洋",主张"和"的独特性,这是国学者常用的手法。但是,落合并不是暗中主张排外式的复古主义。他提倡的是立足于古典传统之上的渐进式的改良主义。

从作为歌人的落合的创作活动中可以知晓上述主张。落合认为,只知道墨守传统的"旧派"的歌"全是模仿古人的口吻,既没有魅力又不有趣"。落合指出,歌无论是在形式上还是在内容上,都是被古歌的规则束缚的,如果想要"可以完全自由自在地进行创作",那么就不只是取代汉语,而且想要读出"新思想"的话,即便使用西洋文学的题材也无妨(《歌谈之一》②)。事实上,落合编的《新撰歌集》(1891年,明治二十四年)中,为与《新体诗抄》(1882年,明治十五年)相抗衡而提出了"和歌的改良"这一主张。

支撑起从"和"到"国"(和文→国文)的转换的是两根支柱:一个是语言文学与国家有机结合起来的意识,另一个是试图在

---

① 『明治文学全集 44・落合直文・上田万年・芳贺矢一・藤冈作太郎集』,第 3—5 页。
② 同上,第 36—39 页。

传统的基础上进行渐进式改良的意识。

将这一情况更为明了地展现出来的,是与落合一同参加"日本文章会"和"语言取调所"的关根正直所做的工作。为了响应1886年(明治十九年)发布的"学校令",关根在1889年(明治二十二年)编纂了《近体国文教科书》,在例言中关根指出:

> 国文可以使国民贯通一体,给予其同胞一体的感觉,作为一个国家特有的表现,其作用在于抵御外国、增强国民的团结力,这一因素对于国家来说,是极为重要的。①

因此,在建立起所谓的"国文—国民—国家"这一三位一体关系之外,也证实了如下这样一种现在性的意识。关根认为:

> 现在有很多学习国文的书,但这些多半采用的是雅文,也就是古文。作为规范来学习拟古之技巧的话,用这些书倒是尚可。但是如果作为以学习日常通行语言为目的、书写当前的事情的书,这些非常不适合。②

也就是说,关根认为,"国文"的概念是与"雅文""古文"截然分明的。在某种意义上,这是《言海》中大槻文彦提出的,语言的雅俗之区别并不是根据"年代"来区分的,而是在其"所用",即作为语言的运作方式,从共时的观点来看是"活的语言"还是

---

① 『日本語の歴史6·新しい国語への歩み』,引自第268页。
② 同上,第269页。

"死的语言"这样的区别来判断的[1],在这一点上关根与其相通。

以这样的把握方式为基准,关根在1888年(明治二十一年)写出了《国语之本质及其价值》[2]这一带有象征意味的题名的论说文。在这里,关根发出了如今"我国的语言正处于濒临毁灭的边缘"这一警告。被汉文训读体与欧文直译体支配,"如今通行的所谓国语,杂乱无章,而且呈现着过于零散的状态,很难称之为一国之语言"。而与之相反的是,即便有"偶尔对国语感兴趣的人",他们也只不过是"几乎完全效忠于延喜时代[3]的古文……忽视语言变迁之道理","无论何时都寄希望于拟古"。之所以会这样,是因为他们忽视了"国语的本质"。关根指出——

> 我的愚见是,当下通用的语言才是国语的本质。国语学的根本主旨应该是,以我国固有的文法为标准,研究当下通常使用的语法、文格,匡正错杂无章法、不通的语言,使用简易通行、符合正确规范的语言进行书写。[4]

因此他认为,如果使用当下的说话方式的话,在语言的共时状态中可以看到"国语之本质",将其作为对象的学问就是"国语学"。在这里的"国语学"并不是"语法文格的研究",而是担负

---

[1] 吉田澄夫、井之口有一编:"本书编纂大意",『明治以降国語問題諸案集成/語彙・用語・辞典・国語問題と教育編』,第293页。
[2] 山本正秀编:『近代文体形成史料集成・発生篇』,第405—413页所涉及的内容。
[3] 即平安时代的901—923年这一时期,延喜是醍醐天皇的号。——译注
[4] 同上,第405—406页。

着"匡正言文"的任务。在这个意义上,"国语"是颇具实践性的概念。

继而,关根为了明确"当下通用的语言才是国语的本质"这一论点,对两种误解进行了反驳。第一个是"古言是雅的,今言是俗的"①这一观点。并不因为是古言就可以说所有的古言都是雅的。另一方面,关根认为"今天的语言中也是雅俗并存的"。正如已经说到的,关根这一看法与大槻文彦在《言海》中的态度是类似的。但是,在两者之间有些许微妙的差异。大槻认为"雅与俗"的对立与"古言与今言"的对立并不是同一维度的事情,从这一视点出发,他认为"古言"与"今言"之间具有对等关系。对于这一点,关根认为现在的语言中也有雅俗的不同,所以以"雅正今日的通用语言、匡正俚俗的讹误"为目标。也就是说,关根将历时性的雅俗区别转换为共时性的,而并没有涉及其价值基准本身。

关根的另一个论点是"汉语并非日本语"②。他认为经历数百年被国语同化了的汉语,并不需要费力地将其去除。从这一观点来看,在学术用语中,"如果需要的话,英、德、法的语言也可以就那么原封不动地进行使用"。

这两个论点表明,关根认为"国语的本质"即便是"当下通用的语言",但也并不是轻视传统、原封不动地使用当下的口语和书写语言,而是企图明确地指出这样一个道理:语言规范是在对国语传统的继承之上构成的。在"今日通行的国语杂乱无章"这一考虑之上,关根的"国语的本质"就不得不成为一个批判性的概念。实

---

① 山本正秀编:『近代文体形成史料集成・発生篇』,第406页。
② 同上,第407页。

际上,对"国语"的概念中隐含着的这一批判性进行实践,正是"国语学"的任务。由此,"国语学的本意是革新今日通用语言的语法、文格,确立雅正之后的国文"①这一"国语学"的实践性特征呈现了出来。也就是说,对于"国语学"来说,真正的目的是语言规范的确立,而客观的研究只是其手段而已。

在此之上,据关根所说,"国语学"的任务并不止于此。"国语学的目的在对外方面的作用是,坚固国语的基础,展现日本语语法,可以让外国人知道我们有纯然特有的文体,由此承认我们国家的独立。"②由此,"国语"规范的确立成了与国家的存立息息相关的事情。

简要总结一下前面所说的。纯粹的汉文还好,要是汉文训读体这样的被日本化了的汉文,甚至在某种意义上带有无法分辨出的传统和文、古文,其长时间以来让语言的某种样貌变得越来越看不清,但当这一样貌模糊地呈现出来的时候,就会生发"国语"的意识。但是,为了让这一意识明确地被察觉到,"国家"意识的媒介就显得必不可少了。"国语"并不是从一开始就存在着的事物,而是追求与近代国家相适应的语言规范这一意图创造出来的价值对象。

仅仅如此的话,"国语"的理念还尚未完成。无论是落合还是关根,两者的实践归根结底只不过是与传统恰到好处地进行了调和。落合直文编的《中等教育国文规范》(1892年,明治二十五

---

① 山本正秀编:『近代文体形成史料集成・発生篇』,第409—410页。
② 同上,第410页。

年)一书试图在镰仓时代的中古文里寻求国文的标准。关根正直的《近代国文教科书》(1888年，明治二十一年)也同样，收入其中的基本上全是江户时代的随笔。无论哪一个都与旧时的和文教科书别无二致。

　　与其相关，围绕在"日本文章会""语言取调所"周围的国文学者们，反对一直以来的以汉文训读体为基准的通用文，想确立以和文文脉为基础、适当地加入一些汉语的新和文体通用文，于此，反驳了要让书写语言来接近口语的这样一种严格意义上的言文一致的考虑。也就是说，"国语"尚且是从属于"国文"的。就连极力主张"当下通用的语言"是"国语的本质"的关根，也将"国语学"的目的视为"确定雅正的国文"，由此可见，"国语"与"国文"之间明确的界限尚未被意识到。跨越了这一障碍的，归根结底还是上田万年。

第二部

上田万年的语言思想

第四章
早期的上田万年

一 从"国文"到"国语"

尽管上田万年（1867—1937）是帝国大学和文学科毕业的，但他的活动是从对"和学者"发起强烈反对而开始的。

在以他留学德国前的、二十四岁时的演讲为蓝本的《欧美人的日本语言学之二三事》（1890年，明治二十三年）一文中，上田这样说道，近些年关心国语国文的人终于多了起来，这是因为国语国文是"在维持一个国家的独立上，最必要之物"的观念在当时已逐渐被大家理解了。但是，据上田所言，当时的日本语研究中有"古学派"和"科学派"两种学派。"古学派是以我国从来的国学者为主，在和学者、皇学者、古典学者、皇典学者等奇异的名称之下，调查研究本国的语言，或者说试图去做此研究的人。"[①] 在这讽刺性的描述中，可以清楚地看出上田对一直以来的国学所抱有的不满。相对于此，"科学派"是"我国最新的学派"。"这派的主张是有科学的原理的"，是以"当今的博言学的学理"和"当今教育学的学

---

① 『明治文学全集44・落合直文・上田万年・芳賀矢一・藤岡作太郎集』，第184页。

理"为基础的日本语研究与教育工作。但是，对于作为新兴势力的"科学派语言学者"，上田叹惜地说："它尚未深入地被世人所注意，所以它对于学问界来说，尚未起到很大的作用。"①

实际上，在帝国大学里设置"博言学科"也不过是帝国大学创设不久的1886年（明治十九年）的事情。而且，对于"博言学"这一生硬的称呼，上田还特地做出说明，指出这是英语的"フィロロヂー（philology）"和德语的"スプラッハウィッセンシャフト（Sprachwissenschaft）"的译语，并且在之后这样说明"博言学"的任务："广泛收集各国的国语，做出比较、进行分类，确立其因果关系，考察探究语言的起源、语言的种类、语言的发达及其阶级规则等。"②

于是，上田决意在这样的"博言学"原理的基础上，借助"科学派"之力量打倒"古学派"的支配，创立真正的"日本语言学"。

但是，"古学派"是有历史渊源的"契冲真渊宣长③等之末流"，被国学的传统庇护着。另外，上田所认为的"科学派"之流是"欧美人的日本语言学"。上田介绍了从传教士陆若汉（João Rodriguez）的《日本语辞书》《日本文典》开始，到西博尔德（Philipp Franz Balthasar von Siebold）和霍夫曼（Joseph Hoffmann）等人的杰出的日本语研究。特别是上田称赞霍夫曼为"欧美人当中的日本语学者之父"。并以指出"阿斯顿（William George Aston）是霍

---

① 『明治文学全集44・落合直文・上田万年・芳贺矢一・藤冈作太郎集』，第185页。
② 同上。
③ 即契冲、贺茂真渊、本居宣长。——译注

夫曼的继承者，我们的张伯伦是阿斯顿的继承者"①作为论说的结束。

在这里，上田万年爱称为"我们的张伯伦"，是因为那时张伯伦正在帝国大学博言学科以教授的身份任教，作为唯一的师长，上田非常敬重他。毫无疑问，上田认为自己才是"我们的张伯伦"之后继者。也就是说，上田确信自己是"科学派"这一流派中站在最前端的，作为"科学派"的代表他试图将西欧的"博言学"导入、移植到日本。

上田这样一种态度，从《日本语言研究法》《论语言上的变化以及国语教授之事》（这两篇都是1889年，明治二十二年发表的）这两篇论文中可以清楚地看到。

在《日本语言研究法》一文中，上田指出：尽管"一国的语言对于一国的历史与教育来说，是最重要的事情"，但是到现在为止，日本"把语言挂在嘴边、对语言关心的人，他们的眼界之狭隘、方法之拙劣，实在令人叹息"②。在这里，上田最想强调的是，在日本，语言完全没有被看作"语言本身"。上田在论述"最科学的语言之定义"的时候这样说，语言是"从一个人的嘴里发出、别人的耳朵里听到的所有声音，以及人们为了传达各自的思想所采用的符号"。从这里可以看到语言首先是声音这样一种认识。"语言是指声音，因此写下来的文字不是语言，用人来比对的话，文字是如人像照片一样的东西。"③然而，"至今为止的日本语言学者，就像

---

① 『明治文学全集44・落合直文・上田万年・芳賀矢一・藤岡作太郎集』，第188页。
② 同上，第181页。
③ 同上。

在研究这样一种照片似的"。"现在使用的语言"中，层积了到此为止的语言的历史，所以"对在现实中存在的事物进行调查，实际上比研究照片要更有收获"。而且，"从现在的事物追溯以前存在的事物，这一调查方法正是日本的学者所欠缺的"。"博言学"正是"研究语言本身的学问"。因此上田指出："想要深入研究一个国家的语言……我再次强调，要研究语言本身，而不只是它的照片……因此，必须借助博言学之力。"①

"文字就像人与照片的关系"，上田的这句话与索绪尔在《普通语言学教程》中所做的类比极其相似。索绪尔指出，想从书写语言中汲取语言的本质，就像"认识别人的时候，与其看真人的面容，不如看其照片更好"这样一种想法，"这样一种不切实际的想法在哪里都存在"②。但是，这样的观点也并不是上田或者索绪尔独创的。奥斯特霍夫（Hermann Osthoff）、布鲁格曼（Karl Brugmann）等青年语法学派学者，已经指出语言研究的对象应该是活着的、说出来的语言，而对至今为止的语言研究只是注意到"纸面上的语言"这样一种文献学的研究进行了严厉的批判。上田很可能是通过张伯伦掌握到这一19世纪语言学的核心部分的。并且，上田在留学德国的时候，直接接触了青年语法学派的学说之后，更加增强了科学的语言研究要从声音开始的这一观念。

上田认为，通过传统的国学是无法把握"语言本身"的，只有科学的语言学可以做到。这样一种视角实际上可以说是19世纪的

---

① 『明治文学全集44・落合直文・上田万年・芳賀矢一・藤岡作太郎集』，第182页。
② 索绪尔著，小林英夫译：『一般言語学講義』，岩波书店，1972年，第40页。

比较语言学对古典文献学所采取的态度的日本版。语言学试图成为"学科"的时候，它必须从希腊罗马的文学传统支撑下的古典文献学的偏见中获取自由。语言的本质不是书写语言而是口语，不是文字而是声音，语言变化的规则不是依赖于说话人的意志的，而是遵从合理的秩序的，这些比较语言学的"发现"与人文主义的语言观不可避免地发生了冲突。而且，因为比较语言学的对象是没有文学传统的"野蛮的"语言，古典文献学学者是以充满敌意与轻蔑的目光来看待新兴的比较语言学的。对此，语言学持有的最大的武器就是对科学法则性进行钻研。青年语法学派是对此以最为尖锐的态度表达其主张的学派。如果不能理解这种语言学与文献学之间的对决结构的话，就不能充分地把握近代语言学在精神史上的意义。①

上述列举的另一篇上田的论文《论语言上的变化以及国语教授之事》中，与其说展现出上田作为理论家的一面，不如说是作为实践家的一面。在这里，上田也是从批评一直以来的日本的语言研究开始其论述的。

  在日本，语言这个事物究竟是什么样的，国语的性质、历史等是怎样的，知道这些事情的人非常之少，甚至连有组织地教国语的人都没有几个。都没有充分解释国语究竟是什么，如何教授国语这个问题也就无从谈起。②

---

① 关于这一点可参见田中克彦：『言語学とは何か』，岩波书店，1993 年。也可参见弗雷德里克·纽迈耶（Frederick J. Newmeyer）著，马场彰、仁科弘之译：『抗争する言語学』，岩波书店，1994 年。
② 『明治文学全集 44・落合直文・上田万年・芳賀矢一・藤岡作太郎集』，第 170 页。

对于上田来说,学问通常是与实践相联系的。既然"语言本身"的样子没有被把握,那么"国语"真正的样子也就无法被揭示。上田与关根在提出"国语的本质"被忽视了这一告诫上是相通的。但是"国语"真正的姿态没有被揭示出来的原因,在关根那里是汉文训读体与欧文直译体的蔓延,而上田认为是欠缺基于"科学原理"的语言研究。因此,对于上田来说,他所考虑的西欧语言学的植入并不仅仅是因为学问上的理由,在揭示"国语"真正的样子、确立"国语"的教学法等方面,西欧语言学的"科学原理"是非常必要的。

以此,上田从现今所说的普通语言学的观点出发,对语言是带有意义的声音;为了传达各自的思想,语言作为特定社会的符号被使用着;语言是通过"全社会默认的一致"而形成的"全社会的无意识产物",与社会有着不可分的关系;语言是社会的精神之镜;等等,井然有序地进行了理论上的论说。从这些理论中可以看出,上田直接依据的是惠特尼的理论,但是他的语言观所具有的体系性与理论构成全部是以西欧语言学的教养为背景的。在这个意义上,上田的言论是在日本的传统中完全无法立足的异物。事实上,在这篇论文中,上田完全没有论述国学者的事情,而是采用西欧语言学的术语与概念来解释日本各种各样的音韵变化、意义变化。

在这里,上田对惠特尼的引证是值得玩味的。他恐怕是从张伯伦那里知道的,惠特尼的《语言与语言研究》(1867年)、《语言的生命与成长》(1875年)最先用生理主义和心理主义对青年语法学派的语言观进行了批判,并强调语言最先是社会性的制度这一理念。因此,如今可以确定的是,惠特尼这种社会语言观,给了想让普通语言学的构想从19世纪比较语言学的僵局中解脱出来的索绪尔以极大的刺激。①上田"语言首先是社会的制度"这一观点，也许是从惠特尼的著作中学到的。另外需要说明的是，上田的弟子保科孝一最初是以惠特尼的《语言的生命和成长》的抄译版《语言发达论》②的译者的身份出现在学界的。

然而，再重复一下，上田认为有必要导入西欧的语言学，并不仅仅是出于学问上的动机，在上田看来，正是语言学的科学原理本身"对于国语来说，能树立真正的方向，开拓道路、择其善处，去其不良、弃之不便、求之便利，这样一来创造出秩序井然的大日本帝国的国语"③才有可能。因此，上田断言道："国语"创成这一事业是墨守国学传统的"和学者"所不能胜任的。上田说：

> 如何在今日的和学者那里看到实现的可能？他们甚至连语言与文学的差别都没有意识到。④

上田努力要指出的正是"语言与文学的差别"。的确，上田为了打破古典文献学的权威地位，可以将19世纪比较语言学学者所用的措辞挪用到日本语上来进行论述。但是，近代语言学并不只是停留在语言分析的技巧上，其中也内藏着使语言观念发生动摇的可以称为语言学意识形态的事物，上田对此也有所察觉。因此，上田

---

① Silverstein, Michael ed., *Whitney on Language: Selected Writings of William Dwight Whitney*, MIT Press, Cambridge, 1971.
② 保科孝一抄译：『言語発達論』，富山房，1899年。
③ 『明治文学全集44・落合直文・上田万年・芳賀矢一・藤岡作太郎集』，第179页。
④ 同上。

并没有把语言学意识形态单纯看作是新奇的西洋舶来品,从而对其有所推崇,而是从自身出发将其作为信念来看待。基本上没有被好好地阅读过的上田早期的著作中,让我特别感兴趣的地方是,这样一种语言学意识形态成了上田之后所做工作的基础。

上田的观念中最为根本的是"现在性"这样一种明确的意识。由此上田并没有把"国语"的根据放置在过去的文献中,而是在"现在"被使用的语言中为其寻找根据。在将这一意识扩大到"国文"的时候则产生了他在留学欧洲前夕刊发的特殊的国文教科书《国文学》卷一(1890年,明治二十三年)。

在序言中上田主张提升"国文学"的地位,"作者希望国文学成为普通中等教育中的一个学科,与国语科并立,至少要与汉文学占据同等地位"[1]。尽管如此,上田仍对"和学者"进行了严厉的批评,"作者不想与今日的和学者相提并论,而是想把他们忽视、唾弃之物引入教育界"[2],以此上田明确地在这本教科书与已有的教科书之间画了一条清晰的线。

事实上,这本教科书的编纂方法与内容是极为特殊的。首先上田有意从"近世文学追溯到古代文学",卷一涉及的是从江户后期开始到明治时代的文学(但是只出版了这一卷)。当然,通常构成文学史的时间轴也被完全地颠倒了。这样一来,对于上田来说,与遵照年代的秩序相比,更为重要的是为立足于"现在"的历史赋予意义。上田指出,"通过现在之物可以追溯到往昔之存在"这一方

---

[1] 『明治文学全集 44 · 落合直文 · 上田万年 · 芳賀矢一 · 藤岡作太郎集』,第107页。

[2] 同上。

法，在当时的日本学者那里还是陌生的。上田并没有采用把时间轴的基准确定为从过去起源，然后历史的河流从这一起源流出这样一种展望的方式，而是采用了首先从眼前的"现在之物"出发，逆时间而行从而把握历史的方法意识，实际上这一方法意识在青年语法学派的理论中有所涉及，只不过上田把这样一种观点在教科书中进行了实践。

而且，江户后期以后的文学在教科书中完全没有被提及，所以在题材选择上也是崭新的。也就是说，式亭三马等人的滑稽本、狂歌，吉田松阴和渡边华山的文章也收录其中。更令人惊叹的是，从"诏敕以及建议书……是明治政府建立时的坚实基础，这些在国文中也是非常重要的"[1]这一观点出发，《五条御誓文》《军人敕谕》等被收录在卷头中（同年10月发布的《教育敕语》，也一定被上田收录到里面了）。考虑到刚才提到的关根正直的《国文教科书》所选择的内容限定于江户时代的文人随笔，那么上田编的教材实际具有的革新性也就不难想象了。

这之后上田又在《国民教育与国语教育》（1902年，明治三十五年）中说："教师在教授国语的时候，应该教王朝、镰仓时代的文学，这是因为这些可以让现代文学充分地得到发展"[2]，不过，这样一种明确的"现在性"认识，在上述的教科书《国文学》中已经清楚地展现出来了。由此，上田在从完成维新开始到确立明治新政府为止这一精神空间中画下了自己思想的地平线。并不是狭

---

[1]『明治文学全集44・落合直文・上田万年・芳贺矢一・藤冈作太郎集』，第108页。
[2] 同上，第154页。

义的文学,而是将《五条御誓文》《军人敕谕》作为"国文中最重要之物"来看待的,这体现出上田的"现在性"的意识与"明治国家"是同心相连的。正是成功地刻画出"语言本身"的这一"现在性"的意识,经由"明治国家"确立了它的根据——在这里汇集了上田成与败的所有问题。

在某种意义上上田是早熟的。之所以这样说,是因为在师从张伯伦的时候,上田已经实现了充分的自我成长。这之后的上田,为了习得科学的"博言学"并将其移植到日本,在1890年(明治二十三年)前往欧洲留学,那时候上田只不过二十四岁,尚处弱冠之年而已。上田从欧洲带回来的是对"日本"的独特性之自觉,以及通过建立日本的博言学而创制"国语学"这一意图。在被寄予如此希望的土壤上,早期上田播撒下的语言思想之种,开始开花了。① 不过在此之前,首先想讨论一下上田在欧洲留学时究竟看到了些什么。

二 青年语法学派与全德国语言协会

留学归来的上田专心果断地在"国语改革"之路上一往无前。保科孝一也是如此,还有更多欧洲留学后回到日本的知识分子也有共同的倾向,也就是说留学时在欧洲的体验日后成了决定性的指

---

① 中内敏夫的『日本教育のナショナリズム』(第三文明社,1985年)论述到"以甲午战争的爆发为分界线"发生了"上田万年的转向"(第158—159页)。但是在谈论到国语学与语言学的关系,特别是以此为基准的国语政策构想时,上田万年的立场可以说是一以贯之的。

向，这并不罕见。对于上田来说，大约三年半的欧洲留学究竟意味着什么呢？

大野晋指出，上田见到发达的西洋文明时感到十分惊愕，"必须做些什么让日本追上这样的欧洲"，结果，推动了以国字改革为代表的"国语改革"①。的确有这样的一面。但是，上田并没有含糊地在"对西洋文明的憧憬"这一刺激下采取行动，成为轻薄的国语改革派。他对欧洲的语言学现状与语言状态进行了极为正确的观察，对其意义进行了理解。在这一节里，我通过上田留学时期德国的状况，试图探讨上田所学到的东西。

1 青年语法学派的"自上而下的革命"

上田于1890年（明治二十三年）9月离开日本，首先奔赴的是柏林大学。当时柏林大学会集了如斯坦塔尔（Heymann Steinthal）、加布伦茨（Hans Georg Conon von der Gabelentz）、若阿内斯·施密特（Johannes Schmidt）等语言学的大家。田中克彦认为，加布伦茨的主要著作《语言学》（*Sprachwissenschaft*）中有论及日本语的数词的部分，这一知识很可能是从上田万年那里得到的。②

然而，通常认为对上田的语言思想的展开有决定性意义的是1892年前往莱比锡大学留学这件事。莱比锡大学的语言学在当时的欧洲占据着最前端的位置。因为否定以往的比较语言学的方法论，试图导入全新的科学原理的青年语法学派的主要成员都在这所

---

① 大野晋：『日本語と世界』，讲谈社学术文库，1989年，第24—25页。
② 田中克彦：「ヒフミの倍加説」，『国家語をこえて』，第251—254页。

大学里。乐斯汀（August Leskien）、布鲁格曼（Karl Brugmann）、西弗斯（Georg Eduard Sievers）……在这之中布鲁格曼因1878年与奥斯特霍夫一起写下相当于青年语法学派宣言一样的论文《形态论研究》而为人知晓。在这篇论文中，布鲁格曼和奥斯特霍夫主张所谓的语音变化是遵照"毫无例外的法则"而机械性地发生的。因此，不适用于法则的部分，则可通过"类推＝类比"这一心理上的因素来进行说明。"语音法则无例外"这一命题，作为浓缩了青年语法学派的立场的标志，成了赞成与否两方进行激烈论争的焦点。[①]

这一学派被称作"青年语法学派"的原因，实际上是因为这一学派的构成成员都很年轻。《形态论研究》发表的时候，布鲁格曼和奥斯特霍夫尚处三十岁前半段。上田在莱比锡大学留学的时候，布鲁格曼四十四岁，西弗斯四十三岁，都处于精力充沛的年龄。他们与斯坦塔尔的世代有约二十年之差，与加布伦茨的世代也有十多年的间隔。

索绪尔年轻的时候也曾留学于柏林大学和莱比锡大学，这并不是偶然的。但是，索绪尔在莱比锡大学留学是从1876年秋开始的两年以及1879年秋开始的半年，那时正是青年语法学派逐渐显露头角的时候，布鲁格曼们正处在企图取代旧世代的语言学的那种

---

① 关于语言学史上青年语法学派的地位问题，可参考：霍尔格·佩德森（Holger Pedersen）著，伊东只正译：『言語学史』，こびあん书房，1974年；米尔卡·伊维奇（Milka Ivic）著，早田辉洋、井上史雄译：『言語学の流れ』，みすず书房，1974年；风间喜代三：『言語学の誕生』，岩波书店，1978年；罗伯特·亨利·罗宾斯著，中村完、后藤齐译：『言語学史』，研究社出版，1992年。

"青年"特有的热情的支配下。也正因此,围绕着谁先做出成果,索绪尔与布鲁格曼之间发生了一些争吵。但是,到了十年后上田留学的时候,曾经的这些"青年"都在大学占据了正教授的职位,成为推动语言学最前端研究的中心势力。

与青年语法学派的直接相会,并不仅仅教会了上田以严密的实证主义为基础的语言学方法论,也给上田的语言观本身以莫大的影响。从1896年(明治二十九年)与1897年(明治三十年)上田在东京大学开讲的"语言学课程"来看,可以看出上田对青年语法学派给予了很高的评价。[①]

据上田所说,语言学是19世纪初由鲍勃(Franz Bopp)和施勒格尔(Karl Wilhelm Friedrich von Schlegel)"创立"的。不过,在这两人中上田给鲍勃以相对高的评价。"施勒格尔研究的是与文学、历史相混杂的语言,而鲍勃则有所突破,他以枯燥但清晰的方式将语言视作其本身来进行研究。"[②] 也就是说,施勒格尔采取的是尚未将语言与文学明确地区别开来的人文主义的语言观,但鲍勃则通过直视"语言本身",首先建立起立足于科学原理的语言学。在这之后,施莱谢尔(August Schleicher)试图重建原始印欧语,被认为是"鲍勃的后继者"。

另外,上田认为"如今施莱谢尔的学派已成为旧派,继承这一派的马克斯·缪勒也已过时"。上田认为"青年语法学派"才是"最新派"。他这样说,"最新的学派是以布鲁格曼、保尔、奥斯特

[①] 上田万年的『言語学』(新村出笔录,柴田武校订,教育出版社,1975年)是以当时听了课的新村出的笔记为底本的。

[②] 上田万年:『言語学』,第29页。

霍夫为代表的,被称为'新语法学派(Neo-grammatiker)'的一批人……这一新学派以语音(Phonetics)和类比原则(Principles of Analogy)为基础,从科学的(Scientifical)角度进行研究。相对于古典的保守的旧派而言是具有进步性的"[1]。在这里,上田说的毫无疑问是青年语法学派在说明语言变化时所依据的"语音法则"与"类推"原理。

上田在青年语法学派出现之后才第一次感受到语言学在真正的意义上是自立的科学。事实上,青年语法学派以前的语言学学者中,"数量不多的可称为专家之人大多是来自其他学科的"。比如,洪堡(Friedrich Wilhelm Christian Carl Ferdinand von Humboldt)和甲柏连孜(Georg von der Gabelentz)是放弃法学后进入语言学研究的,格林(Grimm)是文献学出身的,保尔是从东洋研究、穆勒是从人类学进入语言学领域的。如果把范围扩展到日本,这与"日本的和学研究者"[2]的情况非常相似。所以,上田或许认为青年语法学派把"旧派"的语言学一扫而净了,那么同样在日本也可以让科学的语言学取代传统的"国学"吧。

从上田的这一看法来看,青年语法学派引发了语言学的一场大革命。的确,青年语法学派旨在革新印欧比较语言学的方法,向旧世代的语言学学者们投以严厉的批判。但是,从今天的角度来看,青年语法学派可以说是继承并发展了之前的比较语言学。即便是在一般的语言学史中,青年语法学派通常也是被放置在19世纪比较语言学的框架里来看待的,并且通常认为使语言学真正地完成了范

---

[1] 上田万年:『言語学』,第32页。
[2] 同上,第80页。

式转变的是索绪尔。不仅如此，比如科尔纳（Konrad Koerner）否定青年语法学派是"革新性"的。[①]青年语法学派登场时虽然喊出了"语音法则无例外"这一华丽的口号，但是其理论、方法，甚至研究的内容与以前的语言学相比并无二致。

为了展现这样一种矛盾，科学史家奥尔加·阿姆斯特丹斯卡（Olga Amsterdamska）提出了一个观点[②]，这就是，青年语法学派的"革命"与其说是在学问的"认识性的"层面上进行的，不如将其放置在"社会性的、制度性的"层面来看待。19世纪初与比较语言学的出现相伴随的，是其与文献学，尤其是以希腊语、拉丁语作为对象的古典文献学的对决态势。特别是语言学并不是以希腊语、拉丁语，而是以"东洋"的语言——梵语的语法组织作为印欧语言研究的参照系，而且将这种没有文学传统的"野蛮"语言的研究与古典研究放置在同一价值上，这是与信奉人文主义传统的古典文献学学者所秉持的精神相悖逆的。

青年语法学派要求语言学要有实证主义式的科学性，这也体现出他们想从古典文献学的支配中让语言学完全地脱离出来。不只如此，他们甚至认为从此以后的语言学应该为所谓的文献学研究提供不可缺少的方法论。也就是说，语言学成了包括文献学在内的居于上位的学问。

为此布鲁格曼所采取的战略是创设"学派"。至此为止的语言

---

① Koerner, Konrad, The Neogrammarian Doctrine: Breakthrough or extension of the Schleicherian paradigm. A problem in linguistic Historiography, in Koerner, K., *Practicing Linguistic Historiography*, John Benjamin, Amsterdam, 1989, pp.79-100.

② Amsterdamska, Olga, *Schools of thougt. The Development of Linguistics from Bopp to Saussure*, D. Reidel, Dordrecht, 1987. 特别是可参见第四章与第五章。

学学者是单枪匹马式的存在，而在此首次诞生了语言学上的"学派"。这里称之为"学派"是指，在科学社会学的概念下，具有判定这一领域的研究和成果价值的专家集团。所以，这一专家集团逐渐在大学制度中巩固了其基础。

青年语法学派逐渐跃居语言学主流是在 1870 年之后，语言学的专业杂志急剧增加，古典语以外的语言研究职位在各个大学逐渐设置起来的时期。① 青年语法学派推进了这一潮流，其自身在这一潮流中乘风破浪。奥尔加·阿姆斯特丹斯卡指出，从这点来看，青年语法学派的"革命"是典型的"自上而下的革命"②。

随着青年语法学派的出现，它也带来了这样一种认识，即古典语以外的语言中有着与古典语同等的作为研究对象的价值。特别是日耳曼语文献学被认为是大学里必不可少的课程，1870 年时甚至有分别独立进行的古代与近代日耳曼语文献学的课程。不必赘言，这与普鲁士国家的教育行政有着密切的关联。③

---

① 根据奥尔加·阿姆斯特丹斯卡所说，德国的大学从 1860 年开始学生的数量呈爆发式增长，1881 年时的学生数是 1861 年时的两倍。莱比锡大学在同一时期学生数量增加了 5 倍。与此相应，1864 年到 1880 年，正教授的职位增加了 30%。并且，文献学课程的增加也非常明显，同一时期增多了 53%。在这之中，非古典语文献学的课程从 1864 年的 37 个增多到 1880 年的 82 个（增多了 74%），1890 年则达到了 93 个。文献学领域的专业杂志的增加如下：15 本（1860 年）→ 20 本（1870 年）→ 32 本（1875 年）→ 44 本（1880 年）。

② Amsterdamska, Olga, *Schools of Thougt. The Development of Linguistics from Bopp to Saussure*, D. Reidel, Dordrecht, 1987. 特别是第 137—143 页。

③ 根据奥尔加·阿姆斯特丹斯卡所说，青年语法学派果断地抛弃了施莱谢尔所设立的重构原初"语根"的目标。对于青年语法学派来说，"再构成的目标并不是去发假设式的原初语根、曲折之起源，而应该是在可确认的范围内，达致最古老的形式。另外，应该通过每个语言的历史，去追溯（转下页）

这样一来，上田目睹了德国大学里新兴的科学语言学顺次在大学里站稳脚跟的过程。回国后，上田亲自着手的一件重大的工作就是形成自己的"学派"。1897年（明治三十年）他在东京帝国大学设立"国语研究室"，第二年自己成为研究室的主任。另外，与此同时也是在1898年（明治三十一年），他团结了新露头角的语言学学者们，创办了"语言学会"，并于1899年创刊其机关杂志《语言学杂志》。上田充满精力地投入其中的此类活动也属于青年语法学派发动的"自上而下的革命"。

2 全德国语言协会的语言纯化运动

古典文献学与语言学的斗争不单纯是学术上的争论。如果普鲁士实现了德国的统一，那么在教育领域，希腊语、拉丁语这种古典语与德语这一现代语究竟应该重视哪一个？从国民意识与国家认同的形成上来看，这一点引发了重大的问题。

在19世纪前半叶的德国，古典主义与人文主义被当作教育的指导理念。希腊语和拉丁语教育以及对基于两种语言的古典作品的学习是全方位人格教养的基础，是进入更高精神阶段的入口。这一理念在1801年洪堡创设的柏林大学里得到了充分的实现。柏

（接上页）其声音的、类推性的变性"。经由该学派提出的问题可以说并不是"什么是原初形式，它们是如何衰退至今的"，而是"什么是应该再构成的最古老形式，它们是如何变化的"（同页注②，第98页）这样的问题。也就是说，对青年语法学派来说，构成问题的已经不是神话式的"起源"了，而是仅限于实证性的、应该予以确认的过去。这也许是与德国统一之后的德意志抛弃了神话般的大德国主义，而采取了现实的小德国主义并行的吧。

林大学的核心并不是以往的神学部,也不是法学部,而是"哲学部"。虽然说是哲学部,但是其中统合了数学和自然科学,这一学部的目的是通过普遍理性来陶冶人性。在哲学部内部也特别地重视"古典文献学"。18世纪后半叶开始发展而来的古典文献学,通过将此前只被当作崇拜、信仰对象的希腊的古典、《圣经》作为严密的分析对象来对待,独立成为新的专门的科学。然而,另一方面,并不是说在古典文献学那里丧失掉了人文主义的理念。"通过古典文献学来培养人性这一洪堡的理念"①是教育的核心理念。所谓古典文献学是指可以同时培养专门的科学性和普遍人性的理想学问。

柏林大学的人文主义教育理念很快地波及其他的大学。这样一来,在19世纪前半叶的德国,不仅高级官僚、政治家、军官、律师、医生、高校教师等社会指导阶层,哲学家、数学家甚至卡尔·马克思那样的革命家也都受过"十八岁的时候翻译希腊诗、写拉丁语散文、背诵欧几里得原作中的一部分"②这样的教育。

如此一来,在大学进行的人文主义教育也直接影响了中学教育。从1812年的大学入学考试的规定可知,在普鲁士刚起步不久的文理中学,以向大学的专业学部输送已完成教养教育的学生为第一任务,所以大学的教育理念直接与这种中学教育机构所展开的教育产生联动。因此,文理中学与没有大学入学资格的其他中等教育学校之间有着严格的区隔。这样一种中等教育制度,随着19世纪的发展,虽然其间施行了一些修改,但仍然严格恪守着独占了以古

---

① 佐佐木力:『科学革命の歴史構造』下卷,岩波书店,1985年,第328页。
② 同上。

典语教育为中心的大学入学资格的文理中学与施行实学教育的其他中等学校之间的区别。①

但是，普鲁士统一了德国之后，这样一种偏重古典语的教育受到了批判，并招致了激烈的论证。其中一个论点是，文理中学所独占的大学入学资格是否应该扩大到其他的中等学校，这里给出了一个从语言意识的角度无法忽视的问题。这就是为了成为出色的德国国民，必要的基础是古典语还是德语这一问题。②

1890年12月（那时候上田已在柏林）召开的关于中等教育问题的"学校会议"上，国王威廉二世严厉批评文理中学欠缺"国民的基础"。所以，"德语必须成为文理中学教育的基础。我们应该使年青一代的德国国民受教育，而不应该是培养年青一代的希腊人、罗马人"③。这句话在之后让上田万年深有同感，并在著作中引用。

1900年威廉二世发出敕令终结了这场论争，敕令申明实用性的文理中学和高等实用性学校的教育具有同等价值。因此，中等教育中古典语的授课时间被大幅削减，与此相应地，增加了德语的授课时间。但是，德语被重视并不仅是因为实用性知识的教育、建立近代科学的基础等目的，更因为德语中留存着"德国特有之物"，

---

① 详见梅根悟监修：『世界教育史大系12・ドイツ教育史Ⅱ』，讲谈社，1977年，第四章「国民の教育制度の形成過程」。有关普鲁士文理中学的部分可参考第12—15页。

② 以下的叙述在前一个注释，即『世界教育史大系12・ドイツ教育史Ⅱ』以及 Townson, Michael, *Mothertongue and Fatherland, Language and Politics in German*, Manchester U. P., Manchester, 1992 中有所涉及。

③ 原文从 Townson M., *op.cit.,* 第116页中引用。

有着德意志的民族精神的本质之物。也就是说，德语教育成了国民教育的主干。

正如格林所说，为了让德意志成为真正的统一体，无法指望通过政治、经济、宗教来实现。因此德语这一语言不得不成为国民统一的象征。德国首先必须作为"语言民族（Sprachnation）"存在。由此，上述教育制度的问题，只可能看作是更广泛地形成国民意识这一思想史意义上的问题。德语教育是让德意志人意识到他们是团结一心的"德国人"的唯一手段。因此可以说，通过德语教育企图达到的目标是使德意志人"德国化"。

然而，被赋予如此重大的期待的德语本身，真的可以说是"德国特有之物"吗？难道不是不纯的外来语、借用语愈发蔓延，不断地侵蚀着德语吗？如果对这一状态置之不理，那么德意志精神本身一定会从根干开始崩坏。伴随着19世纪的发展，德国的领导层开始逐渐被这种疑问和不安所胁迫。这样一来，不仅仅是通过德语达到"德国化"，而是德语本身的"德国化"（Eindeutsuchung, Verdeutschung）"成了当务之急。

为此采取的一个措施是时任邮政局总裁的海因里希·冯·斯蒂芬（Heinrich von Stephan）推进的邮局用语的改变。斯蒂芬从1874年开始将与邮局有关的业务中使用的760个外来语翻译为德语。这样一种"外来语的德语翻译（Verdeutschung）"的努力在其他领域也可以看到，甚至出版了一些《德语化词典》这样的书。比较有代表性的是滕格（Hermann Dunger）的《无用的外来语的德语翻译词典》（1882年）、桑达斯（Daniel Sanders）的《德语翻译辞书》（1884年）、萨拉金（Otto Sarrazin）的《德语翻译词典》（1886年）等。因此，这样一种语言纯化的趋势转而成为一种结社运动，这就是李特尔（Herman Riegel）率领的"全德国语言协会"①。

"全德国语言协会"结成的契机是布伦瑞克的美术馆馆长李特尔 1883 年发表的《我们的母语之根基》（Ein Hauptstuck von unserer Muttersprache）这篇论文。在这篇论文中，李特尔对外来语泛滥的德语之现状感到愤慨，为了排除德语中非德国的要素，他主张政府应该设立语言学院，强力地介入其中。这篇论文受到了世人的好评，李特尔进而决心凭借一己之力推动排除外来语的"语言纯化运动"，所以他在 1885 年 8 月发表了呼吁结成"全德国语言协会（Der Allgemeine Deutsche Sprachverein）"的文章。李特尔主张这个协会并不是语言学性质的，而是带有实用性的、教育性的目的，除设立一个本部之外，还应该在德语圈设立多个支部。

对这个建议迅速做出回应的是前文提及的出版了《无用的外来语的德语翻译词典》的德累斯顿大学的德国学教授滕格。1885 年 9 月 10 日滕格在德累斯顿开设了最初的支部。"全德国语言协会"在这里正式起步。

1886 年 11 月在柏林召开了第一次委员会，李特尔当选会长。据李特尔所说，之后 1887 年 11 月在德累斯顿举办的第一次总会

---

① 参照 Kirkness, Alan, *Zur Sprachreinigung im Deutschen* 1789—1871. *Eine historische Dokumentation*, Teil 1, TBL Verlag Gunter Narr, Tübingen, 1975, pp. 369 ff.; Townson, M., *op.cit.*, pp. 98ff. 关于"全德国语言协会"的历史与活动，参考了保科孝一与安藤正次的『外來語問題に關する獨逸に於ける國語運動』（文部省，1918 年），以及加茂正一的『ドイツの国語醇化』（日德文化协会，1994 年）。另外还有，科尔维（E.Koelwel）和路德维希（H.Ludwig）著，已政润译：『洗練されたドイツ語——その育成のあゆみ』，白水社，1977 年。P.V. 波伦茨（Peter von Polenz）著，岩崎英二郎、盐谷烧、金子亨、吉岛茂译：『ドイツ語史』，白水社，1974 年。

上，宣读并采纳了如下所列的"全德国语言协会"的目标：

"全德国语言协会"的目标如下：
一、促进德语通过排除不必要的外来因素而达致纯化；
二、注意保持和恢复德语的纯粹精神与固有本质；
三、通过上述所做普遍地强化德意志国民中的一般国民意识。①

"全德国语言协会"的支部不仅在国内有，在国外的德语圈以及美国等德国移民之间也迅速地得到推广。第一次总会的时候，协会总共有91个支部以及500名会员。到了1891年，会员数则为11000人。第一次世界大战刚开始的时候更是达到了45000人之多。进而，"全德国语言协会"并不限于图书、报纸这样的出版物，而是在政治、经济、法律、教会、科学、军队、交通、通讯、体育、艺术等市民生活的各个方面来发现外来语，推进将其替换为纯粹的德语的运动。主要的媒介是1889年开始刊行的数十卷的《德语翻译词典》(Verdeutschungsbucher)以及协会的月刊机关杂志《全德国语言协会杂志》。这一机关杂志的名称从1925年开始变更为《母语》(Muttersprache)。这一杂志在今天还在持续刊行。

语言纯化运动被定义为在各自语言中用当地的要素替换外来语的要素的运动，但是这一运动在一端是交流的畅通与民众化，在另一端是排他性的民族主义与国粹主义，在两者之间这一运动的性质发生着变化。李特尔的确只是企图排除"可以用德语替换的外来

---

① 引自 Kirkeness, Alan, *op.cit.*, p.372。

语"，并警惕变成"盲目的洁癖"和"顽固的国粹主义"，但逐渐地运动像"驱逐异端思想"那样带有了"驱逐外国语"的倾向。

"全德国语言协会"的爆发式成功，是以对法战争的胜利、实现德国统一后，在普鲁士＝德意志的普通市民之间广泛地渗透着的爱国民族主义为背景的。在这一点上具有象征性的是，协会认为首先应该排除的是随数世纪以来比德语占优势地位的法语而来的外来语。这并不只是关涉政治，也展现出语言学上的德语自立这一愿望日趋高涨。然而正如"说德语的时候让说话者意识到自己是德国人"这一协会的动机所示，这里也可以看到将语言与国民直接相提并论的危险的同化主义萌芽。为什么这么说？因为这个协会的精神如之后所看到的那样，与对说波兰语的波兰人的存在进行抹杀、"德国人化"的"日耳曼化运动"的意识形态毫不费力地进行了合作。甚至由此也生发出将国外的德语圈纳入德国版图这一领土扩张主义的主张。

上田在德国的时候遇到的是称得上全盛期的青年语法学派、"全德国语言协会"，这对上田之后的道路有着无法估量的影响。这两个运动，前者是以大学为中心的学术性质的运动，与此相对，后者则是包含了普通大众在内的结社运动，在这一点上两者的性质相当不同。因此，这两个运动之间也存在着对立。甚至在保守的知识分子中有畏惧"全德国语言协会"的过于排外主义的倾向之人，1889年的《普鲁士年报》中，这些人联名发表了对"全德国语言协会"的批判，其中有冯塔纳（Theodor Fontane）、弗莱塔克（Gustav Freytag）等作家，神学家哈纳克（Adolf von Harnack）、历史学家特赖奇克（Heinrich Gotthard von Treitschke）等人，青年语法学派的主力成员戴布留克（Berthold Gustav

Gottlieb Delbrück）也名列其中。①

当然上田并没有无知地将性质相当不同的青年语法学派与"全德国语言协会"等同视之。因为之后上田自己所从事的工作也是在将学术方向与政策方向这两端都包含在内的方向上进行的。只不过，这两个运动的主干中普鲁士＝德意志这一民族主义深深地扎下了根基，这一点是不容忽视的（特别是以普鲁士＝德意志的精神史为背景的青年语法学派所做的工作之意义，应该被重新认识）。事实上，上田从欧洲带回来的正是语言与民族主义之间有不可分离的纽带这一认识。无论是作为学问的语言学，还是实践性的语言政策，这两者都应该成为"国家"这一舞台上缺一不可的主角。

---

① Kirkeness, Alan, *op.cit.,* pp.386-7，475.

第五章
"国语与国家"

一 "国语"的政治洗礼

上田万年于1894年（明治二十七年）结束了约三年半的欧洲留学生活回到日本之后，立即被任命为帝国大学教授并担任博言学的讲座课程。那时正值日清战争开战（同年8月1日）的前夜。所以上田在这一年的10月和11月分别进行了题为"国语与国家"与"关于国语研究"的演讲，给言论界留下了深刻的印象。留学以前，上田的论文大多是面向文学者、国学者这样的特定对象的，而这两场演讲则是以向更广泛的听众热情地倾诉的方式进行的。通过这两场演讲的记录可以知道，上田是以留学时学到的欧洲语言学的见识为基础的，从中可身临其境地感受到上田在确立新的"国语学"这件事上的满腔热忱。

1895年（明治二十八年）出版了包含这两次演讲的论文集《为了国语》（『国語のため』）。正如题目所表现出来的那样，上田的所有思想都可以归总为"国语"。接下来，首先以留学归国后上田的活动为出发点，同时参照汇总了他语言思想的这两个演讲的内容来进行分析。

上田归国后的第一个演讲稿《国语与国家》①的内容是相当有冲击性的。之所以这么说，是因为如此露骨地将"国语"与"国家"相连接来进行论述，在当时的日本是史无前例的。当然，为了强调"国语"的崇高地位，将其与"国家"的关联作为精神主义式的说辞之人是存在的。但是，将"国语"与"国家"的连接视为更为内在的、有机的联系来看待，并将其当作学问来进行论证，在这一点上上田创造出的这一观点是崭新的。

与国学者们的国语论最为不同的是，上田所说的"国语""国家"从一开始就不是限定在日本这一区域中的概念。也就是说，上田将"国语"与"国家"的有机联系设定为具有普遍适用性的事物，在此基础上论说"日本"的独特性和固有特性。

在《国语与国家》的开头，上田在表明自己并不是国家主义学者之后说，为了论述"国语之所是"，首先必须从"国家"开始。上田列举了构成"国家"的支柱的四个要素，即：一、土地；二、人种（现在所说的民族）；三、团结一致；四、法律。并且在"团结一致"下面细分出历史以及惯习、政治上的主义、宗教、语言、教育等五个要素。

也就是说，上田在这里规定了国家概念的普遍本质并对其属性进行了分析。虽然上田指出"上述四个要素是国家兴隆与衰微灭亡的决定因素"②，但是自身并没有对此进行论证，而是将其视作前提

---

① 上田万年：『国語のため』，第1—28页。引自『明治文学全集44・落合直文・上田万年・芳賀矢一・藤岡作太郎集』，第108—113页。
② 『明治文学全集44・落合直文・上田万年・芳賀矢一・藤岡作太郎集』，第108页。

来做分析的。很可能上田这样的分析是从留学时熟稔于心的普鲁士的"国家学（Staatslehre）"学说中来的。只不过，那时候他的意图并不是将国家的成立过程、发展法则定式化，而只是描绘出国家应有的理想型，并在此基础上论说"日本"如何接近这一理想型。瞄准这一最终目标，上田的国家论被引向了奇妙的方向。毫无疑问，这样的"扭曲"在多大程度上原本是来自普鲁士的国家学学说的，这是值得讨论的问题。

接下去是其极端的表现。上述列举的国家的构成要素中，上田最为重视的是人种、历史、语言。这三个要素与其他要素相比不能被人为因素所左右，这一点对于上田想要将国家自然化这一意图来说是非常有利的。在《国语与国家》里应该注意到的并不是上田那稍显陈腐的国语论，而是想要将"国家"这一至高无上的人造物"自然化"的上田的国家概念。

上田将奥匈帝国当作"多人种的冲突带来国家衰亡"的例子，并断定这种极端的多民族状况会"造就卖国的风气"。多民族多语言的奥匈帝国在后来，特别是在保科孝一的著作中，作为语言民族问题无以比拟的实验室（也是警告多语言、多民族主义的危险性时的反面教材）而受到关注，但这一观点已经存在于上田的论述中了。保科孝一在之后忠实地进一步展开了上田的这一萌芽阶段的语言政策，这一点在之后会论及。

上田并不认为一个国家只能是一个民族（"并不能把一国国民限定为一个人种"）。事实上，欧洲大部分国家是多民族国家。但是即便在这种场合下，并不是说所有民族同等地参与了国家的形成。上田说，"在一个国家形成之前，必须承认的是只有一个人种扮演着核心角色"①。这从各个国家的语言政策来看就很清楚了。英国的威尔士语、盖尔亚支语,法国的巴斯克语、布列塔尼语等少数民族的语言在各个国家的议会上是绝对不会采用的,这是因为"是否允许使用是关涉一个国家的名誉、一个国家的秩序、一个国家的命运的"②。另外,上田认为在日本则完全不必担心这一问题。因为日本是"家庭发展为人民,人民发展为国民"③的。根据上田的判断,从通过"人种"和语言来维持国家的一体性这个方面来看,日本比欧洲各国有更为有利的条件。④

另一方面,在"历史"方面,为了证明日本的优越性将欧洲引为例证,上田似乎有些犹豫不决。在这种情况下,上田诉诸与亚洲各民族的比较。"看看支那、朝鲜等国的人民,他们所持的国民情感多么薄弱。看看我们日本的人民,是多么容易地饱含对伟大的事业做出计划的勇气。"⑤这种不同是"各自的历史以及惯习中产生出来的结

---

① 『明治文学全集44·落合直文·上田万年·芳贺矢一·藤冈作太郎集』,第110页。
② 同上,第109页。
③ 同上,第110页。
④ 上田论述说日本也并不是由"一个人种"构成的。那时候上田脑海中想到的并不是阿伊努族,而是"皇别、神别、诸蕃"的『新撰姓氏録』以来的概念。这个称之为"皇别、神别、诸蕃"的,由与天皇家的远近关系而形成的阶层化的古代氏族分类,在第二次世界大战之前的日本与"民族"概念混同在了一起,因而被用作证明日本最初是多民族国家。所以,这变成了将殖民地侵略与同化主义正当化的历史口实。关于这一点可参照小熊英二的《单一民族神话的起源》(新曜社,1995年)一书 [本书有三联书店中译本——编者]。
⑤ 『明治文学全集44·落合直文·上田万年·芳贺矢一·藤冈作太郎集』,第109页。

果"。正如之后涉及的那样,作为"伟大的事业",上田首先想到的是刚开战不久的日清战争的战果。上田的目光是颇具"时局性"的。

这样一来,上田从人种、语言、历史的观点出发,想要指出日本表现出了国家的理想型。然而,比任何人都自豪于自己是科学之徒的上田似乎对这样一种自命不凡的证明感到不安,语调异常狂热刺耳:

> 这其实是一大喜事。正值多事之秋,让我们日本国民协同运动得以实现的是忠君爱国的大和魂以及共有的一国语言,这是大和民族的基础。所以我们的任务是让语言一致,人种一致,这样的话就能与帝国的历史一起,一往无前、免遭挫败。①

如此一来,论及"国家"时也勘定了"日本国家"的价值。接下来,是从这里出发与"国语"相联结的问题。为此,到此为止作为构成国家的要素之一的语言,在这里不得不被塑造为全部"国民"的精神生活的综合性要素来重新进行把握。

在这里,上田作为依据的理论,会让人想到洪堡的语言观。洪堡的语言塑造了说这种语言的民族的"世界像",这一说法出现以来,强调语言与民族精神之间的有机联结成了德国语言观中的一个传统。上田极力说明"语言作为说话人精神上的、生活中思想和情感的外在表现"②是可能的,各种语言中铭刻着这一民族的

---

① 『明治文学全集44·落合直文·上田万年·芳賀矢一·藤岡作太郎集』,第110页。
② 同上。

精神生活、社会生活的精髓。然而，这样的认识忘记了语言与思考的范畴只可能成立于抽象的层面，从而将其实体化了。这样去理解的话，实际上落入了深暗的陷阱。上田接下来的发言清楚地表现出，从这一错误中诞生出的近代日本的"国语"意识形态所具有的特征。

  语言对于说这种语言的人来说，正如血液所展现出的肉体上的同胞之关系，精神上的同胞用日本语来作比的话，可以说日本语是日本人之精神的血液。日本的国体让以这一精神的血液为主维持着的日本的人种最强悍最永久地保存下来……如果有大的灾难来袭，只要有如此的语言，四千万同胞无论什么时候听到声音，无论在哪里都会奔赴相助，鞠躬尽瘁。所以当喜讯传来时，千岛也好，冲绳也好，一齐响应。如果在国外听到这样一种语言，那么它是一种音乐，一种天堂的福音。①

在这里发生了巧妙的替换。语言与民族的有机结合的语言观，正是因为经历了对在以拉丁语为象征的外在权威下达成的语言规范进行抵抗，将各自的语言作为民族的主体表达来看待这一过程，它的历史性意义才能够被认识到。然而，上田为了从语言中抽离出主体性的契机而引入了有机语言观。在最开始，语言与人民之间的联结用"血液"来作比，这样一来就给语言赋予了谁也无法反驳的、被动的自然性，让它与万世一系的"国体"进行同一化。这样一来

---

① 『明治文学全集 44 · 落合直文 · 上田万年 · 芳賀矢一 · 藤岡作太郎集』，第110页。

语言已经不是人们彼此说话用的了，而是变成了不知道从哪里传来的"声"，只能侧耳倾听将其接受的"音乐""福音"。这一"声"之主体，并不是具体的个人，而是被"君之代"象征着的神圣不可侵犯的"国体"。由此一来，这个"声"就成了无论发生什么都不可抗拒的命令与服从的语言。因而，一个一个的人如果想成为"说话主体"，那么就必须把这个"国体"移植到各自的内心深处。这并不是作为一种外在的强制被意识到的，而是对各自的内心孕育出的、作为各自担负着的道德任务的语言，生发出自发性的尊崇。正因如此，所有的"日本人"不会去想到要反抗这样的"声"，进而可以"鞠躬尽瘁"。在这里，表达的主体已经不复存在了。只有"固体"一味地接受被赋予期待的"国语"。

但是，正如上述所言，上田并没有注意到本居宣长以来的国学意识形态。对于上田来说，传统的国学只不过是需借助科学的语言学来跨越的障碍物。上田并不是从传统的国学那里，而是从德国的语言有机体观中找到了明治国家所期待的"国语"的原理，所以，这一语言有机体观是形成当时人文科学那种前卫的言语学背景的主要意识形态。

二 "母亲"与"故乡"

然而上田的独创之处在于，为了促成"国体"的内面化，他最大限度地利用了"母亲"这一形象。上田说道：

> 语言并不单单是国体的标志，它同时也扮演者教育者角色，就像仁慈的母亲一样。从我们出生开始，我们的母亲就爱

抚地抱着我们，亲切地教给我们作为国民的思考能力和感动的力量……在德国有一种说法，叫作"Muttersprache"，意思是母亲的语言，还有一种说法叫"Sprachemutter"，意思是语言之母，这是很好的表达。①

众所周知，支撑着天皇制统治的最大的意识形态支柱就是"家族国家"观。"家族国家"观的根本，一方面是在国家统治中给人带来情绪上的亲密性，另一方面是家族成为灌输统治与服从意识的国家的小模型。甚至让本土的祖灵信仰与天皇制合体，使日本所有的"家族"在以天皇家族为顶点的家系之网中确立其位置，由此一来，"家族国家"观也可以获得宗教上的正当性。的确，国家扮演着一个虚拟家族的角色，这并不是日本特殊的现象。在国家面临危机，需要高扬国民意识时，通常会让国民全体变成一个统合起来的家族。但是，日本的"家族国家"观的特殊之处在于，它渗透到极为朴素的日常生活中，甚至完全忽视了家族内部的平行关系，只有以"忠孝"为轴心的亲子关系这一单向的垂直关系是支配性的。并且，天皇处于这一垂直关系的顶点上。

然而，这一"亲子"的垂直关系中的核心，实际上并不是作为权威与律法象征的"父亲"，而是象征着情爱与慈悲的"母亲"。这么说是因为"母亲"无论发出多么暴力的、残酷的国家权力的命令，都可以将其转换为充满献身与慈爱的情爱关系。

天皇制家族国家中"母亲"究竟扮演着怎样的角色呢？第二期

---

① 『明治文学全集 44 · 落合直文 · 上田万年 · 芳賀矢一 · 藤岡作太郎集』，第 111 页。

国定国语教科书《寻常小学读本》(1910年,明治四十三年)能很好地解答这个问题,我们来看一下其中收录的《水兵之母》①这一名篇。故事的舞台正好是日清战争期间,军舰"高千穗"(象征着"日本"的名字)号上一名水兵一边流着泪一边读着女人寄来的信。从他面前路过的上尉看到这个场景,呵斥他懦弱,说爱恋妻子而哭泣是帝国军人的耻辱。水兵说自己并没有妻子,并把信递给上尉看。其实这是母亲写来的信。信上写着,你还没有在任何战争中做出什么有贡献的事,作为母亲感到很遗憾。为什么而出战呢?难道不应该"流血牺牲以报君恩"吗?每当看到照料着我的村人们的时候,你的没出息就让我心如穿针般难过。希望你早日做出功绩来。上尉读了之后向水兵道歉:"被你母亲的精神感动了。现在我知道你为什么感到羞愧了。"然而,上尉说,我们的舰船还没有出击的机会,如果什么时候有参与"辉煌的战争"的机会的话,让我们一起做出惊人的成就,把这个话告诉你母亲让她安心。

这篇《水兵之母》所代表的"母性爱"主题的教材文章,在这之后成了教材中一定会收录的核心文章之一。首先,毋庸置疑的是其包含的女子教育的意图,即灌输为了国家将自己的孩子奉献给天皇这一"母亲"的职责本身。由此,就连将孩子奉献给国家这一行为中产生的悲怆感也预先在戏剧性的净化作用下消解掉了。

尽管如此,"母性爱"教材的本质意图是在将国家人格化为天皇这一具体的存在时,在与天皇的关系中代入"母亲"般的情爱关系吧。也就是说,在产生反省意识之前的、模糊不清的前意识中刻

---

① 海后宗臣编:『日本教科書大系』第七卷「国語(四)」,讲谈社,1963年,第150—151页。

上国家存在的依据。因此，这是通过"母亲"作为中介一步步实现的，国家被表现为像家族那样自然的、融合的共同体。日本的天皇制，几乎是在可称为近亲通奸的以母子关系为主轴的家族亲密性中找到其支配的秘密的。

上田提到过的"亲切地教给我们作为国民的思考能力和感动的力量"的"仁慈的母亲"①，结果在之后却指出了一条通向"军国之母"的道路。

另外，与"母亲"的形象相配合，上田提出了"故乡"的形象。上田接下去这样说，"因此语言让人联想到的是我们心中一日也无法忘却的生活之记忆，特别是可以称之为人生之神话时代的小孩子时的记忆"。因此上田调动起"故乡"的风景，直接地诉诸情感的表达。令人想起"用温和的声音唱着摇篮曲"，"母亲"，"我们严厉的父亲"，"在春日和煦的阳光下采摘莲花草等植物，这样的劳作秋冬无休"②。

上田让"父母""故乡"所持有的情感中包含进了全部的"母语"，使两者一体化。以此，产生出这样的话语："谈论自己所使用的一种语言的好处与坏处，恰如评论我们自己的父母或是自己的故乡。尽管可以言之成理，但这并不是真正的爱。真爱并没有选择的自由，就如对皇室的尊爱那样。有此爱之后才可以谈论国语③并守护它。"

---

① 『明治文学全集 44·落合直文·上田万年·芳贺矢一·藤冈作太郎集』，第 111 页。
② 同上。
③ 同上。

上田轻浮地违背了作为学者本该坚守的理论上的谨慎。如果存在上田所说的"母亲的语言"和"故乡的语言"的话,那么不该是"国语",而更应该是本地的方言才对。对"母亲"与"故乡"的追怀究竟该通过怎样的途径最终走到"国语和国家"那里呢?

神岛二郎在《近代日本的精神构造》中认为在支撑起近代日本的精神构造的原理之一中,存在着从"第一村落＝自然村的秩序"转换到"第二村落＝拟制村的秩序"这一社会正统性的变换过程与扩大再生产。[①] 神岛说明作为"第二村落"的都市中间层展现出各种各样的会社和组织形态。然而实际上不是近代日本的"国家"自身被表现为膨胀了的"拟制村"吗?如果方言是"第一村落"语言的话,"国语"则是"第二村落"语言。从"第一村落"到"第二村落"的升级,原则上如果只被认为是自然过程使然,那么它们之间的差别就会(自然而然地)消解掉。

但是,"拟制村"并不认为自身只是"拟制"的。因为这样的话,就会使秩序的正统性根基发生瓦解。从"拟制村"到"自然村"的追溯中通常被认为必要的,是在这一过程中起到重要作用的"母亲"与"故乡"的情感形象。通过不断的回想,"拟制村"可以完成与"自然村"的同化。并且,在这里,被回想的是"希望呈现出如此的'自然村'"这一来自"拟制村"的愿望,也即其自我的投影。"母亲"与"故乡"是经由回想才开始存在的。可以说,"母亲"与"故乡"是近代日本的想象底片。

"母亲"与"故乡"对于近代日本来说究竟意味着什么呢?它被想象为近代合理性、主体意志诞生以前存在着的"自然",同时也是

[①] 神岛二郎:『近代日本の精神構造』,岩波书店,1961年。

从近代性中逃逸出来的事物可以安心地栖息于此的温暖的避难所。但是,带有令人怀念的回忆的"村落=故乡"也在要求残酷的牺牲时充分地发挥着作用。这从《水兵之母》中"村人"所扮演的伏笔式的角色中可见一斑。正是这些充满感情的原始风景,之后被天皇制法西斯主义用作将包括马克思主义在内的近代思想全方位地逼迫到崩溃的武器。这一原始风景无法在反省意识的作用下对其进行肯定或是否定,只能在自我缺失中接受它,并且它作为永远的存在占据着前意识的最底端,这正是上田想为"国语""国体"确立根据的地方。

离"故乡"越远,并且"故乡"在天皇制与资本主义的生产方式之下被破坏得越严重,越能够在远距离的空间中对想象中的"故乡"进行美化。不仅如此,实际上日本的殖民主义的根源中存在着"憧憬故乡"的冲动。殖民地并不是经由暴力掠夺的土地,而是回想中存在着的"故乡"的复归,或者说被想象为其外部的投射。由此一来,产生了双重的距离化与表象化的作用。通过距离化,在愿望的投影这一意义上,近代日本的"故乡"自身就是殖民主义的概念。

三 为了"国语"

如此一来,上田一方面通过模拟科学的论证,另一方面借助于潜意识中的情感诉说,指出"国语"与"国家"是不可分的。接下来应该指出的是国民对"国语"应采取怎样的态度。

到此为止,基于自身论述,上田认为"因此尊重自己国家的语言是一种美德,伟大国家的国民一定会尊重他的国语,绝不会一心二用地去尊奉别国的语言",并给出了中国、希腊、罗马的例子。上田最为重视的是德国,对其赞不绝口:"看看现在的德国,是多么尊奉它自己的国语,看看它是如何抛弃外国语言的元素,复活本国国语中那些出色的元素的吧。"① 这么说大概是因为上田的脑海中对之前提到过的李特尔领导的"全德国语言协会"的语言纯化运动留有挥之不去的记忆。但是,上田并没有仅仅关注语言纯化运动在语言方面所做的贡献,而是前者政治上的归宿引发了上田的关心。通过语言纯化运动的高涨与俾斯麦领导的普鲁士将"国家教育"作为基础,德国"无论是在普奥战争(1866年)中,还是在普法战争(1870年)中,所向披靡战无不胜,随后成为世界一大帝国"② 这一过程,上田想强调的是,两者的根底实为一体。据上田所说,"语言的混同"本身是"动摇一国之团结、削弱其独立"的原因。所以,采取语言纯化方向的国语应该成为国家教育的根基。上田认为,德意志帝国的兴盛就是因为有国语教育、国家教育的支持。上田说:

> 所以伟大国家的国民很快就会意识到,要在情感上珍爱国语,在道理上从事保护性的改良,在此基础上设置坚固的国家教育。不必说,国家教育的目的不同于博爱教育或宗教教育,它旨在通过树立国家观念,培养不愧于国家的人物。由此,首先是国语,其次是国家的历史,如果轻视这两者的话,则绝不会达到目的。③

---

① 『明治文学全集44・落合直文・上田万年・芳賀矢一・藤岡作太郎集』,第111页。
② 同上。
③ 同上,第112页。

但让上田叹息的是，日本语在日本并没有受到理应得到的热情款待。一方面是汉学者，另一方面是被称作英学者的对日本语持轻蔑态度的人，他们掌握着对文化和教育的支配权，使人们忘记了"日本语是皇室的忠臣、国民的慈母"。特别是汉字汉语的泛滥性使用很大程度上妨碍了"日本语日文的真正独立"。然而，现在正是作为"国家"的日本经历日清战争后真正成为独立的帝国之时（"昨日我们让平壤陷落，今日又打赢了海洋岛之战，支那很快就不在日本的眼中占据位置了"[①]）。这样一来，与这样一种"国家"的隆盛相匹配的"国语"究竟应该是怎样的呢？上田提出了这一问题。上田并不是借助战争滋生出的反清情绪提出这样的问题的。他的本意在于指出"国语"和"国家"在各自的独立与兴盛的过程中一定有着密不可分的关系，这完全可以用德国的例子来证明。

如此一来，上田在《国语与国家》这一演讲的最后，就"国语研究"的现状，提出了下面这十二条疑问：

一、如何进行历时语法的研究？

二、如何进行比较语法的研究？

三、发音学的研究如何？

四、国语学的历史如何？

五、关于文字的议论如何？

六、如果存在通用文的标准的话，是否可以在实际的语言中应用？

[①] 『明治文学全集 44・落合直文・上田万年・芳贺矢一・藤冈作太郎集』，第113页。

七、外来语的研究如何？在对外来语的输入上有何制裁？
八、如何研究同义语？
九、如何研究同音语？
十、专门的、一般性的辞书的现状如何？
十一、日本语的教学法是怎样的？
十二、外国语的研究法是怎样的？①

上田"对国家"提议，如果与这些被问到的事项相关的研究到现在还没有开始的话，则应该尽早努力让其实行。然而，他所希望的、涉足这些研究领域的"国语学"尚且不可能存在，这完全是因为如果不是上田本人来做的话，就根本不可能实行。为什么这么说？因为上田所提出的研究方向，全部是从近代西欧语言学的理论出发的，而无法从传统的国语研究中汲取所需。也就是说，上田将"国语学"的确立作为"国家的义务"来要求，但这样一种国语学的实际情况则是与"传统"切断联系之后才可能产生的，而这正是上田的"国语"理念的核心之处。

承接这篇《国语与国家》最后部分的，是上田于一个月后的演讲《关于国语研究》。在这个演讲中，他具体地论述了国语学的方法论。一个是充满热情的书面语写成的政治性发言，另一个是平易的口语写作的学术性的提议，在有着如此不同的《国语与国家》和《关于国语研究》这两篇演讲中，其在本质性主题上的内在联系是不容忽视的。因为在上田那里，政治与科学是相互支持的，意识形态的科学性与科学的意识形态性必须从这两个方面进行考察。

---

① 『明治文学全集44・落合直文・上田万年・芳賀矢一・藤岡作太郎集』，第113页。

第六章
从"国语学"到"国语政策"

一 国语学的构想

将上田留学之前做的演讲《日本语言研究法》与留学之后做的演讲《关于国语研究》的题目进行比较的话,可以发现上田的关心对象从"日本语"转向了"国语"。正如在大槻文彦的情况中可以看到的那样,对象从"日本语"转向"国语"这一变化意味着语言观的根本发生了决定性的变动。接着《国语与国家》的演讲——《关于国语研究》——的主题是描绘"国语学"的使命,然而它是以默认对于"国语"的存立来说"国语学"是不可欠缺的部分为前提的。"国语学"是为了给尚且不明确的"国语"之相貌勾勒出轮廓,为了让"国语"这一装置运作起来而被提出的。也就是说,"国语"与"国语学"是与一般学问上的研究对象与研究方法这种关系非常不同的关系。

在《关于国语研究》的开头部分,上田明确表示出"想要把国语的地位恢复到其应有的地位"[①]这一意图,这一点可以看作是

---

① 『明治文学全集44・落合直文・上田万年・芳贺矢一・藤冈作太郎集』,第114页。

《国语与国家》中的论点之延伸。也就是说，让国语从汉语汉文的支配中脱离出来，想要让"用俗语的文脉写出的文章"与"汉文直译体"的文章享有同等地位。即便如此，上田在思考汉文与日本语的关系的时候，经常想到用拉丁语与西欧近代语的关系做类比。从这里呈现出了"日本语与之前的意大利语、德语和英语的早期情况一样，已经抵达了新的时代"[1]这样的认识。

《国语与国家》中"国语"虽然被赋予了政治性的意味，但是在《关于国语研究》中，"国语"的重点却被放置在了学术性的观点上。如上所述，正是两者的相互作用下，上田语言思想的整体性才得以成型。

上田对"至今为止的国语学者"进行了以下几点的严厉批判。首先是他们"总是使用上古、中古的语言，而对近代的完全视而不见"。另外一点是，"只对文章中的国语进行研究，而谈话上的语言则完全弃之不顾"[2]。这是上田于留学前对"语言语文学的区别都分不清的和学者"进行批评时已经说过的、没有什么变化的观点。也就是说，必须要认真观察现在正在说的"语言本身"。然而，这一视点往前发展的话，就会产生出对"国语"的概念来说极其重要的认识。也就是"明确地区分出国文研究与国语研究"。上田认为，"国文学主要应该是关于日本特有的文章……（即）所谓日本的美文学或者说纯文学"的研究，与此相对，"国语学"应走的道路是：

---

[1] 『明治文学全集 44・落合直文・上田万年・芳賀矢一・藤岡作太郎集』，第115页。

[2] 同上，第116页。

> 国语学主要应该做的是关于日本的语言，特别是关于其法则的研究。因此国语学应该只是将国文学者的语言作为日本语言的一部分来看待，其他的如大工左官的语言、奥州萨摩的方言也一样，应该更为重视这一类的语言。国语学者应不问古今、东西、男女、高低、贵贱，也不论老少贤愚，应该设计所有人的语言，让所有人自然地、明了地正确地说话，正确地阅读，并以此为实际的终极目标。这之后的雕琢才应该交给国文学者。①

这里所说的并不仅仅是"国语学"与"国文学"在研究方法、领域上的不同。"国语"与"国文"是其存在方式本身就非常不同的事物。到此为止被众多论者使用着的"国语国文"这样的说法，上田之所以完全不使用，是因为明确地意识到"国语"与"国文"之间的不同。这已经不是"国语"是"语"的层面，"国文"是"文"的层面上的问题了。"国文"仅限于主要是出于美的目的书写的文章，与此相应，"国语"没有必要被写成文字，它跨越不同的表现目的、表现手段，甚至不限定说话人属于哪个社会阶层，也不限定其地域，而变成了无差别地包括语言所有的表现的全体概念。

支撑着对上田的"国语"概念的理解的是上述已经提及过的，明确的"现在性"——在语言学方法论的层面来说就是共时性的意识。正在被说的话、被写下来的文字才应该是"国语"的根据所在之处。由此，为实现"国语"的彰显，正如落合直文的《中等教育

---

① 『明治文学全集 44·落合直文·上田万年·芳贺矢一·藤冈作太郎集』，第 116 页。

国文规范》(1892年，明治二十五年)、大槻文彦的《广日本文典》(1897年，明治三十年)中所示的那样，那种企图从"中古文"那里找到国语的规范的态度，对上田来说是完全不能接受的。在这一点上，上田对在古文中寻求规范的国语研究、国语教育的现状进行了猛烈的批判：

> 想用上古以及中古文语言上的规则支配明治的伟大而杰出的语言语法，这是我等完全不可理解的事情。然而教育者连议论都没有，还在用《徒然草》《十训抄》认真地教授着国语，好像丝毫没有问题一样。①

的确，上田主张日本语应该摆脱汉语汉文的桎梏，批判了轻视日本语的汉学者和洋学者的态度。所以说，上田并不是站在和学者的立场上的。对于以坚定的现在性意识为根基的上田来说，不如说和学者所尊崇的古文是应该排除的，只有"极为自然的、极为易记的、对谁来说都可以明白的语言和问题"②才能够成为"国语"的基础。因而，这一认识是上田"为什么不为两万或二十万的和学者、诗学者制定标准语，而为四千万同胞的标准语竭尽全力"③这一吁求的出发点。

正当这样的"国语"与"国文"相分离，经由构成"国民"的

---

① 『明治文学全集 44·落合直文·上田万年·芳贺矢一·藤冈作太郎集』，第117页。
② 同上。
③ 同上。

所有说话人的使用而使其具有全部语言表达的概念的这个时候，到此为止可以说完全没有被发觉的"标准语"的问题，突然带着全新的意义呈现在了眼前。因为如果这样去理解"国语"的话，它就并不只是文章用语的规范，而是无论如何都会遇到日常用语本身的规范应该如何进行选择这一课题了。

然而在那个时候，上田尚未对响应"标准语"的"文体"有什么明确的意见。《国语与国家》的末尾刊登的质问事项中，只不过是提出了"如果存在通用文的标准的话，是否可以在实际的语言中应用？"这一问题。并且，《关于国语研究》中有"俗语体的文"这样的说法，但是这里提倡的是，通过制定新语法确立"明治的伟大的通用文"。如此，这个时候上田的文体观始终是在作为明治书面语的"通用文"的范畴之内的。

上田将"标准语"和"言文一致"视作与"国语"理念内在相连之物来看待，是在1895年（明治二十八年）的演讲《关于标准语》中。在之后1900年（明治三十三年）的《内地杂居之后的语学问题》，以及到1902年（明治三十五年）的国语调查委员会发足时上田是沿着这一认识前行的。

二 标准语与言文一致

1895年（明治二十八年）上田以"关于标准语"[①]为题进行了

[①] 这篇论文没有收录在『明治文学全集44・落合直文・上田万年・芳賀矢一・藤岡作太郎集』一书中。而是收录在了吉田澄美、井之口有一编的『明治以降国語問題論集』一书中，见第502—508页。引用自此书。

演讲，这个演讲第一次将"标准语"这一概念介绍到日本。在这次演讲中，上田将标准语定义为相当于英语的 standard language、德语的 Gemeinsprache，"与所谓的方言不同，全国国内到处、所有的地方都可畅通，带有可让大部分人理解之效力"，"在一国之内作为模范被使用的语言"①。如果问日本是否有可以称之为"标准语"的语言，上田认为在当时的状况下并不存在。但是，有应该成为标准语的语言。这就是作为"大帝国首府的语言"的"东京话"。上田说，在日本"现如今的东京话应具有享有其应有的名誉之资格"②，然而，"现如今的东京话"究竟是指什么呢？

正如在第一部中所说，在明治二十年代初的二叶亭四迷、山田美妙言文一致的小说中，"东京话"已经获得了某种特权地位。只不过，这时候的"东京话"被当作是"江户语"的延续，而上田则有意识地将"东京话"与"江户语"在连续性上切断关联。上田认为可成为"标准语"的基础的"东京话"是不同于"ベランメー"③的，而必须成为"有教养的东京人说的语言"④。标准语是"东京中层社会的语言"这一规定是首先在1904年（明治三十七年）的《寻常小学读本编纂趣意书》中明确记载的。这种理解的萌芽已经在那个时候上田的演讲中可以看到了。

另一方面，上田认为东京话也有一些缺点，不可能立刻变成标准语，而有必要进行一些"人工雕琢"。所以，上田提出了一些

---

① 吉田澄美、井之口有一编：『明治以降国語問題論集』，第502页。
② 同上，第506页。
③ 即江户时代的一种口语。——译注
④ 同上。

"人工雕琢"的手段，其中值得注意的是，通过东京话的言文一致，让文学成为"标准语制定上的一大辅助"手段[1]。

在那个时候，东京话升格为真正的标准语还是未来的事情，而且为此"人工雕琢"是必不可少的。对上田来说，有像言文一致那样的辅助手段。所以，这让持有"一切以俗语作为凭据，任其支配"观点的"某些言文一致崇拜者"[2]很难接受。

在1900年（明治三十三年）的《内地杂居之后的语学问题》中，上田的论调突然发生了变化。他像被什么催促着一样，开始火急火燎地广泛推广实现标准语的主张了。

众所周知，对于明治政府来说，成为悬案的最大的外交问题是领事裁判权的撤销，以及为了恢复关税自主权而与欧美之间进行的条约修订。终于在日清战争之后，1894年（明治二十七年）通过了第一次条约修订，修订后的条约全面恢复了法权，部分地恢复了税权。因此，明治政府决定于1899年（明治三十二年）开始实行修订后的条约。

这一条约修订中蕴含的一个问题是与领事裁判权和关税自主权同等重要的、关于外国人的内地居住之事宜。承认外国人可以在日本国范围内自由地居住和迁移的权利，这一内地杂居问题是在法权、税权的恢复问题之外，在社会中引起反响，甚至可以说是滋生了过度心理抵抗的事情。因此，围绕这一问题出现了来自各种不同立场的讨论。

比如横山源之助在《内地杂居之后的日本》（1899年，明治

---

[1] 吉田澄美、井之口有一编：『明治以降国語問題論集』，第508页。
[2] 同上，第507页。

三十二年）中说道，"内地杂居"对于明治维新之后的日本来说，可以说是与日清战争等量齐观的大事件。在这本书中，横山对内地杂居后因国外资本流入可能会给劳动者带来破坏性影响发出了警示。不过，与本书的题目相反，他分析的并不是内地杂居本身，而是对日本的产业结构与劳动运动进行了分析，特别说到了社会主义运动的必要性。在这个意义上，横山的这本书与当时很多单纯排斥外国人的论调不同。但是，即使如此，从接下来引用的部分中也可以窥见过度敏感的、防卫性的心理活动。"日清战争只不过是通过武器获得的胜利，可以说是单纯地定胜负而已。而内地杂居如果看作是在人情、道德、产业、企业心，以及劳动和技艺上决定胜负的战争的话，很难像当初以中国为对手时，以军事武器定胜负那样轻松而迅速地取得胜利了。"[①]

横山认为"内地杂居"只不过是"欧美人与和平之间"的"战争"。[②] 所以说，让上田想要逆转标准语与言文一致之间的关系的契机就是这一"内地杂居"事件。

上田万年在之前提到的《关于国语研究》（1894年，明治二十七年）这篇文章中，已经将语言问题与这一年7月的修订条约这件事联系在一起了，他说道：

> 条约修订已经完成，内地杂居也已临近，我国人有让西洋人说我们的国语的勇气吗？如果有的话，方法是什么呢？相反，他们的语言会不会逐渐扩大势力，我们的国语会不会慢慢

---

① 横山源之助：『内地雑居後之日本』，岩波文库，1954年，第14页。
② 同上，第16页。

地被轻视,就像汉语对日本语所做的那样,我们如何保证不会出现这种情况呢?[1]

也就是说,如果承认内地杂居,频繁地与西洋人进行交流的话,西洋的语言就会取代汉语,威胁到日本语的固有性了吧,这是上田所担忧的。现在来看,虽然有些小题大做的感觉,但是对于在"国语"的开拓上费尽心力的上田来说,这实际上是很认真的问题。因此,1899年(明治三十二年)实施条约修订之后,上田于1900年(明治三十三年)火速地写了论文《内地杂居之后的语学问题》。

上田的态度是,对于逼近的西洋语言的威胁不能一味地采取排外的做法,不如带着反省的意味问日本语是否具有将这种威胁阻挡在外的力量。

> 诸位,我堂堂大日本帝国的国民,是否在内地杂居之后对国语的现状仍然满足?你是否相信这样的国语在未来可以让国运上升,可以日本化外来的诸国国民以及归化后的外国人,并且成为思想界的媒介物?[2]

这之前的日本从来没有提出过这样的问题。日本语只是日本人说的语言就够了,当然甚至连这个事实也还没有被认识到。然而,日清战争以后,与诸国之间的紧张关系带来了新的语言环境。对于

---

[1] 『明治文学全集44·落合直文·上田万年·芳贺矢一·藤冈作太郎集』,第115页。
[2] 同上,第131页。

上田这样的自问，会有怎样的回答呢？上田的回答是相当否定性的。"我日本帝国的国民，一点儿没有国语上的准备，却要开始内地杂居了。"① 上田认为，日本还不存在语言上的防护壁垒般的"严格意义上的国语"，所以怀有充满忧虑的判断。

上田所谓的"严格意义上的国语"究竟是什么意思呢？就是说的和听的、读的和写的总是带有"同一的性质"，无论是谈话还是文章都可以同等地使用的语言，也就是"维护言文一致精神的国语"②。可是，据上田所说，日本语的现状不仅是谈话用语和文章用语有着明显的区分，而且无论哪个都极为混乱。

首先，文章用语中就有和文体、汉文欧文直译体、方言体、汉文体这四种文体相互竞争着。这样一种文体的不统一与就"即将到来的20世纪的东洋形势来说，（日本的）各种事物皆在激烈的竞争场里"立足这一趋势是很不相符合的。而且，在这样的状态下，"对来内地的外国人，或者被归化的我国未来同胞进行'日本化'"是不可能的。另外，在口语中也是，还没能确立"日本的标准谈话用语"。东京话还没有这样的权威性，在公开场合即使说方言，也不会受到任何"制裁"。面对这样的状况，上田认为达成国民自身自发的"国语的统一"是不可能的。也就是说，因为国民处于"还没有足够的知识去认识到所谓国语的统一、文章的统一的必要性"的状态，所以不得不承认"对于谈话用语也是如此，国民还不具备足够的学识和胆量意识到需要一种标准"。③ 如此一来，只能通过

---

① 『明治文学全集44・落合直文・上田万年・芳賀矢一・藤岡作太郎集』，第131页。
② 同上。
③ 同上，第132页。

"自上而下"地制定标准语来推动"国语"的统一化了。在这里，上田得出了这样的结论：

> 尽早将东京话确立为标准语，将此语言作为严格意义上的国语，以此制定语法、编纂一般的辞书，广泛地在全国的小学里使用，让其成为同时进行读、写、说、听时唯一的机关。……将其确立为模范语之后，对其进行保护、雕琢，让国民可以自由地发展它。[1]

之前的论文《关于标准语》中说，对东京话进行文化上的"雕琢"之后让其上升到标准语的地位，然而现在却变成了"将其确立为模范语之后，对其进行保护、雕琢"这样翻转过来的顺序了。这样一来，上田的语言思想中，标准语的制定与言文一致第一次在"国语"理念之中有了原理性的、有机的联系。言文一致已经不只是制定标准语的一个手段了，言文一致的实行本身变成了制定标准语的道路。这是上田让东京话=标准语成为所有语言活动的"唯一的机关"的意志所得到的必然结果。

虽然说"让国民可以自由地发展它"，结果却是，首先确定下来标准语，并通过学校教育，作为规范语言而灌输给国民，"国民"自身完全无法参与标准语制定的过程，而只是被放置于被动的立场上。在这里，为了让计划成功，必须要有具体地制定"标准语"并且让其渗透进教育机关的权力主体。因此上田提议在"宫内省或文

---

[1] 『明治文学全集 44·落合直文·上田万年·芳賀矢一·藤岡作太郎集』，第134页。

部省内设置国语调查会"①。以国家权力为背景的语言政策机关的设置，这一要求在这里第一次被提了出来。

上田提议的同时，1900年（明治三十三年）1月的时候，帝国教育会国字改良部（上田也参加了）向政府议会提出《关于国字国语国文改良的请愿书》②，以此为契机，同年4月文部省终于任命了以前岛密为委员长，上田万年、大槻文彦、三宅雪岭为委员的国语调查委员会。但是，这个国语调查委员会只是受文部省委托的，并不是官方的机关。

但是，正如第二章中所说，1901年（明治三十四年）2月，帝国教育会向贵族院、众议院提出了《关于实行言文一致的请愿》③，并通过了两院的决定，第二年3月作为国家机关的国语调查委员会由此起步。加藤弘之为委员长、上田为委员会主任的国语调查委员会当年7月就发表了如下的决议事项（7月4日为官报的日期）：

> 一、文字采用表音文字（フオノグラム），调查研究假名、罗马字的优劣；
> 二、文章采用言文一致体，并对此进行调查研究；
> 三、调查研究国语的音韵组织；
> 四、调查方言、选定标准语。④

---

① 『明治文学全集44·落合直文·上田万年·芳贺矢一·藤冈作太郎集』，第134页。
② 西尾实、久松潜一监修：『国語国字教育史料総覧』，第107—109页。
③ 吉田澄美、井之口有一编：『明治以降国語問題論集』，第288—289页。
④ 文部省教科书局国语课编：『国語調査沿革資料』，1949年，第59页。

基于这个决议事项，国语调查委员会开始着手日本语的语言学调查工作。由此产生出《国语国字改良论说年表》(1904年，明治三十七年)、《方言采集薄》(1904年，明治三十七年)、《音韵调查报告书》(1905年，明治三十八年)、《现行普通语法改定案调查报告之一》(1906年，明治三十九年)、《口语法调查报告书》(1906年，明治三十九年)等重要的著作。

然而，上述决议事项无论怎样诉诸"调查"，国语调查委员会的终极目的是"标准语的选定"这一语言规范的确立，然而在那时这也是以语言的真髓存在于口语这一认识为前提的。不用说，第二项"采用言文一致体"的决议是其直接结果。并且，第一项关于"表音文字"的决议也是远超"调查"这一范畴的，这一点不容忽视。正如在《语言学杂志》中对这份决议事项做出解说的辅助委员保科孝一所清楚论述的那样，这份决议旨在某一天将汉字全面废除。[1] 据上田所说，对于语言来说，本质上一定是声音，而不是文字。由此，像汉字那样不表示声音的表意文字是违背语言的本性的。因此，只剩下在作为表音文字的假名和罗马字之间进行选择，或者制造新的国字这样的讨论了。上田自身就像他在被任命为国语调查委员后，于《太阳》杂志上发表的言论"罗马字作为国字，比用汉字、假名文字、新文字更具优势，在我看来这是当然的事情"[2] 所表露出的那样，可以确信他是汉字废绝论者，是罗马字论的拥护者。

---

[1] 保科孝一：「国語調査委員会決議事項について」，吉田澄美、井之口有一编：『明治以降国語問題論集』，第116页。
[2] 『太陽』第六卷第六号，1900年6月，第102页。

第三项"调查音韵组织"与第四项"调查方言"表面看上去像是以学问为目标,实际上这两项是在为"标准语的制定"做准备工作。上田多么努力地主张标准语制定的必要性,从上文可以见到。但是,如果让标准语普及的话,一定会发生与方言之间的语言冲突。第四项的"调查方言"意味着对作为应该消灭的对象的方言进行实际调查。再加上第三项的"调查音韵组织"是为标准语教学的时候以方言使用者为对象进行的"发音纠正"而做的准备工作。

国语调查委员会的决议事项可以说是上田万年语言思想的集大成之作。如此缜密的计划在促使国语调查委员会诞生的帝国教育会的两篇请愿书《关于国字国语国文改良的请愿书》和《关于实行言文一致的请愿》中还没有被明确地提出。为国语调查委员会带来这一问题之设定的正是上田万年。在这里,国语的语言学调查与"标准语制定",即学问上的记录与制度上的规范设定这两个原本对立的异质之物毫无矛盾地、以出乎意料的方式联系到了一起。然而,让这一切成为可能的,别无他物,只能是上田创造出的"国语"理念。因此上田万年在这之后作为国语调查委员会的主任,从实质上主导了这个委员会。

三 国语政策与国语学

1898年(明治三十一年)上田召集新锐的语言学者创立了"语言学会"。这个学会从1900年(明治三十三年)2月开始发行机关杂志《语言学杂志》,并决定在杂报栏使用口语体。并且,众多论文也使用口语体来刊载关于言文一致的研究和报告,积极地配合言文一致运动的方向。虽然并没有广为人知，但其实与"言文一致"有关的"口语体"这一造词是《语言学杂志》首先使用的。①

《语言学杂志》中论及的言文一致论深刻地反映了上田的语言思想。比如在东京大学师从上田的藤冈胜二在《言文一致论》（1901年，明治三十四年）中写道："说到言文一致，并不是将日本语照原样写下来。……国语必须是统一的，为达到此目标，只要其尚未达成统一，我们就需要克服很多困难。……我们必须建立统一的标准语，并且用标准语来替换方言，使其成为可写下来的文字。换句话说，言文一致就是用标准语来进行书写。"② 所以，标准语的实质是"在东京受过教育的社会人的语言"。

如此一来，言文一致就有了从方言转换到标准语之手段的意味了。但是，藤冈说，"拥护言文一致意味着教授一种叫作言文一致的书写文体"③，言文一致体完全被作为了一种文体样式。但是，保科孝一的论说更推进了一步，甚至连这一点也被否定了。

担任国语调查委员会辅助委员的保科孝一给1902年（明治三十五年）7月的《语言学杂志》寄去了题为"关于国语调查委员会决议事项"的报告书。在其中保科认为，对于标准语的选定来说，如果对全国的方言进行调查，从中选取个别的形式的话就太过人为了，因而"首先应该选定方言的标准，对标准进行人工的修饰，之后创造出良好的标准语"。方言调查是为了让标准语"纯正

---

① 关于言文一致运动时上田万年与《语言学杂志》发挥的重要作用这一点，可参见山本正秀：「上田万年の口語文体成立上の功績」，『言文一致の歴史論考続篇』，樱枫社，1981年，第424—451页。
② 吉田澄美、井之口有一编：『明治以降国語問題論集』，第343—344页。
③ 同上，第349页。

雅醇"而做的"参考工作"、修正手段。标准语最好采用"东京中等社会以上使用的语言"[①]。

另外，对于言文一致，保科说："言文一致体是一种文章样式，但并不是在哪里存在着的，标准语即是言文一致体，所以标准语被选定后，言文一致体的样式也就确定下来了。"[②]

在保科这里，言文一致与标准语之间的关系是相反的。言文一致并不是标准语制定的前提，相反地，标准语的制定成了言文一致的前提。如此一来，言文一致曾具有的变革精神被忘得一干二净，且被并入了国家的标准语政策中。"言文一致"的冒险精神被"标准语"的思想抹杀殆尽。

这样一来，以国语调查委员会为中心进行的国语政策——其中最为重要的课题是标准语的制定——作为其支柱的是上田的"国语"理念。然而，上田一方面主张国语与国家之间密不可分的联结，另一方面又反复地哀叹真正意义上的国语现在还不存在。那么，尚且不存在之物如何与国家联结在一起的呢？另外，以不存在的国语学为对象，研究些什么呢？在这里需要思考的是，"国语"并不是已经完成的、存在着的实在物，它实际上是作为理念被把握的价值。正如前章所示，上田认为国语学的设立是"国家的义务"。国语学并不只是"为了国语"，也有必要"为了国家"，这并不仅仅是因为国语学与国家的语言政策直接相关，而是因为，"国语学"持续不断地制造出在一部分国家的价值系统中起着作用的"国语"。也就是说，国语学并不是研究已经确定存在着的国语。相反，生

---

① 吉田澄美、井之口有一编：『明治以降国語問題論集』，第112—113页。
② 同上，第115页。

产、再生产被称为"国语"的理念价值才是国语学这一学问的第一目的。因此，国家基于这个不容置疑的价值系统，让实在物变得与自身目的相匹配。

的确上田清楚地展示出"国语"与"国文"存在样式的不同，并将"国语"作为超越样式上的差异、包括了语言表现全体的概念来把握。但是，在这里时常有一种保留意见纠缠其中，即国民现在说话用的语言的总体，并不能直接变成"国语"。在《关于国语研究》中上田指出，在国民之间实现"正确地说话、正确地书写"才是国语学的"终极目的"。① 正所谓国语学并不研究国语，而是为了实现国语这一理念而进行的语言研究。对于国语学而言，客观显示的分析只不过是其手段。国语学首先是以规范设定为目的的学问，因此离开国语教育、国语政策的实践，国语学这一学问自身是无法成立的。对上田而言，国语教育、国语政策并不只是国语学在应用领域的表现。"国语"在成为学问的客观对象之前，必须成为教育和政策的实践对象。须再一次强调的是，"国语"不可能只是说出来写下来就足够了的实在物，它是通过不断地意识化来维持的理念上的，同时也是实践上的价值符号。

四 被教育的"国语"

那么，在教育政策的场合"国语"占据了怎样的地位呢？

之前已经提到，1886年（明治十九年）的中学校令之后，设

---

① 『明治文学全集44・落合直文・上田万年・芳賀矢一・藤岡作太郎集』，第116页。

置了中学校教育科目之一的"国语及汉文",其教育内容规定为"汉字以及汉文的阅读、听写以及作文"①。然而日清战争开始的1894年(明治二十七年),在采取尊重国语方针的文部大臣井上毅的指示下,一方面取消了汉文的听写与作文,只剩下阅读;另一方面国语授课的时间由原来的每周五小时增加到七小时。这一改正基于文部省"国语教育是培育爱国心的材料"②的教育方针。所以,之前被重视的汉文可以说只需死记硬背地理解就好了,取而代之的是占据了优越地位的"国语"。这是日清战争前后高昂的国粹意识在教育政策上的反应,同年上田的演讲《国语与国家》也与这样的时代交相呼应。

但是,更为重要的是1900年(明治三十三年)8月的《改正小学校令》的实施,使得之前的读书、作文、习字三项分开的教科书在"国语科"的名目下统一起来了(另外,同年4月文部省内任命了国语调查委员)。在这里,第一次在小学校里出现了"国语"这个教学科目。因此,基于修订后的《小学校令》而编写的《小学校令》实施规则中出现了"读本的文章须简单明了,用规范语言国语进行书写,内容须能使儿童身心愉悦、诚实正直"这样的内容,至此为止并没有被明确表述过的教学上的"国语的规范"这一目的清楚地写在了纸上。③与此同时,到此为止一直是主流的读本教科书《国文读本》的名称变更成了《国语读本》。

---

① 增渊恒吉编:『国语教育史资料第五卷・教育课程史』,东京法令出版,1981年,第71页。
② 海后宗臣编:『井上毅の教育政策』,东京大学出版会,1968年,第244页。
③ 增渊恒吉编:『国语教育史资料第五卷・教育课程史』,第50页。

再加上与此相呼应的，1901年（明治三十四年）4月制定的《中学校令》实施规则中，"国语及汉文"这一科目并没有变化，但是"教授阅读时国语和汉文主要以当下的国文为主，在高年级再介绍古代的国文，教会学生使用简单而实用的语言"，这样一来现代文的学习被放置在了基础阶段。① 这是为了重视从小学到中学国语教育的一贯性，因此，曾经是学习重点的汉文与古文下降到了从属的地位。

至此，与上田万年在理论上完成的"国语理念"相对应，国家的教育制度中"国语"无论是从内容上还是意图上都鲜明地展现出了其样貌。以1886年（明治十九年）的《小学校令》为出发点，明治三十年代前半段的教育改革大体上完成了近代教育制度的确立，这一制度建立起了与国家体制相呼应的国民教育。但是，在这之中，《小学校令》的修订是最为重要的事情。在这里特别需要写上一笔的还是小学校的"国语科"的设置。为什么呢？因为这不仅仅是科目名称的变更，而是汇集并表现出了要求确立"国语"理念的各种社会意志。小学校里也渗透了"国语"理念，意味着为了让"国语"成为所有国民可以意识到的规范价值，自此形成了制度性的基础。

这可以说标准语政策的第一步是1900年（明治三十三年）的《改正小学校令》和1903年（明治三十六年）发足的基于教科书国定制而著成的第一本国定国语教科书《寻常小学读本》（1904、1905年，明治三十七、三十八年）。在这本教科书中，汉字节减、假名字体的统一、使用假名并标注读音、大量使用口语体（用敬语

---

① 增渊恒吉编：『国語教育史資料第五卷・教育課程史』，第73页。

的"デス"、常用体的"ダ"替换"デアリマス")等做法，乍一看指向的是进步的方向，但最终的目的无非是标准语教育。根据其"编纂趣意书"所说，"文章多用口语体，主要以东京中流社会的语言为主，使其知道国语的标准，以求统一"①。

另外，需要注意的是，从教科书的开头开始，就异样地标有绵密的对发音的矫正。在第一册中出现的文字与单词就以"方便矫正发音的顺序"排列着，比如东北地区的"エ""シ"和"ス"的混同，东京的"シ"与"ヒ"的混同，九州地方的"ダ行"与"ラ行"的混同等。比如最初出现的文字是イ、エ、ス、シ，在其旁边画着枝、雀、石头的图画。正可谓"制定标准音并由此实现发音的统一、统计"(参加了教科书编纂工作的保科孝一的话②)这一意图无处不在地扩大开来。③

通过这个国定教科书所采用的划时代的方针——被保守派认为是对国语传统的破坏——经由可以将一切统一起来的"国语"这一视角的设定，才第一次有了实现的可能。这样一来，国字改良、言文一致、标准语制定等贯穿于明治语言史中的各种问题，都容纳在了"国语"理念中，并给了它在以国语调查委员会为中心的国家语

---

① 吉田澄美、井之口有一编：『明治以降国語問題諸案集成／語彙・用語・辞典・国語問題と教育編』，第 477 页。
② 保科孝一：「国語調査委員会決議事項について」，吉田澄美、井之口有一编：『明治以降国語問題論集』，第 111 页。
③ 顺便一提，父亲、母亲、哥哥、姐姐这些亲昵的称呼首次在这一教科书中登场，家族的称呼在此被统一化了。这在语言这一表象制度中，可以视作"家族"已完全编入到了国家支配体制中了。并且这已经体现在了法律层面上，以 1898 年（明治三十一年）的民法公布为契机，武家的家族法就连一般民众也需强制实行。

言政策中的恰当位置。在这个意义上,可以说"国语"理念的确立是明治语言史上最重要的事情。

五 从"国语"到"帝国语"

正如上文论述过的,上田将语言的现在性意识作为最主要的支柱,并将这种现在性意识植根于明治国家中。上田的国语观可凝缩为"国语是皇室的屏障,国语是国民的慈母"[①],这就清楚地指出了"国语"在日本应该有怎样的模样。上田还将投向"外部"的目光带入了国语理论中,并且,对于日本的"国语"创造来说,不断地以欧洲的近代国家为模板来进行思考。所以上田与此前的"国语"论者不同,可以从一开始就大胆地谈论"国语和国家"这一本质所在。上田的构想中另一个值得注意的想法是,企图对来日本的"外国人"进行日本化。将"国语"作为对汉语和外语之威胁的对抗,这一防卫之说并不是什么稀奇的主张。但是,通过国语教育实行民族同化政策,却是以前的国语观中未曾有的。上田深刻地体会到,通过"国语"实现的"民族"的同质化、统一化对近代国家的存立来说是必不可少的课题。这样一种与近代国家同一化的语言意识可以视为以前文学传统下的语言意识完全预想不到的新事物。这就是"国语"的"对外发展"之道。

上田在《关于国语研究》这一演讲的开头说道,他自身主办

[①] 这一有名的说法是在上田万年的『国語のため』的题词中刊登的,并没有被收录到『明治文学全集44・落合直文・上田万年・芳賀矢一・藤岡作太郎集』中。

的国语研究会并不仅仅从事对过去到现在的国语进行研究之工作。"我们……致力于国语的锤炼,这样一来就可以创造出日本全国通行的语言了,而且(我们)有很大的决心想要创造出和东洋的学术、政治、商业有关的人,不管是朝鲜人、支那人、欧洲人还是美国人,都必须会的东洋全体的普通话。"①

虽然三宅雪岭曾经提出为了支配亚洲,其中一个手段是利用汉字这一"东亚汉字"的优势,但是没有人想要将日本语本身用作"东洋全体的普通话"。然而,可成为"东洋全体的普通话"的"国语",其背后并不是"和"(日本)的文化传统,而是以西欧为模型的迈向近代化的明治国家。正因如此,标准语的制定这一国内问题与日本语的对外发展这一国外的问题,被构想成同一个问题的连续过程。

1902年(明治三十五年)的《国民教育与国语教育》中,上田进行了更为清晰的表述:

> 现在我们进入了一个时代,在日本国内我们必须有效率地、协调地进行工作,对于外部的事情也必须大胆为之。开拓支那等是日本国民应该积极去完成的事情。东洋发生什么事情的时候,也应该是由日本国民去解决这些大问题。……所以如果统一国语的话,向支那推广、向朝鲜推广、向印度推广是值得考虑的事情。……必须尽快地研究出如何才能让日本人无论到哪里都能让日本的语言、日本风格的文字扎下根来,让其他

---

① 『明治文学全集44・落合直文・上田万年・芳贺矢一・藤冈作太郎集』,第114页。

国家的人使用这样的语言与文字。……国语问题并不只是为了本国国民的养成，更进一步地讲它关涉到让日本的语言在亚细亚大陆推而广之这一问题。①

对于虽然下手晚了但也可以与逐步完成了殖民地分割的欧美帝国主义列强相竞争的日本来说，"亚洲"被认为是其应该获得的"外部"。因此，彼时日本第一次感受到了来自西欧的自立性，促使其燃起"东洋的盟主"这一自觉。

将这一自觉与"国语"结合来看，从统一的视角出发囊括了"国民统一"与"对外发展"课题的上田的"国语"概念，是最应该受到瞩目的。对上田来说，"国民统一"就像已经如此一样，"在大陆推广国语"这一想法并不单单是追随国家政策的投机主义所持有的观点，而是从"国语"理念本身生长出来的东西。这一点可以从上田给大矢透的《国语溯源》一书写的序文中看出：

  现如今，大矢应（日据）台湾总督府之招，致力于国语教授。希望写作此书的热心与学识能够迅速地改变该岛的国语教授法。明治的国语学者对于德川时代的国语学者而言，有其独特的值得夸耀之处，那就是享有在新领地扶植我国神圣的国语之名誉。②

---

① 『明治文学全集 44・落合直文・上田万年・芳贺矢一・藤冈作太郎集』，第 154—155 页。
② 同上，第 168—169 页。

这是令人吃惊的言论。"在新领地扶植国语"如果是为了国家名誉的话，尚可理解，但这里却是为了国语学这一学问自身的名誉。这说明明治创造出的国语学这一学问，从一开始就具有政治性。这并不只是因为国语学与国家的语言政策有关，还是因为其作为学问的理论、方法、设定的对象，甚至实践的目的都是政治性的。

上田所完成的"国语"理念，正是国语学的政治性之母体本身。如此一来，只要是国语教育可以给国语学以根据，同时也成为其首先的应用，那么通过标准语制定进行的国语统一也好，国外殖民地的语言政策也好，就都被放置在"国语"理念赐予的舞台之上了。因此，在语言意识中"国语与国家"的联结只要不被怀疑，那么就绝对不会产生出对其进行批判的视角。

像这样，上田万年将从各种角度谈论的语言问题在"国语"的全体像中统一进行定位。在这个意义上，上田历史性地综合了日本明治初期以来的语言问题。但是，随着"国语"理念的完成，标准语制定与殖民地语言政策的问题也随之浮出水面，这意味着"国语"进入了新的阶段。大体而言，从"明治日本"到"帝国日本"的展开过程也在语言上呈现了出来。上田促成的"国语"理念的完成恰好扮演了转换点的角色。由此，这以后的日本的语言问题，既包含着在这里论及过的事情，又呈现出不同之处，对此需要另外的讨论方式来对待吧。

六　后来的上田万年

实际上，上田万年所处的位置变得很微妙。

《国语与国家》这一论稿毫无疑问在"国语"思想史上具有开

创性的意义。但是，那时的日本还没有殖民地。后来通过日清战争侵占了台湾，通过"日韩合并"获得了殖民地朝鲜，日本由此结束了由一个民族构成的大家族的时代，尽管不如上田视作反面教材的奥匈帝国那样，但日本也成了正式的多民族国家。可是在这种情况下，殖民地民族的"母亲的语言"并不是日本语，日本语究竟如何确保"国语"的地位呢？也就是说，"母亲的语言＝国语"这一上田确定为其论据之一的等式，出现了很大的裂痕。这之后被时枝诚记视为问题而提出的，也正是这一点。①

然而，上田并没有拘泥于"母亲的语言＝国语"这一等式。首先，上田一边强调"母亲的语言"的价值，另一方面他使用的是"Muttersprache"这一德语词，而并没有使用"母语"这一日本语词。上田万年和松井简治编写的《大日本国语辞典》（1915 年，大正四年）中并没有"母语"这一词条［并不是说在当时还不知道"母语"这一词语。大槻文彦的《大言海》（1932—1937 年，昭和七年至十二年）中有"母语"这一词条，并为其添加了"英语 Mother Tongue 的翻译语"这一说明］。

上田晚年的著作《国语学十讲》（1916 年，大正五年）向一般读者通俗易懂地讲解"国语学"的方法、目的，同时也直截了当地反映出上田万年的语言思想与时代之间的关联，由此可以说是非常重要的著作。然而上田在《国语与国家》中热情洋溢的样子，在这

---

① 时枝诚记：「朝鮮に於ける国語政策及び国語教育の将来」,『日本語』, 日本语教育振兴会、1942 年 8 月号，第 54—63 页。也参考了石刚：『植民地支配と日本語』, 三元社, 1993 年, 第 138—142 页。以及川村湊：『海を渡った日本語』, 青土社, 1994 年, 第 236—247 页。

里已经不存在了。

上田认为，"要给国语下定义的话，如果要让它在各种场合都普遍适用的话，是非常困难的"。据上田所说，"国语是指一个国家的人民使用的语言"这一解释非常不充分。日本有"朝鲜人、阿伊努人、（中国）台湾的土人蕃人"。这些民族说话用的语言该如何进行定位呢？上田这样说道：

> 国语这一考虑是与统一的国家相关的，国民精神的统一通过国语的统一来实现，国家的组织通过国语来巩固，所以国语是形成一个国家的国民的核心民族的语言，这一语言必须具有让全国国民统一的力量。……我们大和民族在过去是国民的中枢，将其他异种异族进行了同化，并维持了今日的国家。将来也一定是如此。……我国的国语长久以来很好地包容了外来成分，将其不断地融化，保持了纯洁的、国民中枢的大和民族的语言，并没有失去统一的力量。我们不能让国语的统一力量消逝，而是希望将它的纯洁保持下去。①

由此，"母亲的语言＝国语"这一等式只适用于"大和民族"内部，上田对此非常了解，并且他认为统治民族与被统治民族之间必须有难以跨越的断崖。但是，那个时候上田想要自然化语言与国家关系的打算在此不可避免地露出了破绽。因此，为了让语言相关的理论保持一贯，并且贯彻殖民地支配与同化主义，需要有与"母亲的语言＝国语"处于不同维度的概念。在那里保科孝一提倡的

---

① 上田万年：『国语学の十讲』，通俗大学会，京华堂，1916年，第36—38页。

"国家语"的概念带有这样的意义,但是尚未被世人注意。

然而,关于声音与文字之间关系的考虑,上田始终保持不变。上田认为"像日本语那样的,开国以来在国民之间纯粹地口口相传的语言,世界上再也没有了"①,然而日本语的"纯洁"并不存在于文字中。上田持续性地对尊重汉文的文学者以及轻视方言的学者进行批判。他认为"对国民具有团结力的完全是嘴里说的语言,是'口语'上的一致性"②,"文学中留下的国语,除了学者之外,并不是现在一般国民的脑海里的国语"③。

实际上不是文字而是声音、不是书写语言而是口语才是"语言的本质"这一观点,才是贯穿上田的语言思想的一个支柱。从这个立场来看,上田坚持一贯地主张着废止汉字以及采用罗马字。

> 如今即便是农夫野人用的日本语,这种日本语也比汉语或者西洋语要贵重得多,它是祖先赐予我们的。……守护从来的日本语,在世间使用它,并将其作为帝国语言介绍到世界上去,在今后这是一件愉快的事情。④

> 我排斥汉字尊重国语,同时也考虑让国语穿上罗马字的外衣,将其推向世界的舞台。⑤

---

① 上田万年:『国語学の十講』,第21页。
② 同上,第22页。
③ 同上,第24页。
④ 同上,第185页。
⑤ 同上,第186—187页。

这种"国语改革"的主张，在当时的日本的知识土壤中不可能被接受。即便担任着东京帝国大学国语学讲座主任教授，并高居主导文部省国语政策的文部省专门学务局长这一要职，上田的语言思想还是被无视了。上田慨叹道：

> 日本人对于自己的祖先使用的语言，自古传来沿用至今的语言——即国语，是非常冷淡的，实际上对于国语而言完全没有国民的自觉力。①

> 大正的今天也是，活着的语言依然没有充分地得到国民的重视，没有同情理解，也没有保护奖励。②

虽然"沿用至今的语言""活着的语言"才是"国语"真正的样子，但如果没有"国民的自觉力"的话，"国语"真的存在吗？只是被"说"却没有被"意识到"的"国语"是不符合"国语"之名的。正因如此，上田的"国语学"背负着在实践上揭晓"国语"之面目的任务。

另外，在《国语学十讲》中可以看到充满自嘲的悲观的语言：

> 我明治二十七年留学归来之时，恰逢与清国开战之际，那是国民对清国的敌忾心非常旺盛的时期，在从汉字汉学中独立

---

① 上田万年:『国語学の十講』，第2页。
② 同上，第5页。

出来、解决国语国字问题上,这是非常好的机会。①

　　然而这一运动在日俄战争之后,特别是在战胜之后,我国察觉到东洋的文化制度远比泰西的文化制度优越,所以就转而维持东洋的文化制度了。换句话说,日俄战争后日本的社会,比如教育中唤醒了非常复古的潮流,变得极为保守了。……如此一来,国语国字问题在教育上被过于重视,今日让人感觉到像是退回到了日清战争以前、明治维新后的形势了。②

因此上田用以下这些充满悔恨的话为全书作结:

　　结束之际还想说一点,关于很多问题我如败军之将。如称为"将"有僭越之嫌的话,那么可以说是败军之兵。在我这个时代里可以做的事情我想竭尽全力去做,但社会经常不对我表示同情。我相信,无论如何正确的事情都会善终。我相信我在明治三四十年代所说的、所做的一些事情,将来终归会成功的。③

究竟为什么上田称呼自己为"败军之将"呢?"保守的""复古的"潮流究竟指的是什么?关于这些也许可以通过上田万年之后的语言思想的潮流来进行理解吧。特别是,追溯上田的忠实弟子保科孝一的足迹,也许会为我们带来答案。

---

① 上田万年:『国語学の十講』,第171页。
② 同上,第172—173页。
③ 同上,第188—189页。

第三部

国语学与语言学

第七章
被遗忘的国语学者保科孝一

一　从上田万年到保科孝一

在第二部中，介绍了上田万年是如何在近代语言学上建立起新的国语学之基础的。携有上田的意志与热情的是上田万年门下一批批地出现的众多优秀的语言学者、国语学家，如新村出、小仓进平、金田一京助、桥本进吉、藤冈胜二、冈仓由三郎等。但是，在语言政策与语言教育方面全面且忠实地接手了上田工作的保科孝一，现在却是完全被遗忘的人物。在进入正题之前，首先看一下保科孝一简单的年谱：

  1872 年（明治五年）　　　　　山形县米泽市出生。
  1889 年（明治二十二年）　　　第一高等学校入学。
  1897 年（明治三十年）　　　　东京帝国大学国文科毕业。直接被录用为上田万年创设的国语研究室的助手。
  1898 年（明治三十一年）　　　文部省图书课顾问。负责国语国字问题的研究调查。
  1900 年（明治三十三年）　　　东京帝国大学文科大学讲师。

1901年（明治三十四年）	同大学助理教授，并任东京高等师范学校教授。
1902年（明治三十五年）	国语调查委员会官制公布。保科担任国语调查委员会辅助委员。
1904年（明治三十七年）	参加最初的文部省国定教科书编纂。
1911年（明治四十四年）	为调查国语教育、国语政策，赴德国、法国留学两年。
1913年（大正二年）	6月国语调查委员会官制废止。保科于2月回国。
1916年（大正五年）	担任文部省普通学务局"关于国语调查顾问"的主任。
1917年（大正六年）	月刊杂志《国语教育》创刊，担任编辑主持。杂志于1940年（昭和十五年）终刊。
1921年（大正十年）	发布临时国语调查会官制，保科担任干事。
1923年（大正十二年）	发表《常用汉字表》。
1924年（大正十三年）	发表《假名用法改定案》。
1927年（昭和二年）	辞去东京大学助理教授之职。
1930年（昭和五年）	东京文理科大学教授。发布临时罗马字调查会官制，保科担任干事。
1931年（昭和六年）	临时国语调查会发表了《常用

	汉字表》《改定假名使用法》的修改版。保科关于"国语国字问题"进行了"御进讲"①（6月18日）。
1934年（昭和九年）	国语审议会官制发布。保科就任干事。
1937年（昭和十二年）	根据临时罗马字调查会的答申文部省发布了"训令式"罗马字缀表。国语审议会发布"汉字字体整理案"。
1940年（昭和十五年）	在东京文理科大学教授任上退休。在同大学担任名誉教授。
1941年（昭和十六年）	伴随官制改正，就任国语审议会干事，直到战后一直就任此职。
1942年（昭和十七年）	国语审议会发表《标准汉字表》。引起了国粹派的激愤。
1955年（昭和三十年）	逝世。

　　如果现在保科孝一还被记得的话，回顾他所做的事情的时候也只是把他当作战后《现代假名用法》和《常用汉字表》中的"国语改革"先行者，并且在制度层面上从战前就努力实现这一改革的人而已。很长时间在保科身边从事"国语改革"工作的吉田澄夫对

---

① 即在天皇、贵族面前讲解学问。——译注

"始终在建立基础的保科孝一"的功绩称赞不已。[①] 在这里"建立基础"的意思是指战后终于实现了的国语改革曾历经的长年的准备。

保科从1898年（明治三十一年）担任文部省顾问开始，一直坚持主张将使用表音式假名、废止汉字作为限制汉字的最终目标，以及在官方机构中使用口语文。不必说，这一立场也是上田的立场，保科一板一眼地、忠实地坚守着这一目标。之后我们可以看到，那时，这一主张让固执于"国语传统"权威的保守派多么地气愤。

可以说保科典型地展现出国语改革者的形象。因此，从如何认识战后的国语改革这一立场来看，对保科的工作所做的评价明确地分为两种。改革赞成派谈到"战前开始一直在文部省国语科，作为国语审议会的干事长暗地里经受了劳苦的保科孝一"[②]的时候，充满尊敬。而在"将国语国字的简化、合理化……视作伤害民族传统的破坏活动"的人看来，"保科这个人长期在文部省，将国语改革这一国家事业当作一党一派的见解来实行，是个麻烦的男人"。[③]

对于现代日本语史来说这暗示了特别重要的事情，即持续主导战前的教育行政的文部省中枢部门，实际上保存着战后"国语改革"的种子。这个事究竟该如何解读呢？

第二次世界大战后保科出版了回想录《国语问题五十年》，正

---

① 吉田澄夫：「土台作りに終始した保科孝一」，波多野完治、岩渊悦太郎、平山辉男、大久保忠利监修：『新・日本語講座9・現代日本語の建設に苦労した人々』，汐文社，1975年，第205—216页。
② 大久保忠利：『一億人の国語国字問題』，三省堂，1978年，第43页。
③ 杉森久英：「国語改革の歴史（戦後）」，丸谷一才编：『日本語の世界16・国語改革を批判する』，第106页。

如题名所示，保科在这本书中将战前日本的国语政策之轨迹原封不动地记录了下来。然而实际上，保科的每一个计划都遇到了挫折。保科所期待的那种"国语改革"的实现也是在战后才终于如愿。

保科自己也认为自己为第二次世界大战后实现的"国语改革"做了先驱性的工作，并为此有些洋洋得意。他在解说《现代假名用法》和《常用汉字表》的著作中，这样回忆道：

> 我认为节减汉字、口语文的普及对于国语问题是最为重要的，不彻底解决这些问题，追从欧美文化则是极为苦难的。所以，必须迈向将其解决的一步，我一直有这样的决心。如果对问题置之不理，我的一生都不可能看到其实现的那一天。然而终战后世界情势急剧变化，新宪法在当用汉字的范围内起草了口语文的规定，这让我感觉到非常的意外，完全像是在做梦。……这一个革新似梦非梦，在我所在的社会里一点点地被实现着。对此，我有着无以言表的喜悦。①

的确可以说保科在战后播下了"国语民主化"的种子。但是，如果只是这样的话，我们现在不就没有必要重新讨论保科所做工作的意义了吗？实际上，战后"国语改革"的狭窄眼界遮蔽着保科的存在意义。

首先的一个问题是，正如之前提到的那样，战后"国语改革"的种子在战前的文部省里已经存在了。战后的"国语改革"绝不是

---

① 保科孝一：『国語便覧——当用漢字・現代かなづかい解説』，教育图书研究会，1949 年，第 1—2 页。

占领军带来的,也不完全是战前被压抑的在野的民主势力努力的结果,毋宁说是战前改革派官僚所期待的改革。

把战前的日本体制用"天皇制法西斯主义"这个词来总括的话并不是什么难事,但是实际上这其中存在着各种各样相互对立的势力。在语言方面也是,关于国语问题、国语政策,保守派和改革派不断地发生冲突,都想用自己的主张将对方扳倒。保守派是指,在这个情况下将"国语"与"国体"等同视之,将"国语改革"本身视作反国家目的的主张,从而对其进行攻击的一派势力。在这个意义上,可以将保守派称作"国粹派"。

痛感语言政策之必要性的不是保守派,而是改革派。第一点是关于国内的语言政策的。对于保守派来说"标准语"应该是以传统的书写语言为中心的。他们坚决否认将"国语"的存在视为日常的"口语"层面上的事情。对此,改革派认为"标准语"只能在口语的层面上实现,因此,无论如何都有必要进行促进口语中的方言向标准语转化的语言教育。

如果"国语"只存在于书写语言中的话,只有受过高等教育的少数人才能习得"国语",这显然是不够的。然而如果要从日常说话的语言中寻找"国语"的话,就必须考虑出规制说话者一切语言行动的方法。可以说,以"罚札"[①]为代表的苛刻的标准语教育,相比于尊重"国体"的保守派,实际上是扎根于无论如何都想实现"国语改革"的改革派的愿望中的。

保守派与改革派之间更为重大的对立表现在殖民地的语言政策

[①] 即罚札制度,方言札。为推行标准语的普及,给使用地方语言的人的脖子上挂上牌子,以示羞辱。——译注

上。极端地讲，对于保守派而言，完全没必要有什么语言政策。从保守派的角度来看，只要坚守从古而来"日本人"——谁也没有为这个概念下过定义——所用的传统的语言形式就足够了，不是日本人的话怎么去使用日本语都不会改变日本语的本质，所以是无关紧要的问题。但是涉及日本语向海外"发展"这一问题的话，就意味着要让非日本人学习日本语了。于是，从改革派的角度来看，在殖民地执行怎样的语言政策，对于日本语的未来而言，是关系到其生死的问题。在这里再次看到，对殖民地的语言政策煞费苦心的并不是保守派，而是改革派。

到了战后可以说这一保守派（国粹派）的势力消失殆尽了，而以保科为代表的改革派官僚超越了"战败"这一断裂，几乎毫无变化地延续了下来。从上述对保科的言论的引用中可以看到这一点。正因如此，保科站在持续到战后的改革派的领头位置上，为日本确立坚固的语言政策而煞费苦心。

二 "国语"与殖民地

保科是涉及日本国内的国语问题与保守派（国粹派）相对立的第一人，另一方面他也对殖民地、伪满洲国、"大东亚共荣圈"的语言政策抱有焦虑的心情并致力于此。之后会对此作详细论述。可以说，保科致力于日本语支配圈的扩大以及对殖民地异民族的同化政策，他的言论可以作为语言殖民主义的一个典型案例。所以，日本国内的"国语改革"与面向殖民地的语言政策在保科这里不可分割地联结在了一起。最终两者甚至成了互以彼此为前提的相互补充之物。从一贯的视角论述面向殖民地的语言政策，勉为其难地为此添加全体性整合,并不是硬要人崇拜"国语传统"的保守派,而是像保科那样的"改革派"。这是应该反复被提起的一点。

从这一点来看,只把保科看作战后"国语改革"的先驱者,多少都有些片面。只从技术的层面片面地论述"国语改革",这种方式可以算是战后日本所患的健忘症的一个病状。战后的日本,通过从记忆中去除自己曾经统治过殖民地这一事实的绝大部分内容,更加疏远了与真实之间的距离。从语言层面来说,战后的日本就像未曾做过什么那样,只顾着把在表记法的层面上讨论假名使用和汉字的问题作为"国语国字问题"的主要关心对象。在这个意义上,可以说战后日本的"国语国字问题"比起战前的更为迟钝,更具有欺骗性。就像之后会论述的那样,保科对最近成为话题的众多"日本语国际化"的问题有着相当准确的预见。

无论怎样,在没有被认真对待的情况下,日本的语言殖民主义的各种问题就在没有被认真考察的情况下被埋葬了起来。忘却是指将威胁自我同一性的危险记忆压抑在无意识的层面。但是,即使可以消除危险性,这一记忆也可能以新的形式重新浮现。

只从履历来看,也许有人会说保科是典型的教育官僚。的确,从保科时刻对政治状况做出敏锐的反应这一点来看,他被认为是有能力的官僚。这样的保科好像顺应着大日本帝国一步步地进行的"日韩合并"与殖民地统治、伪满洲国的建国、"大东亚共荣圈"的谋划,热心地投入到语言政策问题中似的。但是,保科的工作中不能说完全没有批判精神。有一些无法被归于迎合政治的东西这一点本身是值得探讨的。从社会语言学中的语言政策论这一视角来看,保科孝一是很值得玩味的研究对象,同时可以说,保科的著作中已经包含了预见当今社会语言学状况的部分。乍一看很单纯的保科孝一的著作中，内里却包含着各种纵横交错的方向。

从这一点来看，以前"国语国字问题"只聚焦于汉字与假名使用问题，显然这一构造太过狭隘了（或者说让"国语国字问题"的构造变得狭窄的是战后的"国语"意识）。为了分析保科孝一，当然会对上述这种个别的范畴进行讨论，除此之外更需要探讨的是将每一个个别事例汇总为一个整体的语言意识。由此更进一步，通过保科孝一这个人物尝试在语言思想史式的展望下探求近代日本的语言意识。

采用这样的探讨方式是因为：作为语言政策家的保科的活动与其作为国学者的活动紧密相连。在老师上田万年压倒性的影响下，保科直接从上田那里继承了建构日本的科学国语学以及确立不可动摇的国语政策这两个课题。对于上田也好，对于保科也好，这两个课题绝对不相矛盾。首先，国语学带有这样一种学问的使命：为作为研究对象的日本的语言施行使其成为"国语"的洗礼。另外，国语学也给应该解决的国语问题开出了科学的处方。我们在这里可以看出从学问到政治的向度。

另外，上田也好保科也好，都认为如果要确立近代日本的"国语学"的话，"国语"本身的规范化是很必要的。在这个意义上，国语政策并不是国语学确立后的应用领域，两者的关系不如这样说：如果不预先设想国语政策的话，国语学的学问基础本身就变得不可靠了。因为如果不这样的话，"国语"的一体性就完全变成了想象之物了。大体上来说，这可以看成从政治到学问的向度。

从这样一种学问与政治的瓜葛中产生出的，同时也将这种瓜葛进行了升华的，正是上田创造的、保科继承的"国语"理念。"国语"这一理念是指科学的国语学与语言政策，它造就了神圣与鄙俗不可分之结合的构造。

面对"国语"的理念这一学问与政治两个向度合流的产物，如果仅仅将国语学做学问史的理解、将国语政策做政治学的理解的话，国语问题的全体像则在没有被充分揭示出来时就草草收尾了。作为学问装置和语言政策上的概念的"国语"理念，在接近与这两者在根本上相通的语言意识时，才可能被明确地展现出来。由此，就像学问中的真理性与政治中的有效性那样的东西，在这里没有把它们分开对待。换句话说，在这里提出的问题并不是作为国语学者的保科讲述了多少作为学问的真理、作为语言政策家的保科的提议在现实上能表现出多少效果，而是保科如何构想新时代的国语学，以及基于这一认识提出了怎样的国语政策。有必要将这些问题作为同一个语言思想的展开来进行观察。在这里凝练地表现着日本"语言的近代"的问题。

我特意以保科为例的理由并不是要填补研究史上的空缺，也没有要彰显被遗忘的伟大学者之功绩的野心。无论多么下功夫，给保科孝一披上灿烂的光辉、使其名垂青史是非常困难的。他的著作缺乏理论性，也欠缺学问的严密性以及激荡人心的精神，文体、思想其实都特别普通。这些也许是保科在日本的学问史上的地位被故意拉低的原因之一吧。

然而对于外国人，尤其是对于韩国人比如我来说，正是其平庸性成为我以保科孝一为例的强烈动机之一。这并不是正话反说，而是至今为止在韩国，日本研究的对象倾向于要么是被装扮成恶人的"日本的英雄"，要么仅限于为数甚少的"有良心的"思想家。然而，我考虑的是，一个社会里广泛地、深厚地沉淀着的意识，不如说是由那些并不起眼的平凡的人创造出来的。普通人甚至没有办法用语言来表达在生活中埋藏着的普遍意识之下的意识。偶尔有像保科这样的人物，并不特别地带有追究到底的思想格斗，也没有常人无法企及的深邃的洞察力，但可以说正因为他是"凡庸的知识人"，才可能由此看出（一个社会里）平均水准的意识所应有的状态吧。这样的研究通过常年累积下来之后，韩国人才能看到没有粉饰也没有夸张的、以本来的面貌存在着的日本的样子。

但是，这样一种平庸是保科的思想风格，绝不是说他的语言思想的内容直接展露出语言的凡庸的日常意识。保科持续不断地用饶舌且凡庸的语气反复重申近代日本并没有对语言持有自觉的反省。从认为语言问题什么的不值得讨论的日本主流氛围中来看的话，可以说保科是孤独的，或毋宁说是非同寻常的存在。过去也好，现在也好，在日本，人们对语言在社会中承担着非凡的作用这一事情视而不见，对语言的关心被日本语的起源、词源探索，甚至最近的"日本语的国际化"等评论家常用的话题夺走了，对于这一点我实在觉得不可思议。与此相对应，专业研究者却没有对保科这类国语政策家进行过学问上的认真探讨，就将其置之不理了。在时代的局限中虽然并不充分，但也从学问的角度认真探讨了"语言政策"的，并不是高尚的学术研究者，而是保科孝一这一凡庸的官僚学者，这也许并不出人意料。这暴露出到现在也没有什么改变的日本的语言研究风向。

（附记）东京大学文学部国语学讲座课程的首任主任是上田万年，第二任是桥本进吉，然而保科并不是没有成为上田后继者的可能。金田一春彦借用桥本进吉向金田一京助透露的话，这样说道：

（桥本进吉）博士在昭和二年——担任了十八年的助手——的时候是四十六岁。那时上田万年迎来了退休退官之日，博士继承了这一职位，于2月12日得到了东京帝国大学助理教授的任命书，从4月开始站在了讲台上，逃过了讲师这个环节。那时候，保科孝一获取了博士学位并担任着讲师（错误，应为助理教授）。博士觉得有可能是保科继承上田的这一职位。听说如果保科成了助理教授（错误，应为教授）的话，博士自己就想向上田提出辞职。（金田一春彦：《桥本进吉博士的生涯》，《金田一春彦日本语研究班5·日本语的步履》，筑摩书房，1983年，第307页）

根据金田一春彦所说，"上田万年在当时就像毫无计划地灵机一动似的，突然指定任命桥本博士为东京大学文学部助理教授"（同上，第310页）。然而，保科的回忆却有些不同，他这样说：

桥本进吉担任大学助手有二十三年之久，因其忠实地守卫着自己的职责，在学校内部有很多对他表示同情的人。批评上田学长冷酷无情对这一情况置之不理的声音也越来越多，有人推荐桥本去做史料编纂官，但上田学长没有同意。但是，也看不出上田学长有让桥本固守本职，再去推荐别人的想法。我从明治三十五年开始兼做助理教授，上田学长并没有想要一直留任到退休，在这期间他对我说过想让我继承他的职位。但是，那时候的我，即便在他之后继承下来，到退休也不过只能在职四五年而已了。所以我回答，希望能让桥本继承老师的职位，我决心在高等师范学校里，为国语教育的改善以及国语问题的解决尽一些微薄之力，无论多么艰难，如果能实现的话，我就非常地满足了。(保科孝一:《一位国语学者的回想》，朝日新闻社，1952年，第62页)

正如保科在回忆中陈述的那样，因为上田有着让人捉摸不透的冷淡之处，所以上田的真实意图至今还是未解之谜。

第八章
围绕国语学史展开的讨论

一 国语学与语言学

保科孝一以近代语言学的诸原理为基础确立了"国语学",所以他的理念与将国语学作为方针为国语政策确立方向的上田万年的理念极为相像,甚至可以说是过于教条地将其搬了过来。晚年的保科专注于国语教育和国语政策那样的实践领域,但是初期的保科却抱有将国语学体系化的野心。他也想通过国语教育、国语政策来实现这一野心。保科主导的国语政策尽管不是很严密的政策,但他忠实地沿着上田的意志前行着,并支撑起对"国语"的理论认识的建构。由此,在论述可以说是保科的特长的国语政策之前,首先应该探讨的是,保科对作为学问的"国语学"有着怎样的构想。

首先,上田万年通过导入近代语言学而创设了"国语学",这究竟意味着什么呢?无论是语言学还是国语学,都是以语言为对象的学问。如果是这样的话,这两种学问之间当然应该有关于分析方法、研究成果的相互交流吧。只要日本语也是一种语言,即便认为国语学就是日本语所适用的语言学这一观点,也没有什么不可思议的。但是,实际上却并非如此。即便是使用以日本语为对象的构造主义、生成语法等手法进行的语言学研究，也不可能直接被承认为是"国语学"的成果吧。如果那样的日本语研究被当作"国语学"的话，一定会遇到相当大的阻力。这并不仅是因为构造主义或生成语法等语言学方法论没有成为国语学的主流，也不只是大学以及学界中学问领域划分的问题所致。把国语学当作语言学的一般方法并将其适用于日本语的个别领域的话，会让国语学自身的学问同一性与正当性受到危害这一意识在国语学中深深地扎下根来。从原理上说，国语学者不得不是语言学者，而且也有可能像龟井孝那样拒绝作为学问的"国语"学（他的著作第一卷以"为了日本语学"为标题）。[1] 但是，这只是国语学界的少数派。现实中，语言学与国语学在作为背景的学问上的传统或者方法论中，甚至在学问想逃避却逃避不了的意识形态基础中，都是相互背离的，有时候甚至成为敌对关系。在这个意义上，上田万年通过将近代语言学的方法作为准则，创立了近代"国语学"这一实践，可以说是一个"事件"，它可以看成是之后众多问题的发端。

之前已经说过，从上田万年的门下诞生了新村出、金田一京助、桥本进吉等杰出的"国语学者"，他们都是将上田万年尊为吾师的人。桥本的音韵史研究、金田一的阿伊努语研究、新村的西洋日本语研究，都是从上田那里得到启发，进行缜密的研究并见成果的，他们经常不断地对上田在学术上的恩惠表示感谢。他们都是"国语学者"，但是作为学问方法论的准则来推崇的却都是欧洲的近代语言学。在上田万年的讲课中给新村出留下很深印象的是，关于

---

[1] 龟井孝：『亀井孝論文集 1・日本語学のために』，吉川弘文馆，1971年。

赫曼·保罗（Hermann Paul）的《语言史原理》的研习课。①

新村出就国语学与语言学之关系，进行了如此论述："将来的语言学，是从日本的国语学者这一侧可看到的将来的语言学……这一将来的语言学，从日本旧有的国学者系统的国语学，或者邻邦旧时的考证学风格的支那国语学，直接发展过来的做法已经不受欢迎了。而直接或间接地完全不接受西洋系统的国语学或者普通语言学的影响，那也无法期待可以生长出新的语言学。"②

然而，在上田万年、桥本进吉之后的，东京大学文学部国语学科的第三任主任教授时枝诚记回顾自身学问出发点的散文《我所选择的学问》③中，有这样的话：

> 我进入大学开始以国语学为专业的时候……作为研究法来听课、阅读的，是作为国语学指导原理的语言学研究法和研究课题。我们这一学科的前辈新村出、金田一京助、桥本进吉这些老师都是语言学出身的，或者说，这也许才是正确的道路。……我的情况是，对近代语言学这类的事物抱有疑问，另外，从那时起我开始阅读日本古典国语学研究的书。从那里看到的语言研究的性质、对语言的思考方式与欧洲非常不同，所以让我抱有兴趣。欧洲的学问并不是唯一绝对的，欧洲的语言

---

① 新村出：「上田先生をしのぶ」（初出『国語と国文学』，1937年12月），『明治文学全集44·落合直文·上田万年. 芳賀矢一·藤岡作太郎集』，第402—404页。
② 新村出：「言語学概論」，『岩波講座日本文学』第20回，岩波书店，1933年所收，第8页。
③ 根本司：『時枝誠記研究——言語過程説』，明治书院，1985年，第423—427页所收。

学也未必一定要成为国语学的指导原理，总之，我想就是那个时候开始萌生了对近代语言学的反叛精神。

"语言学"与"国语学"之间的关系问题，并不只是学问方法论上的对立，也是"欧洲"与"日本"，以及与此相连的"近代"与"传统"这一不断折磨着日本近代意识的重大问题。在语言研究的领域，"语言学"与"国语学"呈现出对立的态势。

那么保科孝一如何与这一问题对决，并给出了怎样的回答呢？

二　保科孝一的《国语学小史》

保科孝一1894年（明治二十七年）入学东京帝国大学国文科。这正好是从欧洲归国不久的上田就任东大博言学讲座教授，开始大显身手地开始活动的那一年。保科这样回顾当时上田讲课给他留下的清新的印象：

> 上田万年老师于明治二十七年从欧洲留学归来，因为是第一次给我们带来了新的课程，所以那种新鲜感吸引了学生们。老师讲的是国语学史概说，从释契冲的国语学开始说起，讲到了之后的发展，对各个学者进行了批判，教给了我们应该如何以语言学为基础进行国语的科学研究。因此，我们第一次知道了国语学应该如何发展，感觉在前途中看到了一条光明之路。关于今后的国语，让我们想要试着推进这一新的研究。①（重点

---

① 保科孝一：『國語問題五十年』，三养书房，1949年，第5—6页。

号为引用者所加）

1897年（明治三十年）大学毕业后，保科被录用为上田创设的国语研究室的助手，交给他的工作是收集、分类有关国语的文献资料。根据保科自己所说，那时"阅读了语言学、音声学相关的原典，认识到过去我国国语学的欠缺之后，愈发地燃烧起想要建立新的国语学的希望"①。

因此，保科的早期活动是以西欧语言学的介绍与国语学史的整理这两个轴为中心展开的。首先，保科是作为惠特尼的《语言的生命与生长》(The Life and Growth of Language) 抄译版《语言发达论》（1899年，明治三十二年）的译者在学界登场的。正如在序章中论及的，惠特尼是反对森有礼将英语用作日本的国语的语言学者，最近，他在普通语言学的构想这一点上也影响了索绪尔，所以对惠特尼的再评价不断地持续着。②语言记号是任意的，因此语言是最为基于惯习的社会制度，所以惠特尼的语言思想强调语言永远在变化，保科似乎对此深有共鸣。语言作为社会制度之一只以说话者的惯习为其支柱，所以，对于语言活动来说本质之物并非历史或传统，而始终是现在被说着的、生动的语言，这一认识不仅在国语学中，在国语教育、国语政策中，也一直是保科所有工作未曾改变过的立足点。在之后会揭示这一理解带来了多么重大的结果。

另外，保科通过《语言学大意》（1900年，明治三十三年）、

---

① 保科孝一：『国語問題五十年』，第6页。
② 与此相关的，请参照论文选集 *Whitney on Language.Selected Writings of William Dwight Whitney* 中罗曼·雅各布森写的充满刺激的序文。

《语言学》（1902 年，明治三十五年）等著作热心地介绍近代语言学的理论与方法。但是，那个时期保科著作中最应该注意的是日本第一个"国语学史"《国语学小史》（1899 年，明治三十二年）一书。

在这本著作中，保科把到那时为止的国语学的历史分为五个时期，沿着年代发展按照人物列举了各个时期国语学者的业绩。他在书中进行了这样的时代区分：第一期是契冲之前，第二期从契冲开始到本居宣长为止，第三期从宣长之后开始到橘守部为止，第四期从江户末期开始到明治十九年为止，第五期是明治十九年之后。

正如当时的书评说的那样，打着"小史"的旗号写出来的却是总共 468 页之多的大作，叙述中有些许"散漫"之处，但是作为学术著作用的是当时很罕见的"言文一致体"，这一点具有划时代的意义，因而受到瞩目。[1]另外，保科第一次在一贯的脉络中为"国语"史研究定位并给予评价，这一功绩是谁也无法否认的。

但是，保科对国语学的历史并不是从不偏不倚的立场进行论述的。《国语学小史》是由保科对过去的国语学进行的断然评价构成的。他在《国语学小史》的开头部分这样毫不犹豫地说："到现在为止，我国的语言研究中，纯粹可以看作是语言学上的研究，真的少之又少。大多数学者认为研究古典才是学问，语言研究只是附属性的。……换句话说，过去我国的语言研究，并没有为今日的语言

---

[1] 『太陽』第五卷第二十二号，1899 年 10 月，第 257 页。另外，文艺批评家长谷川天溪也在「言文一致とは何ぞや」(『毎日新聞』，1900 年 1 月 31 日，转引自山本正秀编著：『近代文体形成资料集成・成立篇』，第 209—212 页) 中关注到了保科的『国語学小史』。

学研究做出应做的贡献。"①

此前的"国语学",如果从当下来看被认为是完全没有学术价值的话,那么回顾过去的业绩、编写国语学史到底有什么意义呢?保科这样说:"如上所述,从各种角度来看,我国的语言学研究有着不充分的地方。因此,我们必须填补这样的不充分,提高我国国语的位置。面向这一目的,有必要预先对前辈的研究逐一进行事实上的调查。因此我们认为有必要进行国语史研究。"②

也就是说,所谓"国语学史"的任务,是对到此为止的国语研究中的错误与缺陷进行历史性的断定。保科在这一视角下仔细地追溯了传统国语学是基于怎样偏颇的理论、采用怎样错误的方法论、以多么有限的对象为目标进行研究的。

由此,对于保科来说,"国语学史"本身只限于否定的工作。换句话说,它本身无法产生某种科学的真理。"国语学史"的意义是,通过让此前几个世纪以来支配着国语研究的"黑暗"浮现出来,让人们产生对"光明"的期待。所以,科学的语言学这一事物才是为国语学带来真的"光明"的唯一光源。

> 在过去,真的科学的研究即可称之为语言学的研究的,非常之少。……在过去我国的学艺界缺乏一般的科学研究,与国语研究相关的学科完全没有。所以以前国语的研究也非常不全面。③

---

① 保科孝一:『国語学小史』,大日本图书,1899 年,第 3—4 页。
② 同上,第 10—11 页。
③ 同上,第 453—454 页。

> 明治维新已经三十年了，其他的学科已经做出了很多杰出的工作。然而国语界却依然是以前那副样子。……但是，认识到国语的科学研究的必要，明治十九年大学里设置博言学科以来，只有数十年的时间，我们所希望的结果还没有展现出来，也是情有可原的。无论怎样，带着科学的知识研究我国国语，是我们的责任。①

保科认为1886年（明治十九年）的"博言学科"设置有着重大的意义，因为这是欧洲近代语言学进入日本的开端。正因如此，保科将"博言学科"的设置作为国语学的第四期和第五期划分的标志。但这只是进程的端绪而已。所以，保科关于"第五期的国语学"什么都没说。之后会论述到，山田孝雄也没有在《国语学史要》中对明治以后的国语学发表意见，实际上两者沉默的意义完全不同。

三 国语学的体系化

暂时结束近代语言学的介绍与国语学史的整理之后，保科以此为基础着手"新国语学"的体系化。这项工作的成果体现在其著作《国语学精义》（1910年，明治四十三年）中。龟田次郎的《国语学概论》已经于前一年出版了，所以不能称保科的著作为这一领域最先的著作，但这一《国语学精义》仍是国语学尚处于创立初期时最早出版的国语学概说类的书籍。与"精义"这一称呼

---

① 保科孝一：『国語学小史』，第455—456页。

相符合，这是一本有着754页之多的大书。它是用颇具保科风格的沉稳而冗长的文体写成的，与其师上田万年那种热情洋溢的口吻形成鲜明对比。

那么保科所追求的"新国语学"究竟是什么呢？在这里，并不对保科围绕每个具体问题展开的叙述进行论述，而集中论述其确立了国语学的语言学基础，以及由此伴随的对明治以前的日本国语学史进行评价这两点。

保科的《国语学精义》由第一编"总论"、第二编"国语学的过去"、第三编"国语学的现在"、第四编"国语学的将来"和第五编"结论"构成。如果看一看各章节在叙述上的配比的话，就可以明白保科的意图了。"总论"与"结论"暂且不说，"国语学的过去"与"国语学的现在"一样，大概只占了70页，与此成对比的是"国语学的将来"这部分，占据了500多页。保科认为名副其实的"国语学"在现实中还不存在，国语学的确立只不过是面向"未来"的课题。因此，在国语学中导入语言学的原理、清算"国语学的过去"是必需条件。

那么，过去的国语学为何不能被称为语言学呢？保科从研究目的、研究方法、研究对象等方面看出了问题所在。

首先，关于研究目的，保科在将基于国学的传统语言学规定为"经由古代的文学、语言学来论述人文的发达的""古典学"之后，这样论述："因为语言学是关于语言本身的研究，因此语言的成立、起源、历史发展等都将成为重要的问题，但是在古典学看来，语言上的各种现象或者原理、原则这些的研究，并不是它的目的。……特别是我国的古典学只是阐明古代人文学的发达，更进一步前行，如果将一大理想确立为让国体的精华发挥光大的话，它与语言学研究就愈发在目的上不同了。"①

前面已经说过,上田万年认为理解"语言本身"这一目的正是语言学的任务。到此为止的国语研究只是一味地关注遮盖了"语言本身"的各种各样的外衣,现在语言学的国语学的任务则是脱去这些衣装,展现出"语言本身"的样子。因此,这个时候从保科的角度来看,对于"语言本身"来说应该注意的是这些衣装中没有任何一个本质性要素是"国体之精华"。的确,保科后来也在《国语与日本精神》(1936年,昭和十一年)等著作中提出:"国体"与"国语"之间有联结。但是,在这种场合下,保科并没有落入语言复古主义之窠臼,不如说,他被标榜"国体"的传统主义者们迎面攻击。对于这一点,之后会详细地进行论述。

另一个需要指出的事情是,保科在此对传统国学的批判,与19世纪欧洲兴起的比较语言学对之前的古典文献学进行的批判是相同的(参照第二部分第四章)。欧洲近代语言学,特别是19世纪比较语言学从文献学中脱离,获得了近代科学的"市民权",这一过程是通过对"语言本身"的发现而实现的。

因此保科极其忠实于欧洲近代语言学的理念。关于国语学应该采用的方法论,保科这样说:"语言学是对语言进行科学研究的学科,这一学科的原理原则无论在什么样的国语研究中都应该可以适用。因此,掌握普通语言学的知识,对国语就不会有研究上的障碍。国语研究中语言学的知识很必要,这一点无须赘言。今日的语言学是以印欧语系(Indo-European Languages)为基础发展而来的,

---

① 保科孝一:『国語学精義』,同文馆,1910年,第14—15页。

所以我们要了解印欧语言学的知识。"[1]

在到此为止的著作中保科已经反复论述，对于印欧语言学来说最重要的方法是"历史研究"与"比较研究"。[2] 也就是，沿着时间轴记述读音、语形等语言要素的变迁，以及复数的同系语言间的语言要素比较这一语言系统论的研究。这些研究方法成了语言学科学本身的基础。"因此，对于国语的科学研究来说，历史研究与比较研究最为重要，不同时采用这两种研究法，就不能使国语学的基础得到巩固。"[3]

特别是保科认为，对应于欧洲的比较语言学，建立"东洋比较语言学"[4] 是科学国语学的使命。这一"东洋比较语言学"的构想，为当时的国语学界打开了新领域的大门。保科的《国语学精义》出版的1910年，金泽庄三郎出版了《日韩两国语同系论》。作为将朝鲜的殖民地统治正当化的意识形态之一的所谓"日鲜同祖论"，在之后是以金泽的这一著作为母胎发展开来的。

保科这样一种不断主张历史研究与比较研究必要性的行为，本身也包含了对传统国语学的批判的视角。保科说道：

> 因为我国的国语学无论是从诗学上看，还是从古典学上看，人们都认为研究平安以前的国语就够了，此后的没有必要研究，研究古今贯通、广泛的日本语历史的发展是没有什么必

---

[1] 保科孝一：『国語学精義』，第340页。
[2] 比如，保科孝一的『言語学大意』，国语传习所，1900年，第8—10页。
[3] 保科孝一：『国語学精義』，第40页。
[4] 保科孝一：『言語学大意』，第9—10页。

要的。古典学者研究古代的语言，确认日本语的模范，专注研究这一模范，不去理会其他。因此历史性研究没有兴盛起来。另外，古典学者研究古代的语言，为日本语确认模范，他们认为这样的语言超越了世界其他所有国家的语言，并议论这是我们神圣国家之根本。他们甚至都没有想过去比较东洋其他国家的语言，从中发现血亲关系。①

建立起科学的国语学这件事，意味着对支撑起传统国学的各种价值的釜底抽薪。历史研究和比较研究这种科学的方法，无论在时间上还是空间上都同等对待一切语言现象。因此科学的国语学中，不会给日本语本身，尤其是特定历史阶段的日本语以特权。不用说，这也适用于对日本语内部各种语言变异形态的看待方式。

据保科说，因为传统的国语学欠缺上述的方法论，所以只能处理非常有限的研究对象。"从这之前的学者选取为研究对象的国语的范围来看，是非常狭小的。从国语学来看，应该作为研究对象的国语的范围，必须尽可能地扩大。无论是哪一类、哪个时代、什么地方的，都必须等而视之地进行研究。如果不是这样的话，想让国语学的基础得到巩固是不可能的。"②

从这样的观点来看，就要平等地对待日本各地的各种方言，使其成为日本语的历史再构成中重要的研究对象。对于方言比国语地位低下这一意见，保科毫不宽容地进行了批判。因为"国语与方言

---

① 保科孝一：『国語学精義』，第84—85页。
② 同上，第141页。

的区别,属于程度的问题,只不过是人为的判断而已"①,"如果按照一定的标准在比较上为方言命名的话,是完全没问题的,然而实际上'方言'这个名称,好像是语言中的鄙俗之物一样,这种认定完全是误解"②。文献资料不过是通过文字留下的过去语言状态的一部分痕迹而已;与此相反,方言是现在正在被说着的"活生生的语言"。经由科学的方法来把握"语言本身",是国语学的使命,因此"死语与生语作为国语学上的研究资料,如果问哪一个适用的话,不必说,一定是活在当下的语言"③。此外,并不仅仅是确立方言作为研究资料的意义,方言这一语言存在样式本身就是日本语的现实态。"方言的集合就是日本语,日本语并不是指除此之外存在着的某一特殊种类的语言。"④ 由此会有一个疑问,对保科来说,国语学的内容难道就是方言学吗?关于这一点,之后会进行论述(参照第十章第二节)。

  这样一来,保科对于研究目的、方法、对象等,完全颠倒了支撑起以前的语言学的价值意识。然而,保科抛出这样严厉的批判并不只是因为带有与过去诀别的意愿。而是因为保科意识到,实际上过去的国语学的恶灵在不断地扭曲当今国语的真正的样子。在这个意义上,对保科而言语言学的革新与语言规范的革新是一体两面的。

  因此,这对保科的敌对方也是同样的。对他们来说,继承过去的国语学的传统与维护传统的国语规范是一体的。由此而来的对双方来说国语学与国语规范有着怎样的联系这一问题,将由接下来的章节进行处理。

---

① 保科孝一:『国語学精義』,第 667 页。
② 同上,第 668 页。
③ 同上,第 732 页。
④ 同上,第 731 页。

但是在进入下一部分之前，我们应该看一看如何来理解与保科的国语学史相对立的国语学史。因为对国语学史的理解方式本身可以清晰地表达出对国语传统具有怎样的意识。

四　山田孝雄的《国语学史要》

在山田孝雄的《国语学史要》(『国語学史要』，1935年，昭和十年）中，山田首先论述了国语学作为对象的"国语"是"日本国家的标准语"，但是在这里添加了但书。"我所说的标准语是指，建立在国家的统治下、公认标准下的语言。与当今世俗所说的意思不同。世俗所说的标准语其意义是错误的，应该称之为中央语才对。"① 山田在这里攻击的"世俗所说的标准语"是指从上田万年以及国语调查委员会以来的那种将"东京的中层社会使用的语言"② 用作标准语的基础的观点。山田认为成为国语内核的"标准语"并不是以上田那样的言文一致为前提的，他斥责把口语当作语言本体的语言观是"谬论"。"关于现如今所用的语言，现代的国语学者之中也往往存在着邪说。那就是认为只有口语才是活生生的国语，文字书写下来的东西无足轻重。这是无视文化这一重大的事实，而以野蛮人的语言为标准的谬论，是在有文化的国民之间有百害而无一益、不该使其存立下来的邪说。"③

山田对保科那样的以近代语言学为基准记录国语学史的态度也

---

① 山田孝雄：『国語学史要』，第2页。
② 同上，第3页。
③ 同上，第8页。

进行了反驳。山田说,"国语学史并不单单只是国语的历史,而应该是国民对国语的所来所往进行自觉反省的描述"①,"我们必须克制将现代知识用作对它进行批评的标准"②(山田的这一态度猛一看像是"历史主义式的",实际上并非如此,这一点在下一章讨论)。

将古典的价值视为绝对之物的山田,势必会憎恶将语言学作为国语学的指导理念的上田这一流派的后继国语学者。上述所见,山田的态度正是典型的"文献学者"对"语言学"的反感。山田的《国语学史要》的特别之处在于,完全没有涉及上田万年以后的国语学的历史,甚至连上田的名字都没有提到。这与保科将其视作"国语学的将来"完全相反,山田始终只进行了"国语学的过去"的叙述,这并不是出于对近乎是同时代的国语学很难做出历史判定这一学术禁欲式的理由。在《国语学史要》的序文中山田说:"大体上,如今称作国语学的是以明治中期输入了西洋式的语言的学问之后,在这些学说的道理、方法的基础上建立起来的国语为主流的。"③山田想说的是这样的国语学并不是"真正的国语学"。

这之后,山田这样告白:"我写的'国语学史'结束于明治二十年(1887)左右。为什么到此时为止呢,这是因为之后的国语学的出发点完全是错的。不对其进行反省的话写不了历史,因此没有对其进行书写,而并不是没有意义地在此停笔。"④

---

① 山田孝雄:『国語学史要』,第10页。
② 同上,「自序」,第2页。
③ 山田孝雄:『国語の本質』,白水社,1943年,第31—32页。
④ 张伯伦的『日本小文典』是文部省编辑局出版的,是政府公认的语法书。正如下一章中可以看到的,山田认为"国语"完全是日本人来研究日本语时才可成立的,他对于身为外国人的张伯伦经由文部省公开刊行日本语的语法书这件事一定是很生气的。

说到"明治二十年",正好是上田的老师张伯伦出版《日本小文典》的那一年,在此前后,日本语的语言学研究正是刚刚开始的时候。①"明治二十年"以后的国语学的错误的出发点指的就是将语言学作为国语学基础输入日本这件事。山田的国语学史是在持有拒绝近代语言学,以及以这一近代语言学为基础的国语学的态度下,完成自身建构的。

五 时枝诚记的《国语学史》

对于保科的国语学史的理解,再举一个反对的例子。那就是时枝诚记的《国语学史》(1940年,昭和十五年)。时枝将"国语"这个对象规定为"带有日本语性质的语言"。对于这个规定会被预想为是个循环论证的反论,时枝这样回答:不仅是国语学,所有人文学科都与自然科学不同,"摆在研究者面前的对象经常只展现出模糊的轮廓"。②在这里如果套用现成的体系性理论的话,恐怕就看不到对象本身真实的性质了。因此,"国语学的任务,除通过分析摘出各种要素,将其进行体系化之外,还要为常识中赋予的无规定的对象,赋之以明确的轮廓"③。首先最应做的是"干脆地预测对象的本质","国语学不如说是要通过对关联对象的本质观进行不断的改订,进而逐渐地达到目标"。④"因此,我们必不可少的,并不是

---

① 时枝诚记:『国語学史』,第3页。
② 同上,第8页。
③ 同上,第7页。
④ 同上,第8页。

体系性的理论，而是发现国语的眼睛。"①

根据时枝所说，在评价国语研究的价值时，必须采取这样的态度："过去的国语研究的历史价值，取决于它们是否真正地仔细观察了国语，而并不取决于是否对其进行了理论化。……因此，明治以前的国语学史是过去的研究者对待国语的意识的展开。"②只要是用"意识"展开，而不是用"理论"来理解，就不能用近代语言学这一外在的尺度来衡量正误了。这正是时枝的意图所在。

接下来的一节，无论有没有指名道姓，都包含了对保科的《国语学史》——认为西欧近代语言学的理论是绝对的——所进行的坚决批判。"然而，我国过去的国语学史，明治以后只顾将其看作国语的学说史，因此受到了对其理论以及体系的不足之处的严峻批判，被认为是没有价值之物而遭受斥责，很多学者将这些不足以现在的语言学理论为参照进行批评指正，这对现代的国语学史来说，是不是有效的方式呢？国语学史作为后车之鉴必定有其存在的理由。我拒绝所有这些对国语学史的观点，而将国语学史视作国语意识的展开的历史，进而认为国语学史本身，可当作国语现象的投射，以此作为今后国语学的基石。"③

作为国语意识的展开的国语学史这一时枝的认识之出发点，是其大学毕业论文《日本的语言观念之发达以及语言研究的目的与方法（明治以前）》。这篇论文中时枝并没有以资料的考证本身为目的，所以论述材料只从保科孝一的《国语学小史》与长连恒的《日

---

① 时枝诚记：『国語学史』，第10页。
② 同上，第11页。
③ 同上，第12页。

本语学史》中进行了选取。① 但是，从这里时枝产生出了与保科完全相反的对国语学史的认识。在说上述那些话的时候，时枝是否想起了保科在《国语学小史》中的断言——"过去我国的语言研究，其结果并没有为今日的语言学研究做出应做的贡献"了呢？

正如引用中最后说到的那样，时枝认为正是明治以前的国语学中，才有"今日以后的国语学的基石"。明治以后的国语学，盲目相信欧洲近代语言学，并过于匆忙地采用其方法，没有培养出真正意义上的"观看国语之眼睛"。外来的语言学绝对不可能为国语学确立基础。因此，"新的国语学须继承过去的国语意识，必须在其理论的展开上进行自身建设"②。

尤其更为决定性的是，时枝认为欧洲近代语言学本身就有对语言的错误认识。在时枝看来，欧洲的近代语言学是将语言作为人类之外存在着的实体来对待的。从这种视角来看，人类就像利用外在的某种道具那样持有着语言。因而，语言研究的唯一方法，是将其还原为不可能再小的单位来理解，再观察这些单位是如何进行组建的就可以了。时枝不厌其烦地对这样理解近代语言学的本质的"道具主义""构成主义"进行批判。以此，时枝与近代语言学的"构成主义式的""道具主义式的"语言观念进行对决，从传统国语学的遗产中建构出了自己的"语言过程说"。

接下来时枝所说的，象征了日本"语言学"与"国语学"之间的复杂关系。"如果这样来看的话，相比于借用泰西科学理论的明治之后的国语学，旧国语学更为立足于科学的精神，这么说一点儿

---

① 根来司：『時枝誠記研究——言語過程説』，第50页。
② 时枝诚记：『国语学史』，第12—13页。

也不过分。如果不是立足于这样的科学的精神，就追随语言学的理论的话，语言学就不可能成为国语学的他山之石，甚至也有可能对国语学自立式发展产生很大的阻碍。"①

对于山田与时枝来说，"国语学史"只能表现为"国语意识之展开的历史"。但是，也正如此，他们也不可能带有历史主义的目光。因为，山田也好时枝也好，并没有将上田万年与保科孝一的"国语"观在"国语意识的历史"中加以理解，只是将其视作传统的异端一味地进行排斥。也就是说，即便是他们，也与上田和保科一样，手持着裁断历史的一个绝对化准则，这就是山田与时枝那里的"传统"的意义。

---

① 时枝诚记:『国語学史』，第13页。

第九章
国语的传统与革新

一 语言学与"国语改革"

20世纪初,为语言学带来革命的是《普通语言学教程》。索绪尔回顾了语言学的历史,将语言学的发展分成了三个阶段。一开始是规范学,它的目的是为了编纂教授"正确的"语言的语法。接下去,经历了解读国语的文献、解释作品的文献学时代,到了19世纪以语言本身为对象的比较语言学终于到来了。但是,对于索绪尔来说,真的语言学应更进一步,必须是从历史与规范中解放从而孕育出的、采取共时态的"语言(langue)"之学。从语言学中排除规范这一做法,在现在这些自身以"科学"为方法的所有语言学者看来,是当然的前提,但是,至少在半个世纪之前,这还是非常过激的思想。今天还有一些特定语言的教师,即"国语"或"外国语"的教师,对他们来说教授语言也就是教授规范,因此,他们显然对提倡从规范中解放"语言学"持有反感、厌恶的态度。

杰出语言学学者,同时也在英语教育方面做出了巨大贡献的查尔斯·卡彭特·弗里斯(Charles C. Fries)出于对大多数从事英语教育者反感语言学这一现象的担忧,写了《近代语言学的发达》一书。弗里斯写这本书是为了让"语言学学者摆脱那种认为他们所做的就是破坏一直以来正确的、有助于完美表现的所有（语言）特质，也就是认为只要是存在着的东西就怎么都行（anything goes）那种不负责任的语言使用者的'语言学学者的印象'"①。在弗里斯看来，这种对语言学学者的误解是因为没有正确理解近代语言学这一事物。近代语言学"并不是出于与传统语言观相反的有意图的目的，而是为了使用语言研究的新方法，才被迫得出传统语言观立不住脚的结论"②。(着重号为引用者所加）

无论在哪个国家，那些"近代语言学"意识形态的导入者不得不扮演启蒙式的中介角色，或者是融合式的辩解者角色。然而对于保科孝一来说，对传统的拒绝并不是追求科学的次生结果。他正是怀有弗里斯所说的"有意图的目的"才想从语言学本身中抽离出颠覆传统语言观念的规范。即便保科与语言政策的制定有关，但这并不是出于文部省官僚职位上的义务而产生的结果。而是因为，语言学本身中潜藏着像保科这样平庸的人物也可以轻易抽提出来的意识形态性。

正如已经论述过的那样，上田万年与其周围的语言学学者的不同在于，他有着现在的口语才是"国语"的本体这样的认识。因此，以《语言学杂志》为活动中心，他开始率先采用言文一致体。在其中，最为认真地实行着言文一致的是保科孝一。这样的认真也成了祸端，保科的文体把言文一致体的缺点——冗长性与平面化充

---

① 查尔斯·卡彭特·弗里斯（Charles C. Fries）著，兴津达郎译:『近代言語学の発達』，研究社出版，1968 年，序言第 115 页。引用中修改了部分译文。
② 同上，第 2 页。

分地展露了出来。读保科的书时，无论如何都会犯困，这是因为与内容相比，他的文体问题更为严重。采用这样的文体，无论是多么具有先锋性的考虑，想用感染力来吸引人也许会很困难。

并且，保科在他的著作中实际上也在进行着战斗般的假名用法之实践。保科理想的假名用法是，尽可能忠实地展现出口语的音声的表音假名适用法。保科在著作中使用的假名用法并不是一贯的。但是，保科并不只是随意地使用自己认为最好的假名使用法，而是每次都将自己所在的委员会确立的假名使用的新方案立即用在著作中。在这个意义上，并不仅仅是其著作的内容，形式本身也是为了成为"国语改革"的先导而进行的书写。

这样一来，《国语教授法指南》（1901 年，明治三十四年）、《语言学》（1902 年，明治三十五年）中采用了 1900 年（明治三十三年）的小学校令确定的所谓"画线式假名使用法"。《改定假名使用要义》（1907 年，明治四十年）中使用了 1905 年（明治三十八年）国语调查委员会对文部省报告中的改定版假名使用法。《国语与日本精神》（1936 年，昭和十一年）、《国语政策》（同年）中使用了 1924 年（大正十三年）临时国语调查会发表的改定版假名使用法。然而，在《国语学精义》（1910 年，明治四十三年）以及《大东亚共荣圈与国语政策》（1942 年，昭和十七年）中，保科是以历史假名使用法为基准的。这是因为，在不同的时期，来自强硬地认为历史假名使用法本身是日本神圣的传统的保守派的攻击越来越激烈了。关于这一点，下文会再次涉及。

保科在著作中使用的假名使用法中，最为激进的在早期的《国语教授法指南》《语言学》中可以看到。1900 年（明治三十三年）文部省在《〈小学校令〉实施规则》第十六条中确定的假名使用法被称作"画线式假名使用法"。这样称呼是因为在表示母音的长音的时候采用"—"这样奇异的长音记号。另外,在其他地方,比如将拗音、拨音用细体字做标记,废除"か"与"くわ"、"が"与"ぐわ"、"じ"与"ぢ"、"ず"与"づ"的区别等,以成为彻底的表音式假名为目标。不过,这种假名使用法只适用于字音语,也就是汉字的读音部分,另外实施范围也只是在小学校的教育中。也就是说,只不过是用作儿童的教育手段而已(另外同时限制汉字为1200个字)。

不过保科在专业书里也使用了这一假名使用法,而且并不限于字音语,国语假名使用中也遵照这一用法。在《国语教授法指南》的"例言"中保科谨慎地说道:本书遵照我的愚见,使用言文一致体,并且对其进行表音式的表记。我只是将这一标记法案从新定字音假名使用的方式,延展到国语中去了。但是并没有加入个人的考虑①(本書わ愚見の存するところに従って、言文一致お用い、且つ、それお表音的に表記した。その表記法案わ、新定字音仮字遣の法式お、国語にまで及ぼしただけで、別に私案わくわえない)。但实际上,其中有保科坚决的意图。实际上只是将"画线式假名使用法"用于"国语"——也就是汉字的训读部分与大和语言,在习惯了历史假名使用法的人来看,这种表记法也完全是不同的。特别是,废除掉现在的"现代假名使用法"所固守的助词"は"与"を",完全按照读音写作"わ"与"お",再在这里加上长音符号"—"这样的表记法,从已经习惯了当今的"现代假名使用法"的感受出发,也许可以感受到些许异样。

---

① 保科孝一:『国語教授法指針』,宝永馆书店,1901年,第2页。

一体、禁酒禁煙とゆ―ことわ出来るが、節酒節煙わ出来ないとおなじで漢字の節減わど―も六かしい。これで、従来の障害お、一洗しよ―とゆ―ことわ、国語教育百年の大計でない。単に過渡時代における一時の方便にすぎないものである。真に国語教育百年の大計おおも―なら、漢字わ全く廃止して、しまわねければならん。①

（正如我们可以禁烟禁酒，但很难节烟节酒一样，汉字的节减是很难做到的。排除掉从来的障碍并非国语教育的百年大计。只不过是过渡时代图一时的方便而已。真正实行国语教育的百年大计的话，必须全面废止汉字。）

言語学（Science of Language）わ、ど―ゆ―学鑵かとゆ―と、それわ言語とわいかなるものであるかお説明する科学である。それゆゑ、言語学者わ国語（a language）お組織する語詞（words）について、その意義お研究し、その発達変化等お説明する、任務お有するものである。②

（语言学是哪种学问呢？可以说是对语言这一事物进行说明的科学。因此，语言学家的任务是对组成一种语言的词语，研究它的意义、说明它的发展变化。）

文部省也被推入这一改革的浪潮中，不仅是将假名使用法用于字音语，而且试图全面地实施这一用法。1905 年（明治三十八年）

---

① 保科孝一：『国語教授法指針』，第 134 页。
② 保科孝一：『言語学』，早稻田大学出版社，1902 年，第 1 页。

2月，文部省就假名使用的改定向国语调查委员会进行了咨询。当时的文部次官这样说：

> 字音假名使用法只用于发音，国语假名使用法固守从来的假名使用之陈规，这非常不便于教育。所以我们相信，为了对其进行普遍性的使用，教育领域希望对国语假名使用进行一些改正是非常合理的。①

接受这一咨询的国语调查委员会，在同年11月以《国语假名使用法改定案》作为答复。它对"画线式假名使用法"进行了更好的改良，确定了"口语、书写语都可通用"的方针，并"期待中等教育的学校在教学中也实行这一方案"。②

假名使用法全面地变成发音式的，是保科多年来的主张，保科的这一愿望至此终于实现了。这一《国语假名使用法改定案》应该从1908年（明治四十一年）4月开始在小学里实行。但是，阻挡这一实行的是信奉历史假名使用法的保守派知识分子与文学者。他们将保科激进的尝试视作文中所说的"愚见"而将其埋葬起来，企图借此阻止假名使用法的改定。

二 围绕假名使用改定展开的讨论

《国语假名使用法改定案》遭到了来自保守派的猛烈非难与攻

---

① 文部省教科书局国语课编：『国語調查沿革資料』，第69页。
② 同上，第73页。

击，延期了一年才实行。而且，为了处理这个问题，1908年（明治四十一年）5月文部省设置了"临时假名使用法调查委员会"，在这个委员会中并没有出现改革派的急先锋上田万年与保科孝一的名字。

文部省向这一"临时假名使用法调查委员会"咨问了新的改定案。这样一来，招致更为强烈的反对的1900年（明治三十三年）的"画线式假名使用法"的使用被废止了。另外，虽然说"国语假名使用法同字音假名使用法改定具有同一旨趣，有必要迅速对其进行整理"，但出于"假名使用法应该依据受教育的程度来截然划分"的理由，退回到"强制实行新假名使用法，还是新旧并行，应该交给自然淘汰来决定"这一并不彻底的态度了。①

然而，主张只有历史假名使用法才能延续国语传统的保守派，连这个改定案也没有同意。委员中虽有大槻文彦、芳贺矢一等极为有限的人持赞成意见，但是改定案还是被强烈地反对了。其中最为有名的，是以"正如你所见，我是委员中唯一穿着军服的"这句话开头的森鸥外的《假名使用法改定反对意见》。②结果，委员会没有做出决定。9月，政府撤回了向"临时假名使用法调查委员会"提出的咨问案。作为其余波，文部省还改正了小学校令实行规则，废止了所有小学校中实行的"画线式假名使用法"，复活了以前那样的字音假名使用法。而且，失掉了任务的"临时假名使用法调查委员会"于同年12月解散。

保科的《国语学精义》（1910年，明治四十三年）一书是用历

---

① 文部省教科书局国语课编：『国語調査沿革資料』，第83页。
② 吉田澄夫、井之口有一编：『明治以降国語問題論集』，第553—574页。

史假名使用法写成的，其背景中有着上述这样的情况。但是，在这一潮流中，保科毅然决然地提出了这样的主张："历史假名使用法，在上下两千年的国语中来看，是不甚合理的、非理论性的；反之，表音的假名使用则是在有秩序的、合理的基础上组织而成的，与历史假名使用法相比，远为简洁、合理。因此，从假名使用法的实质来看，表音的假名使用法也更为出色。"①

这是保科对他提案并身体力行地使用的表音假名使用法最终却不得不被撤销这一现状发出的抗议之声。

这之后，保科担任临时国语调查会、国语审议会的干事，成了所谓的"国语改革派"的中心人物。他努力使临时国语调查会、国语审议会发表的假名使用改定案部分妥协于历史假名使用法，同时尽可能地将其引向表音式表记的原则。所以在那时，视历史假名使用法的传统为神圣之物的保守派判定"假名使用法的改定是与破坏国史、国民道德、国家传统相关联的危险思想"②。

保科旨在实现"国语改革"的活动，不断地受到将国语传统神格化的保守派人士的攻击。即使如此保科也不屈服。他可以一心主张表音式假名使用法的优越性，是因为他坚守着"观察语言与文字的关系的话，会发现语言是被代表者，文字是代表者。语言是实体，文字是符号。从这样一种关系来看，文字的本分的职责是尽可能正确地表示语言"③这一从近代语言学中得出的原理。

---

① 保科孝一：『国語学精義』，第576页。
② 武部良明："国語国字問題の由来"，『岩波講座日本語3・国語国字問題』，岩波书店，1977年，第283页。
③ 保科孝一：『国語学精義』，第552页。

对于站在这一立场上的保科来说,理所当然是持汉字全废论的观点了。这是因为,汉字那样的并不"代表"音声语言的文字违背了语言的原理。保科对于汉字的基本态度是:"从期待国语教育的进步与国运的伸张来看,汉字的全废显然是最为紧要的。今日虽然有反对者,但我相信大势所趋,一定会迎来全废的时代的。"① 但是,保科越是陷入到汉字问题中,越受到比假名使用法改定更为猛烈的、来自保守派的激愤攻击。

三 山田孝雄与《国语的传统》

前岛密在《汉字御废止之议》中所主张的汉字废止论成了之后国语国字问题中最大的争议点。无论是保守派还是改革派,都认为汉字的问题是决定近代日本语前进方向的因素。在第六章中已经论述过,国语调查委员会在决议事项中举出的"采用表音文字(フォノグラム)"意味着以废除汉字为前提。另外,战前主要的"汉字节减"论并不是想让汉字在某种结构中得以维持,而是以最终实现汉字的全面废除为目的。从这一点来看,可以看出战后以"当用汉字表"为象征的汉字节减论,是比战前的更为保守、缺乏冒险精神的想法。

与这样的国语改革派相对立的汉字拥护论者,则是极为国粹主义的,有时又歇斯底里,这种倾向残留至今。与为汉字的优越性尽情尽理地进行劝说相比,他们更为性急地主张限制汉字将会有损日本的"国体"。

---

① 保科孝一:『国語学精義』,第 528 页。

这样一种情绪在国语审议会于1942年（昭和十六年）6月对"标准汉字表"进行决定报告的时候，一下子爆发出来了。这个"标准汉字表"规定了1134个常用汉字，准常用汉字1320个，特别汉字74个，共计2528个，这三种类别的划分如下所述：

> 常用汉字是指与国民日常生活关系密切的、普遍使用频率很高的汉字。
>
> 准常用汉字是相比于常用汉字，与国民日常生活关系并不密切，普遍使用频率低的汉字。
>
> 特别汉字是指皇室典范、帝国宪法、历代天皇的御追号、国定教科书里的诏敕、赐予陆海军军人的敕谕、对美国以及英国宣战诏书中的文字，即常用汉字、准常用汉字以外的汉字。①

因此，身为国语审议会干事长的保科孝一在同年3月发表这一"标准汉字表"的中期报告时，在新闻谈话中透露出国语审议会的方针是尽量不使用准常用汉字，使其逐渐消失。

这样一种汉字节减的动向，让保守派无法无动于衷。特别是诏敕、敕谕等天皇的用语被视作并非"与国民日常生活关系密切"的"常用汉字"这一点，让保守派大为愤怒。首先，同年7月，头山满、松尾舍次郎等十二人联名签署了反对"标准汉字表"的建议书，并呈递给文部大臣。另外，他们不仅对国语学者、文学者，而且对各界文化人进行动员，结成了"日本国语会"。10月隆重地举

---

① 西尾実、久松潜一监修：『国語国字教育史料総覧』，第308页。

办了创立会的仪式。迫于他们的激烈反对，12月文部省取消了常用、准常用、特别汉字之间的区别，发表了全部字数总和为3669个字的"标准汉字表"。并且不得不申辩说这一"标准汉字表"并不是以限制汉字为目的的；另一方面，"日本国语会"在1943年（昭和十八年）出版了《国语的尊严》这一论文集之后，没有什么特别的活动可做就自行解散了。①

在论文集《国语的尊严》中，除了桥本进吉的《假名使用法的本质》之外，基本上完全是直接发泄对改革派的激愤的。

大西雅雄的论文《日本国语道》的主旨，是批评明治以来的国语改革的同时，称颂"国体及与其一体的国语之尊严"。大西暂且同意上田万年在其著作《为了国语》中对国语与国家联系的强调，但是，批评说"语言学、国语学的专家上田万年博士自身陷入了极大的错误之中"②。上田万年批判了国语的现状，采用表音文字以及废除汉字的企图正是"轻视国语"的做法。对于大西来说，基于"惯习"的国语"传统"绝对不能进行变革。或者说，因为其本身就是不可变革的"国体"。因此，"国语改革家的国语尊重论什么的，不限于上田博士，终将走到轻视国语这一步"③，"承继了上田博士观念的保科孝一"也绝不会例外，大西这样指名道姓地对保科进行了批评。"明治三十三年的国语调查委员会之后，临时国语调查会、国语审议会这些持续了45年的、上田和保科两者学说的实施机构，虽然在政府的帮助下维持了下来，但什么成果都没有实

---

① 参照平井昌夫：『国語国字問題の歴史』，第342—359页。
② 日本国語会编：『国語の尊厳』，国民评论社，1943年，第15页。
③ 同上，第20页。

现。"① 这就是因为他们的国语观脱离了"皇国三千年的国语之道"。国语教育应该从"原封不动"地接受国语的传统开始,而"国语调查会、国语审议会的存在实际上插手搅乱了上述的教育,这是不可否认的。——也就是说,他们的存在,如上述所说,是国语之道的革命分子,是对'原封不动'的否定"②(着重号为作者所加)。

大西的议论主要着眼于国语政策与国语教育等外在的方面,而山田孝雄的论文《国语的传统》,则不关注这种实践方面,而是追问国语改革这一事物所具有的意识形态的基础,从这点来看,可以说后者是更为本质性的。

《国语的尊严》中收录的山田的《国语的传统》这篇论文,刊发在《文艺春秋》1942年(昭和十七年)9月号上,并以"国语的本质"为题名收录在1943年(昭和十八年)出版的《国语的本质》这本书中。虽然题名变了,但是内容没有丝毫改动。《国语的本质》中除了这一篇,还收有《国语是什么》《国语国文的主旨与教育》《国语及其教育》,合计四篇论文。

首先,山田从问题最初的渊源谈起。"在这里有一点需要注意,那就是明治十三年2月加藤弘之为了着手日本的国语改革或者叫整理,为了进行博言学的研究,从今天的学士院的前身学识会院向文部卿(今天的文部大臣)提出申请,建议让秀才们到欧洲去留学,并等待其回来施展才能。这一事件实际上在明治国语学的历史上留下了深刻的影响,并且一直影响到今天。"③

---

① 日本国语会编:『国語の尊厳』,第37页。
② 同上,第54页。
③ 山田孝雄:『国語の本質』,第8页。

从以加藤弘之为会长、上田万年为干事长的国语调查委员会，到"当时文部大臣中桥（德五郎）与次官南（弘）以及保科孝一合作的"①临时国语调查会，再到南弘担任会长、保科孝一担任干事长的国语审议会，如果追溯这一系列的国语改革脉络的话，山田认为所有的根源都出于此。也就是说，"国语改革"是西欧语言学移植到日本的时候诞生的与父母都不像的小孩。"所以今天的国语审议会，与其说对国语进行了慎重的审查，不如说，是对当初加藤弘之的振兴博言学研究，并以此为基础进行国语的修正、改正这一意见的具体化及其延长。"②

山田以此对上田万年以来的国语学与国语政策进行全面的否定。在这个情况下，山田必须进行两方面的原则性的否定。即对"语言是变化的"这一语言学的原理进行学问上的否定，并从实践上否定"语言应该进行改良"这一国语改革的原理。为此，山田将在西欧语言学中无法否定的各种关键词，从理论的大脉络中切割成零零碎碎的片段之后，将它们随意地搅和在一起。山田一边引用"语言的社会性""语言的历史性""语言的客观性"等教条，一边强调语言不应该任由个人、时代恣意地改变，甚至就不能改变。山田并没有理解惠特尼、索绪尔说语言是社会的制度（institution 或者 fait social）时的意图，或者是故意无视。欧美语言学这种奇妙的"受容"的姿态，在日本的国语学中创造了一种接近于病理现象的传统。为了掩埋这样的理论贫困，一定会拿出来的道具，为了封堵所有的反驳意见而使用的绝招就是"传统"。"国语的正确性在传

---

① 山田孝雄：『國語の本質』，第12页。
② 同上。

统之外别无他物。这是世界共通的道理。因此,无视国语的传统,只图便利的思考方式,是以非常可怕的思想为其根基的。也许本人甚至都没有意识到。然而,那种认为传统无足轻重的观点,作为我大日本皇国的忠诚国民,是在梦里都不会想到的吧。"①(着重号为作者所加)

为什么这里会说"可怕的思想"呢?这是因为无视"国语"的"传统",进而很有可能会变成否定"国家"甚至"国体"。也就是说,映入山田孝雄眼中的以近代语言学为基础的"国语的学问"是"可怕的"无政府主义式的"学问的姿态"。对于山田来说,以近代语言学为基础的"国语学"等本身就是不该存在的学问。

山田已经在《国语学史要》中说过:"大体而言,当今称之为国语学的,是从明治中期输入的西洋的语言学问开始的,着眼点就是用那些西方的道理和法则来解释国语。……对其醉心之时,国语的国这一意识完全消失不见了,只是语言这一意识在飞扬跋扈。这是因为,今天的国语的学问大多数实际上变成了对国家视而不见的学问姿态。"②(着重号由山田所加)

山田在《国语的本质》中,为了与这种"可怕的""学问"进行对抗而拿出来的只不过是接下来的这种抹杀异论式的教条。这些教条本身将国语的传统与"天皇制"的神圣不可侵犯的"万世一系"性联结在了一起。

---

① 山田孝雄:『国語の本質』,第26页。
② 山田孝雄:『国語学史要』,自序第2—3页。

我们日常使用的纯正的国语与这个国家有着同一起源。①

简而言之，国语是永远唯一的。它贯穿古今，是建立在绝对的时间性上的。②

国语是国家精神之居所，也是国民精神的文化的共同遗产的宝库，同时也是将过去的传统传递到现在与将来的唯一工具。③

国家超越了个人的生死，永远无穷地存在着。也就是说在教育中寄居着永恒的生命。④

今日的国语是到今天为止的日本的历史之结果，因此，一以贯之的国家精神可以在国语中流淌着。……我们与我们的祖先，通过国语可以同心一体。⑤国语中流淌着来自祖先的尊贵的血，国民精神寄宿其中，如果将其改变的话，就变成了作为日本人的观念之改革、国民精神的改革。心平气和地审议这种事情，只能说是发疯的行为。……（国语改革）对于国家来说就是冒渎。⑥

开天辟地以来就没有革命，万世恒常不变的我们国家、我们的民族一次也没有过国语的根本上的变革。因此，我们日常使用的纯正的国语，是与这个国家同根同源的。⑦

---

① 山田孝雄：『国語の本質』，第43页。
② 同上，第81页。
③ 同上，第52页。
④ 同上，第63页。
⑤ 同上，第80页。
⑥ 同上，第83页。
⑦ 同上，第105页。

简而言之，国语是我们国民从遥远的祖先那里继承下来的精神的、文化的遗产。流淌在祖先血液中的兴奋与感激连同血液一起传递给了我们和后世的子孙。国语在横向上有让现在的国民齐心协力的力量，同时，在纵向上有贯穿古今的远祖之心与现在的国民之心同心一体的力量。①

山田的这种言论，可以无限地重复引用。山田的言论中，猛一看像是客观的，最后却成了像祝词那样的没有意义的咒语，只是围绕着一点反复进行空转而已。这一点就是"国语"与"国体"的一体性。

如此一来，无论是通过《国语与国家》将日本语作为国家象征的上田万年，还是一边妥协于语言学，一边为国语政策赋予形式的保科孝一，在大西、山田看来，都只不过是怀有"可怕的思想"的"革命分子"的首领罢了。这种对立，并不是在国家崇拜、天皇崇拜这些信仰的深浅度和敬虔性方面的不同，实际上是国语学与语言学这种语言意识形态的基盘上发生的对立，这一点不容忽视。

山田孝雄这样的言辞不能看成是战中白热化异常状态下一时的脱轨。山田的反应，在一点上尖锐地抓住了问题的本质。这就是作为语言学一个分支的国语学和明治以后以国语改革为目标的国语政策相互支持，无论哪一个在直观感受上都与否定"国语的传统"相关联。这一直观感受，经由可称作"战后国语学界的天皇"的时枝诚记更为精致地展现了出来。

---

① 山田孝雄:『国語の本質』，第112页。

四　时枝诚记与语言过程说

时枝诚记的国语观与山田孝雄的国语观并不完全相同，甚至在有些场合会表现出明显的对立。比如山田在日本国民研究自己的国语时，第一次将之命名为"国语学"，所以他认为"如果是外国人研究我们的国语的话"，不能称之为国语学。[①] 时枝反对山田这样的意见，他认为"如果日本人的研究与外国人的研究之间发生了什么不同意见的话，那也只是学派之间的差异，认为一方是国语学而另外一方不是，这是无稽之谈"[②]。

时枝更进一步地批判了山田将国语定义为"日本帝国的标准语"这一国语概念。"国语"一定是从语言特质的内部进行定义的，想要用国家、民族这些语言外部的事实为"国语"确立基础是错误的。"我认为国语学中所说的国语，应该是日本语的同义词，将其称为日本语或者日本语学的国语、国语学，只不过是为生于日本国、讲着日本语的我们图方便的称呼而已，严谨地说，应该称之为日本语或者日本语学，国语这个名称保留为特定场合的用语比较合适。"[③]

然而，时枝认为可称为"严谨"的学术名称的"日本语学"在此之后并没有被使用，反而沿用了不过图"方便"的"国语学"。为什么他之后使用的不是"日本语学"而是"国语学"呢？这一点时枝并没有给出过清楚的说明。如果推测的话，可能是因为"日本

---

① 山田孝雄：『国語学史要』，第5页。
② 时枝诚记：『国語学史』，第5—6页。
③ 同上，第5页。

语学"这一名称会给人留下它是"语言学"中的一个分支这样的印象，这恐怕是时枝所担心的吧。时枝固执于作为固有名词的"国语"，但是，这种心情绝不仅仅是时枝的个人意见。拒绝"日本语"执着于"国语"这一事情中究竟带有怎样的意味呢？这一点之后再论。

时枝对将语言学的方法用到日本语中的做法的批评，显然不如山田。但是，这一批评与山田不同，他一方面纠缠于语言本质论，另一方面采用更为精致的手法展开了论述。

把外在于人类的语言视作实体性存在——比如"社会"那样的事物的语言观，时枝称其为"结构主义语言观"，他坚决反对这样一种语言的外在对象化。语言并不是作为实体存在着的，语言本身是听、说、读、写这些行为，即作为表现与理解的主体性行为的心理过程。立足于这一认识想要理解语言的本质，这就是变得有名气的时枝的"语言过程说"。这个"语言过程说"中最具特点的是，即便是对研究语言的语言学者，也要求其具有"主体性立场"。也就是说，从在语言外侧进行凝视的"观察性立场"出发，绝对不可能抓住语言的本质。时枝说道：

> 可以叫作语言的是通常的主体性互动，观察者以此为对象进行把握是指，通过在观察者自身的主体性活动中将其再生，才变得可能。为图研究上的方便，将主体性的事物置换为客体性存在，这是不能被允许的。我们必须将主体性事物始终当作主体性的来进行把握、记述。[1]

---

[1] 时枝诚记：『国語学原論』，岩波书店，1941年，第15页。

时枝断言，追究说话人的主体性语言意识本身，才是语言研究的唯一方法。如果这样的话，国语研究者必须与说国语的人一样，积累同样的心理体验才可以。那时，才有可能对支撑着国语的心理过程进行"再生"。国语研究者当然必须以"国语"来生活。这样一来，在国语生活之外的外国的研究者该如何像语言过程说中所示的那样来研究国语呢？作为学术概念，时枝一方面认为比起"国语"称之为"日本语"更好，另一方面在那种方法论的要求下，他在不知不觉中将"国语"及其研究监禁在封闭的世界中了。

广为人知的是，时枝在《国语学原理》中对索绪尔的理论进行了严厉的批判。然而这一批判是基于翻译得并不好的日译版《普通语言学教程》，另外也有时枝自身强行"误读"的因素，所以并没有什么成效。但是，有必要对时枝与索绪尔进行一下比较。因为索绪尔也的确对语言的本质提出过疑问，他首先也是从"说话者的意识"这一点出发的。那么同样将"说话者的意识"作为对语言而言更为本质性的事物来看待的时枝与索绪尔，到底有什么不同呢？

索绪尔关注"说话者的意识"，并不是想就意识内容的实质本身进行发问，而是想抽取出让语言意识成立的形式条件。从这里出发的索绪尔发掘出作为"集合表象"的语言（ラング），以及作为记号的纯粹价值体系的语言（ラング），以此进行理论的纯化。在此之际，索绪尔排除的是文字、历史性和规范性。他说，"不抹除掉过去的话就无法进入说话者的意识中。历史的介入，只会搅乱'语言学学者'的判断"[1]。从这种近似于可怕的禁欲式的态度中，

---

[1] 索绪尔:『一般言語学講義』，第115页。

让作为共时体系的语言（ラング）浮现出来，这是索绪尔的苦心所在。

然而，因为时枝将语言过程的实质本身与语言视作同一的，语言的规范意识、历史意识也包括在了语言的本质中，因此，不允许对意识过程本身从批判性视角进行分析。因为，一旦对意识过程进行对象化，就会处于"观察性立场"了。时枝所说的"主体性立场"，并不是让语言批判的观点贯彻始终，而是让语言传统与语言规范按照其本身的样子被肯定、被接受。

这一点更为突出地体现在，根据近代语言学的观点，正是无意识下原封不动地说出的口语中体现着语言的本质，文字对于语言来说只不过是被加工过的事物。或者说，文字甚至是遮蔽了"语言本身"的障碍物。对此时枝认为，作为语言主体的意识层面的活动的"价值与技术之类的，是语言中最为本质的要素之一"①。"价值"是指说话者判断用什么样的语言表现最为恰当的意识。"技术"是指说话者以意图、目的为基础选择并精简其表述的实践性活动。根据这样的观点，就成了并非口语的习惯制造了语言。根据语言之外的一些传统，通过表达意图来实现的书写语言、文字语言再次与口语一起构成了同样的语言本质。这样一来，时枝将无法还原为口语的书写语言所具有的固有性带入语言的本质中。这时，历史假名使用法、汉字的使用作为国语原本就具有的"价值与技术"，在语言过程说那里得到了完美的承认。

即便到了战后，时枝的立场也一以贯之。时枝在战后不久发表了《国语规范论的构想》（1947年，昭和二十二年），文中这样说：

---

① 时枝诚记：『国語学原論』，第105页。

明治以来国语学的传统问题作为国语的历史研究之基础，首先需要考察的是规范性意识，我痛感这是首先应该处理的问题。另外国语政策、国语教育的各种问题，站在我的立场上来看，我相信都可以在国语学的体系中得到解决。[①]

　　一方面是作为语言主体的表现过程、理解过程中的内在之物，另一方面是作为语言政策的对象，"规范"的问题成了时枝理论中的一个要点。根据时枝所说，并不是首先存在作为事实的语言体系，然后说话者意识到这一体系的时候"规范"就产生了。也就是说，对于语言来说，规范并不是次生的要素。"成为语言主体的规范意识的，是存在于国语内部的体系性事实之一"[②]，"如果遵照只把语言当作表现行为自身这一观点的话，规范意识就不是对于语言这一资源的语言主体的意识了，就变成了关于表现行为自身的语言的意识了。那么就不得不考虑语言成立之根本这一问题了。极端地说，就会变成主体丧失，或者这一规范意识丧失，语言也就无法成立了"[③]（着重点为时枝所加）。

　　因此，这一规范意识对于"国语政策"来说具有怎样的意义呢？时枝在论文《黎明期的国语学与国语政策论之交涉》（1956年，昭和三十一年）中说道："伴随着明治以来的国语政策论的实施，今天的国语现状是基于语言学的国语学与国语政策论之间的歪

[①] 时枝诚记：『言語生活論』，岩波书店，1976年，第36页。
[②] 同上，第37页。
[③] 同上，第39页。

曲的联系的。"① 这里的"语言学的国语学"是比较陌生的说法，也许是指借鉴了近代语言学方法的国语学吧。这个"语言学的国语学"试图"极力排除关于国语的雅俗观念、价值观"，与此相应地，国语政策的目标则是"设定关乎国语将来的规范"。两者是"水火不相容的"。然而，因为"有着对近代语言学毫无反省的信赖"②，所以人们错误地相信，近代语言学会为国语政策开出处方。

时枝并不是认为学问上的"国语理论"不可能与实践上的"国语政策"产生关联。不如说，他认为正确的"国语理论"必然会成为"国语政策"的向导，也必定会成为向导。这一理论本身就是"语言过程说"。理由是，为了将语言的规范意识事先编入语言本质中去，"国语政策、国语教育的各种问题，站在我的立场上来看，我相信都可以在国语学的体系中得到解决"。③

尽管如此，将说话者的规范意识作为分析的对象与设定的面向未来的规范，两者难道不是完全不同层面的事情吗？如何让作为学问领域的"国语规范论的成立"④产生出"通过恰当的国语论，让国语的将来朝向正确的方向前行之可能性"⑤呢？

必须注意的是，时枝的语言过程论排除了"观察性立场"，完全是从"主体性立场"出发的。在这个意义上，生活中说某种语言的人的意识，与分析语言的语言学者的意识，在本质上必须是相连续的。如果说话者在具体的情况下使用规范意识的话，语言学

---

① 时枝诚记：『言語生活論』，第 233 页。
② 同上，第 241 页。
③ 同上，第 36 页。
④ 同上，第 37 页。
⑤ 同上，第 41 页。

者则可以将这一规范意识在理论的层面上继承过来。因此，根据时枝所说，"语言主体的规范意识"是作为语言本质的传递行为之基础，同时也是维持作为文化的语言统一性、组织语言变化的"保守力量"[1]，并支持着语言的传统。如果这样的话，语言理论只能肯定这一"保守力量"。时枝也认为："在国语政策论中，那种认为只有顺应语言的变迁，才是对国语的科学处理、进步的看法，无论怎么说，也未免是片面的看法而已。"[2]

从这一立场出发，尽管时枝持续批判着以汉语限制和现代假名使用法为代表的战后"国语改革"，但须注意的是，这是与立足于"语言过程说"的近代语言学批判不同的。

战后，时枝成了国语审议会的成员，但他对改革派主导的审议会的做事方式非常不满，于1949年（昭和二十四年）在国语审议会改组之际退出了这一组织。这之后审议会变成了改革派与保守派激烈对立的场所。这一对立在1961年（昭和三十六年）第五期国语审议会召开之际一下子爆发了。舟桥圣一等五名审议员以审议会的运营暗中被改革派操控这一理由突然退出此会。这在当时是相当大的丑闻，也被媒体大幅度地进行了报道。审议会的运转搁浅了。这时代表者们选出了替代委员，才终于让文部省举行了第六次审议会。[3] 那个时候，有人提出让时枝再次担任委员，但他依旧坚辞。

以这一事件为契机，时枝写了《为了国语问题》这一著作。这

---

[1] 时枝诚记：『言語生活論』，第242页。

[2] 同上，第243页。

[3] 杉森久英：「国語改革の歴史（戦後）」，丸谷才一编：『日本語の世界16・国語改革を批判する』，第145—164页。

本书将近代语言学批判与国语改革批判视为同一的,由此清楚地展示出了时枝的语言观。①

时枝对战后的"国语改革"进行了这样的批评:首先认为它是明治的国语调查委员会以来提倡的国语改革论的延伸。因此,这一国语改革论通常是以近代语言学的理论为其依据的。过去以及当时的国语改革论的破绽在本质上与近代语言学理论的破绽相同。也就是说,国语改革论是扎根于将语言视作人类之外的某种道具的语言道具说,语言作为事物的单位集合之语言构成主义,以及近代语言学的认识论误区之中的。另外,回避书面语而只将口语视为语言的本质,只着眼于语言变化的历时语言学这一单方面的方法论,将此运用在语言政策上的结果是,对书面语的轻视和与传统的断绝成了国语改革论的基调。这是时枝的批评。

但是在保科孝一这里,无法像山田、时枝那样从"传统"的魔咒中抽取出国语的统一性。保科认为,保守主义者们所谓的"传统"是只限于知识分子阶层,特别是歌人、国学者之间协商的结果,这无法在"国民"全体中普及开来。再者,保守主义者所尊崇的传统的规范力,通常必须回到书写语言中,对于认为口语才是语言本质的保科来说,如果将传统作为依据的话就变成自我否定了。保科所追求的新的"国语"规范并不是从国语的传统中来的,而应该是从现在惯用的语言中提取出来的。然而那个时候,在保科之前,出现了完全没有被统一的多样的方言。如此一来,对于国语来说,标准语的制定作为紧急的课题浮现了出来。保科如此强调制定标准语的必要性,实际上是对传统的拒绝态度的另一种表达方式。

---

① 时枝诚记:『国語問題のために——国語問題白書』,东京大学出版会,1962 年。

无论是对近代日本的国语学来说，还是对国语政策来说，一个重大的课题就是如何赋予"国语"以统一性。由此，森有礼日本语中缺少确定的统一性与自立性这一悲痛的认识，成了近代日本的语言意识必须不断地去否定的噩梦。

（附）关于森有礼与假名使用法改定之间的关系有一种说法。1921年（大正十年）鸥外被任命为临时国语调查会会长，再次致力于国语问题的工作。这次保科也在委员之外担任起了干事。鸥外于第二年去世，然而临时国语调查会继续着假名使用法的修订工作，并于1924年（大正十三年）12月的总会上通过了修订案。正如本文所述，鸥外在临时假名使用法调查委员会里的立场是拥护历史假名使用法的，所以对于假名使用法的修订有各种猜测。有一种说法是，因为鸥外因假名使用法的修订没有顺从自己的意愿而感到愤怒，才因此导致死期提早到来的吧。

比如山田孝雄在《明星》杂志（1925年，大正十四年2月号）上刊发了对这一修订案所持的坚决的反对意见，并借此机会倾诉了"森博士对国语问题是如何费尽心力的"。据山田所说，从先前向临时假名使用法调查委员会提出的意见中可以看出，鸥外对假名使用法的改定是彻底反对的。但是临时国语调查会无视了他的意见并推进了改定工作。于是，那时的假名使用法的改定"森博士很担忧却无计可施，这成为让他死期提早到来的原因"（山田孝雄：《国语政策的根本问题》，宝文馆，1932年，第89—92页）。

然而，保科的看法却完全不同。保科的证言说：鸥外在死之前将保科叫到了工作的地方，拜托他迅速着手假名使用法的修订工作，因为这是很必要的。而且，将欧洲的关于正字法改革的大多数文献交给保科保管。这之后不久鸥外就去世了,保科像执行鸥外的"遗言"那样直接开始着手假名使用法的修订工作。因此,保科说鸥外因为愤怒于假名使用法的问题而不幸去世这一说法是"脱离常轨的胡说","可笑之极"(《国语问题五十年》,第162—163页)。

据保科所说,鸥外之所以变得赞成假名使用法的修订,实际上与元老山县有朋的死有关。身为军医的文学者鸥外在陆军中是很不易亲近的,这样的鸥外,成为其后盾的就是山县有朋。因为山县是历史假名使用法的支持者,所以鸥外因为考虑到山县,就不能够赞成假名使用法的修订。而等到山县去世之后,他才能够直率地赞成假名使用法的修订。保科说,鸥外反对改变古典语的假名使用法,但是似乎赞成现代语的修订。但是,这也只是保科的推测而已(《某位国语学者的回想》,第237—241页)。

山田与保科的证言完全不同,这是为什么呢?鸥外并没有留下直接的证言,因此很难下判断。

第四部

保科孝一与语言政策

第十章
标准语的思想

一 "标准语"与"共通语"

在日本语的"标准语"这一词语中,似乎附着着特殊的感情价值。战前在"标准语制定"的名义下,方言被贬低为鄙俗不堪的语言,因此说方言的人被灌输了对自己所用语言应感到深深的自卑的观念。实际上,在学校甚至动员大家使用给说方言的学生头戴示众牌的"罚札"制度,进行了骇人听闻的压制方言的行动。众所周知,以1940年(昭和十五年)的柳宗悦的发言为导火索发生的"冲绳方言论争",使得这一问题尖锐地迸发出来。①

"标准语"这一概念表现是明治以来扑灭方言政策的象征。如此一来,即使在战后,"标准语"这一词语中也纠缠上了战前的阴影。因此即使在现在,甚至在对"标准语"进行学术上的论述时,人们也认为有必要注意到渗透在世间的"标准语过敏症"。② 因

---

① 外间守善:『沖縄の言語史』,政法大学出版局,1971年,第85—93页。并参照了外间守善的『日本語の世界9・沖縄の言葉』,中央公论社,1981年,第331—338页。
② 真田信治:『標準語の成立事情』,PHP研究所,1987年,第203—205页。

此，为了让这样一种过去的记忆变得稀薄，进行了从"标准语"改为"共通语"这样一种显而易见的"说法转变"。但是，如果参看1955年（昭和三十年）刊行的战后第一部《国语学辞典》[①]的话，可以发现"共通语"的定义是："在一个国家内部无论哪里，都可以共通地交换意思的语言"，而"标准语"的定义是："精炼共通语，按照一定的标准进行了统制的、理想的国语。"这样一来，严谨地说，"共通语"与"标准语"成了包含着不同意义内容的概念了。尽管如此，"共通语"还是可以作为"标准语"的说法转变承担起它的职责，这是为什么呢？

根据柴田武的说法，"共通语之所以受到欢迎，是因为人们厌恶标准语这一用语中所伴随着的'统制'……这一附带的意味"。因此，柴田又补充道："如果国语教育的目标从标准语改为共通语的话，达成目标就变得很轻松了。共通语是全国哪里都可以适用的语言，只要有这一点，就不会特别地需要被'精炼'了的'理想的'语言了。"[②] 如果按照这种方式去做的话，从"标准语"到"共通语"的转换，目标的水准就会降低，实现的道路也会变得容易，这种说法只是出于极为时效性的理由。也就是说，"共通语"只是"标准语"的前一步骤而已吧。而且，这就变成了，现在"共通语"在全国范围内得以渗透，是明治以来"标准语"教育的结果。在这里，只要去除掉"统制"这一"附带的意味"，"标准语"与"共通语"别无二致。如此一来，从"标准语"到"共通语"的说法转变

[①] 国语学会编：『国語学辞典』，东京堂出版，1955年。
[②] 柴田武：「標準語、共通語、方言」，『「ことば」シリーズ6・標準語と方言』，文化厅，1977年，第23—24页。

中，不是就隐藏着战前与战后日本的语言制度史的连续性了吗？因此，选择"共通语"这一听起来不错的说法，就可以回避掉语言中隐藏着的权力问题了。由此，现在所做的"共通语"的普及并不是应该欣然接受的，而是应该对"标准语"进行彻底的追问。

正如已经在第六章第二节中论述过的那样，日本公开意义上第一次使用"标准语"这一说法的，大概是上田万年的演讲《关于标准语》①（1895年，明治二十八年）。在演讲中，上田提倡把"一大帝国首府的语言"的"东京话"中"受过教育的东京人说的话"作为基础，加以"人工雕琢"而使其成为有资格作为标准语的语言。

国语的中央集权化就是从这时候开始起步的。这之后，1904年（明治三十七年）2月文部省发表的《寻常小学读本编纂趣意书》中，更为详细地给出"文章使用口语用语，主要以东京中流社会使用的语言为主，并教授国语的标准，以此实现统一"②这样的定义，由此，国语教育的目的是"了解国语的标准"这一意图清晰地展现了出来。

那么，标准语普及之后，各地的方言该怎么办呢？另外，国语这一统一体中，标准语与方言有着怎样的关系呢？上田并没有留下关于这些问题的论述。该怎么看待标准语与方言之间的关系这一问题，遗留给了弟子保科孝一，成为他必须努力回答的问题。

---

① 吉田澄夫、井之口有一编：『明治以降国語問題論集』，第502—508页。
② 吉田澄夫、井之口有一编：『明治以降国語問題諸案集成／語彙・用語・辞典・国語問題と教育編』，第477页。顺便一说，在韩国也是将"首尔中层社会的语言"规定成韩国语的标准语。

二 "方言"与"标准语"

《语言学大意》《语言学》《国语学精义》这些保科早期关于语言学与国语学关系的书籍中,一定会有相关的章节论述到标准语与方言之间的关系。如果是稍微学了一些语言学的人的话,就会理解语言之间并没有优劣、美丑的区别,只要从语言的内部构造来看就知道语言之间是平等的。保科对"方言"的把握也是从语言学原理出发的。

已经在第八章第三节中说过,据保科所说,语言是指通过音段来表象思想之物,基于这样的定义来看的话,那么方言"其形态与实质,与通用的语言别无二致"。[①] "国语与方言的区别只是程度上的问题,不过是人为规定的而已","实质上,称之为方言,恰恰体现出一个误解,那就是认为这一语言是不正确的、鄙俗的"。[②]

那么,将一种语言视作"方言"完全没有根据吗?对于这一点,保科从语言的"通用范围"谈起。"如果将方言与通用的语言进行比较的话,方言的思想交流的区域非常狭小。"但是,因为"语言的职责"是"必须在广大的区域内进行交流",所以"就其交流区域狭小这一点来说,方言与语言本质上的职责相背离"。"从其形态以及实质来观察的话,方言绝没有被鄙视的理由,但只从交流区域的狭小这一点来看,自然会被排斥,或者说,必须被排斥。"[③]

---

① 保科孝一:『言語学大意』,第161页。
② 保科孝一:『国語学精義』,第667—668页。
③ 保科孝一:『言語学大意』,第162—163页。

因此，关于标准语与方言的关系，实际上保科明确地说道："打破方言实现国语的统一，是当务之急。这一任务可以随着一定程度的文明化进程自然地完成，但是我们必须通过对其加以人为的雕琢来加速这一过程。然而我说的人为的雕琢是指创定标准语、消灭方言。"①

这并不是从论述国语政策的书中引用的，这是《语言学大意》这本杰出的语言学著作中的一节。一开始站在客观立场上对语言的论说和说明，不知不觉间就变成了设定规范的理论了，这是上田和保科共通的宿命般的特征。另外，从这之中可以明确地看到明治时代语言学与国语学必须实现的政治任务是什么。

在上田那里，为实现标准语而进行的"人工雕琢"是指发音、词语、文体等方面，全部都是语言内部层面上的精炼。而在保科这里"人工雕琢"变成了"创定"标准语、"消灭"方言这一彻底的语言政策的概念。但是，对于保科来说，"消灭"方言并不是无视语言学原理的莽撞的政治方针。在《国语学精义》中保科列举出"促使语言分歧、方言发达的主要原因"有"个人的不同""社会制度的不同""地域的不同"这三个因素（在《语言学大意》中列举了八个因素，但内容基本相同）。不过，保科认为这些因素在"未开化的时代"发挥着作用，"伴随着社会的进步、人文的发达，这些因素渐渐消失、变得薄弱了，因此结果是语言分歧的势力日渐衰微"。因此，方言并不应该通过人为的政策加以扑灭。"这种势力衰微之后，数百的方言早晚会自然统一起来。"②

---

① 保科孝一：『言語学大意』，第164—165页。
② 保科孝一：『国語学精義』，第694页。

保科认为，实现标准语的力量在政策出台之前的现实中存在着，这就是政治经济文化的中心地的语言带有"对其他方言实行感化的能力"① 所完成的任务。然而，如果自然地放置不管的话，语言统一的过程就会保持非常缓慢而且不彻底的进程。因此，国语政策的任务是使中央语言的"感化力"尽可能地显现、强化，并扩大其波及的范围，加速统一的步伐，并且不断地保持在"自然的统一"过程中容易损失掉的标准语的纯粹性。

在这个意义上，对于保科来说，标准语政策变成了与一些语言的自然本质并不相矛盾的事物。也就是说，国家的语言政策存在于语言本身内在的语言变化与语言统一过程的延长线上。如此一来，保科越是忠实于语言学的教学，就越会忽视掉"标准语制定"的政治性。

尽管如此，只要忠实于语言学，即使是保科也不得不承认"方言这一名称，本来就是约束性的"，是"暂定的名称"。更进一步说，所有的语言实际上都是"方言"。"这些方言的集合体就是日本语，除此之外称之为日本语的特殊之物并不存在。"② 因此，如果"国语"是"方言"的集合体的话，"国语学"也就是"方言学"的集合体了吧。在这里再次呈现出重要性的是"标准语"。保科的确比同时代其他任何学者都强调"方言调查"的重要性。比起过去的文献，保科一直主张现在说着的方言作为语言资料来说具有更大的价值。然而，"方言调查"并不应该仅仅成为学术上的目的。保科说道：

然而在今天，这一"国语教育的目的"尚未完全达成。这

---

① 保科孝一：『国語学精義』，第 292 页。
② 同上，第 731 页。

是因为毕竟连现代正确的日本语是什么都还没有明确下来。具体而言，可称之为现代的标准语、标准文体的，尚未固定下来。在这种情况下，很难确立国语学的基础，因此，正如所说的那样，标准语、标准文体的制定是一日也不该耽误的紧要事情。如果要完成这一事情，首先要解决的问题是方言的调查。①

这篇文章其实很不可思议。为国语学确立基础、制定标准语、调查方言这些异质的事情，无论是在学术上还是在时间上都联结到了一起。不制定"标准语"的话，"就无法确定国语学的基础"，保科这么说，看起来像是误解了学问与政策的胡话。但是，并不是这样的。对于并不承认以过去的传统为根据的保科来说，为了创造出"国语学"固定的认识对象，"标准语制定"是必要的理论要求。②

三 从"标准语"到"政治性的国语问题"

保科将同一民族所用的同一口语内部的"人文的国语问题"，

---

① 保科孝一：『国語学精義』，第740页。
② 本书未能论及的是，对这种"标准语的思想"进行了最为严厉批评的是写作了《国语的将来》《标准语与方言》的柳田国男，但是，柳田并没有全面否认"标准语"这一概念。柳田所说的"标准语"在以下两点上与上田万年、保科孝一的"标准语"不同：其一是，柳田并没有将"标准语"作为语言的"全体"，完全是在"语言"的层面上来对待的；其二是，"标准语"不是"人为制定"的，而是通过"自发的选择"而形成的。无论如何，柳田的语言思想具有被认真研究的价值。

与相对应的说不同语言的民族间发生冲突而引发的"政治的国语问题"进行区别,是在他1911年(明治四十四年)到1913年(大正二年)留学欧洲之后。据保科所说,"人文的国语问题""就其结果而言,并没有对政治产生任何影响";相反,"政治的国语问题"在多民族国家或是殖民地统治中,甚至可能是关系到国家体制存亡的政治问题。① 这在之后(第十三章第二节)会详细地进行论述,可以肯定的是,诱发了激烈的政治斗争的欧洲国语问题的深刻性使得保科做出了这样的区分。但是,"人文的国语问题"与"政治的国语问题"并不是彼此断绝的,而是从前者到后者一线相连的。这条线就是这样一种认识:政治上、文化上优越的语言,必然会驱逐其他语言,或者说不得不驱逐之。

保科在留学之前写的《国语学精义》中这样说道:"如果国语丧失掉独立性的话,国民也会渐渐地失去国民精神,什么时候国民的势力会衰退是自然的趋势。因此,从政策上来看,征服者、统治者让被征服、被统治者尽早抛弃祖先传来的国语,强制性地使用自己的国语,这是最好的统治方式。……也就是说将自己的国语推广扩大,也就是让国民的势力增大,这是语言的微妙之力所致。"②

用中央语所带有的"感化力"消灭方言,通过强制使用统治民族的语言同化异民族,也是以"语言的微妙之力"为其原动力的。因此,"人文的国语问题"的终点如果是"标准语的制定"的话,"政治的国语问题"则落脚于"国家语的制定"。

但是,让保科注意到与国内的国语问题、国语教育问题遥相呼

---

① 保科孝一:『国語政策』,刀江书院,1936年,第7—8页。

② 保科孝一:『国語学精義』,第361页。

应的"国语政策"问题的,还是留学欧洲时的见闻。保科见到了留学地之一的普鲁士领波森省充满危机的语言状况,在那里他省悟到统治异民族时语言政策所具有的重大意义。回国后,保科一有机会就不断地用饶舌且平庸的口吻反复倾诉日本对语言政策毫不关心的状态。打个比方,就像独自看到了事故现场的孩子,向对此并不关心的大人反复地重复同样的话,想要说服对方相信却得不到回应而感到焦躁,保科与这个样子很像。但是,保科越是饶舌就越能感受到,在持有推行自觉的语言政策是无用的这一观点的社会中,自己的孤独更为鲜明。

第十一章
朝鲜与德领波兰

一 朝鲜与波兰的"同构性"①

保科受文部省之命于1911年（明治四十四年）夏天开始到1913年（大正二年）秋天，第一次到欧洲留学。他的留学之旅似乎与当时一般的留学派遣相当不同。保科回忆说："文部省有这样的内部规定，那就是国语学、汉文学、国史学专业的人不能去留学。因此，我本来应该是没有留学资格的，但为了调查国语，为了回报我全身心努力所取得的功绩，特别地让我去留学了。我是以研究语言学、语言教学法的名义，被派遣出去的。"②

结束了两年的留学回到日本之后，国语调查委员会在不知不觉中被废除了，这似乎让保科非常沮丧。但是，保科一边整理留下来的资料，一边根据留学时积累下的见识来精力充沛地介绍海外的语言问题、国语教育的状况。特别是1913年（大正二年）开始到1914年（大正三年）这两年间，包括归国之前发表的论文，他就

---

① 原文为"二重写し"，直译为重叠摄影或双重曝光，在这里译文使用了"同构性"一词。——译注
② 保科孝一：『国語問題五十年』，第58页。

海外的语言问题在《国学院杂志》上接连发表了八篇论文。这里面涉及的国家有德国、英国、瑞士、美国、阿尔巴尼亚、南非等，也有关于世界语运动的论文。① 从这里可以看出留学之后的保科干劲儿十足地想要致力于解决国语国字问题的姿态。保科痛感相比于欧洲，日本的国语教育进展相当迟缓，因此他的活动从国语学转移到了国语教育的领域。1917 年（大正六年），保科创办了自己编辑的《国语教育》杂志。因此，保科每个月不间断地为这一杂志撰写卷头语。

然而，留学的意义并不止于此。保科在留学期间接受了朝鲜总督府提出的对欧洲政治的国语问题以及国语政策展开调查的委托。据保科的回忆，"当时在朝鲜的统治上，总督府的重要部门痛感国语政策的重要性，所以委托我对此进行调查"②。这正是"日韩合并"（1910 年，明治四十三年）之后的事情。朝鲜的殖民统治这一具体的事宜，成为保科在这之后深入参与语言政策研究的动机。

在留学地，保科充满热情地对国语问题进行了调查，收集了资料。特别是耳闻目睹了普鲁士领波森省（现波兰波兹南市）的语言

---

① 1913 年到 1914 年之间，保科发表了如下这些论文：「独逸における国語国字改良問題の趨勢」,『国学院雑誌』, 1913 年 4 月；「世界語に対する二大言語学者の批評」,『国学院雑誌』, 1913 年 5 月；「言語地理学について」,『国学院雑誌』, 1913 年 11 月；「英国における綴字改良運動の現状」,『国学院雑誌』, 1913 年 12 月；「アルバニアにおける最近の国字国語問題」,『国学院雑誌』, 1914 年 4 月；「北米合衆国における綴字改良最近の運動」,『国学院雑誌』, 1914 年 6 月；「端正における国語問題と政治問題との関係」,『国学院雑誌』, 1914 年 8 月；「南陀の国語問題について」,『国学院雑誌』, 1914 年 12 月。

② 保科孝一：『国語問題五十年』, 第 80 页。

政策的实际状态,这意义重大。据保科回忆,他直接观察了波森省的状况,因此对语言政策的重大性第一次有了实际的感觉。

这个"波森省"是什么样的地方呢?稍微回顾一下这一地域的历史。

"波森"是波兰语中"波兹南"的德语读法。在这一带居住的多为波兰人,现在是波兰的领土。经历了1772年、1793年、1795年的三次"波兰分割",波兰这一国家从地图上消失了。波兰的领土被普鲁士、俄国、奥地利三个国家"分割",与三国各自领土合并。普鲁士领波兰后来作为拿破仑创设的华沙公国再次出现。但是依据拿破仑战争后的《维也纳条约》,普鲁士将华沙公国的西部作为波森大公国纳入了自己的统治范围。这之后,波森省于1867年被编入北德国联邦、1871年被编入德意志德国,完全成了德国的一部分。[①]第一次世界大战后,根据《凡尔赛和约》,波森省被划入了波兰共和国。

在波森省中德意志-普鲁士在政治、经济、文化等各个方面彻底实行了"日耳曼化政策",想把波兰人同化为德国人。波兰的民族性在各个方面被压抑,尤其是对波兰语的压制尤为骇人。普鲁士要抹杀的是作为民族性最后壁垒的波兰语的存在本身。如此一来,波森省就成了对于普鲁士的波兰而言"语言斗争(sprachkampf)"的最前线。

德国史研究家伊藤定良在《异乡与故乡》中,明确指出波兰人的"日耳曼化"问题与普鲁士国家的存立基础息息相关。因此,他说"在帝国主义时期,德国社会与波兰人的关系,与日本-朝鲜关

---

① 伊藤定良:『異郷と故郷』,东京大学出版会,1987年,第13—15页。

系形成同构关系，这一问题也在向我们逼近"①。并不仅仅是在殖民地采取的统治体制上，在土地调查事业、同化政策、"创氏改名"、民族差别等具体问题上，德国－波兰与日本－朝鲜之间甚至呈现出极度相似的平行关系（并且这些问题到现在也还存在，在这一点上也是共通的）。

德国－波兰与日本－朝鲜的关系，在半个世纪之前的保科看来，也是"同构性"的。只不过，这个"同构性"的意思与现在"我们"的关心完全相反。保科从德国对波兰的政策中，想要找到日本对朝鲜应采取的方针。如此一来，以波兰与朝鲜的"同构性"为契机，保科这位日本最初的真正的语言政策研究家诞生了。

二　国语教育与同化政策

保科回国还不到一年的时候，就写出了长达854页的大作《国语教育及教授的新潮》（1914年，大正三年）。在这部著作中保科的意图是为了"改善我国的国语教育以及教授的方法"②，从而介绍欧洲正在使用的语言教育法。但是，在书中涉及德国波森省的语言教育的两章，却与其他章节迥然不同。这是因为，在这两章中论及的是作为对被统治民族波兰人实行的同化政策之基础的语言教育。保科将其视作日本殖民地教育的范本。

首先，保科注意到波森省教科书的特异性。大致上讲，德国的教科书明显很少采用说教式的或者进行道德教育的教材，但是波森

---

① 伊藤定良：『異郷と故郷』，第10页。
② 保科孝一：『国語教育と教授の新潮』，弘道馆，1914年，序第3页。

省使用的教材里却有很多说教内容,特别是有关德国皇帝与皇室的内容非常多。比如在小学初级教科书中的"我们皇室"这一教材中,首先介绍了皇帝的名字、生日、在位年数、皇帝的家族等内容,接下去就说"皇帝热爱他的臣民,就像慈父对自己孩子的爱,因此,陛下是我们的国父,我们是陛下的赤子。作为善良、忠诚的赤子应对陛下心怀感恩,作为臣子应敬爱、尊敬陛下"。①

保科着眼于这些教材是因为它们是"以培养殖民地的儿童旺盛的忠君爱国之观念为目的进行选取"②的。保科引用的一节中包含了"赤子"这样的表达,这显示出其与日本的"皇民化"教材以及表达明显的一致性。但是,保科是根据日本的背景来进行择取的,还是"皇民化"的教材模板首先存在于德国,然后日本将其接受过来的,这需要更进一步的调查。

另外,德国普遍推行乡土教育,教科书中也有很多关于乡土的内容。但是,波森省的乡土教材却与其他省的有着非常不同的目的。这就是,这个教材并非是为了教给学生对乡土的爱,而是为了使波兰人的乡土是德国的领土这一事情正当化。据保科说,波森省的乡土教材是以"对波兰的儿童进行德国化为目的"进行编纂的。

比如说,在乡土篇教科书中有"波森省"这一篇,教材中写到普鲁士的历代国王为波森省的开发费尽苦心,曾经处于悲惨状态的波森省"直到归于德意志的统治之后,才焕然一新",被德国分割之后才使得"波兰人成为如今的自由之民"。③另外,在"波兰之衰

---

① 保科孝一:『国語教育と教授の新潮』,第 293 页。
② 同上,第 299 页。
③ 同上,第 432—434 页。

亡"这一篇中写了1772年分割以前，波兰无论是都市还是农村都处于"非常可怜的状态"，腓特烈二世大王"为了拯救波兰的穷困状况"让德国人对其进行殖民，复兴产业、整备交通、设立学校；1815年波森省被普鲁士统治之后，"政府为了新领土的幸福，不断热诚地竭尽心力"；1848年"骚乱"的时候，也是普鲁士的军队恢复了"省内的安宁秩序"；等等。[1]也就是说，这些"乡土教材"的目的是告诉学生，波森省被德国统治的必然性以及对波兰人来说这是应该受到欢迎的事情。

保科逐一地介绍了教材中赞美殖民地体制的方式，然而这些教材全都是基于"对波兰人进行德国化的政策"[2]这一目的的，这一点不容忽视。因此保科认为日本的殖民地朝鲜的教材应该学习这样的例子，并提出了以下这种具体的建议：

> 比如说，朝鲜普通学校的国语课本中也应该记载朝鲜与日本自古以来的关系、交通状况，以及朝鲜被支那压迫的事情，因为统治制度的不完备而备受苛政之苦的事情，还有因为征税制度的杂乱，导致人民深受官吏之苦的事情，等等。也应该在乡土篇中叙述如今被日本合并之后，在国内实行了善政，人民第一次拥有了自由，他们的人权被完善美好的审判制度完全地保护着，普遍设立学校振兴教育，交通机构大发展，人文也日渐进步，朝鲜的面目由此焕然一新。或者以此推进直观教育，使得他们的思想

---

[1] 保科孝一：『国語教育と教授の新潮』，第425—427页，第439—443页。
[2] 同上，第314页。

日本化,逐渐心悦诚服,以此消除反日的情绪。①

从这些例子来看,保科在"合并"后不久就预见到了之后所谓的"皇民化教育"的模样。不过,应该注意的是,保科强调在日本国内的标准语教育中,同样的直观教育、乡土教材、直接教授法也是有效的。保科在这里看到的语言政策与语言教育的原理,在日本国内已经展现出其效果了,因此这一方式也扩大到了殖民地。

并不仅仅是教材,正如波森省的波兰人用德语接受教育一样,朝鲜也必须彻底将日本语作为教育用语。保科说:"作为新国民的统治政策,应以怀柔为主,一方面与他们亲和,另一方面通过国语教育施加压力,这是上策。"②保科还看到奥地利在教育用语中采取了两种语言并用的方式,所以语言问题成了政治问题,"国家的基础陷入了危险的状态"。基于这一情况,保科得出了这样的结论:"朝鲜的普通教育绝对要将日本语作为应该采取的方策,这是当务之急,在现在这样的过渡时期,虽然或多或少有在教育中使用朝鲜语的必要,但是,必须尽快采取通过日本语来实现统一的方策,不这样的话将会埋下未来无法拯救的祸根。"③

三 《德领时代波兰的国语政策》

获取了波森省这一难得试验经验的保科开始关注殖民地统治中

---

① 保科孝一:『国語教育と教授の新潮』,第434—435页。
② 同上,第312页。
③ 同上,第321—322页。

的语言教育方式。但是,《国语教育及教授的新潮》中波森省的部分从全书的意图来看是附带性的,并且,保科只是着眼于语言教育的领域而已,尚未将全面的语言政策问题纳入视野。

保科以总括性的视点论述德领波兰的语言政策,要等到写作《德领时代波兰的国语政策》(1921 年,大正十年)的时候。在这本书里,保科基于详尽的资料,对从 1772 年第一次瓜分波兰开始到 20 世纪初为止的普鲁士波兰的语言政策进行了历时性的论述。可以说,这本书标志着作为语言政策研究专家的保科孝一的诞生。然而,下笔很快的保科为什么在回国八年之后才察觉有必要写这样一本书呢?关于这一点,将会在下一节给出答案。

在书中,保科把从 18 世纪末的三次瓜分波兰开始到 1830 年的华沙暴动称为第一期,从 1832 年废止波兰议会到 1850 年的普鲁士(改定)宪法的制定作为第二期,宪法制定之后到 1871 年德意志帝国成立为止为第三期,从俾斯麦实施"日耳曼化"政策开始到当时为第四期,并对各个时期的公用语、审判用语、教育用语、军队用语这四个领域中排除波兰语以及德语化的过程进行了详细的追溯。保科的视点与现在的社会语言学中"语言行为领域[①](domain)"的分析手法相当类似(在之后,保科提倡了由这四个领域的语言的使用规定综合为"国家语"的这一概念。在这本书中也已经使用了"国家语"这一词语,但是并没有为其赋予重要的内容)。

这本书作为外国人做的研究,在当时恐怕是最为详细的了。除去保科常有的稍显散漫的叙述之外,作为研究普鲁士 – 德意志的语言政策的论著,到现在它也非常具有参考价值。从研究史来看,它比 H.

[①] 即指由相同的社会情景和共同的行为规则合成的语言现象。——译注

格吕克（H. Glück）那本用深奥的理论筑成的《普鲁士·波兰的语言政策》(*Die preussische-polnische Sprachenpolitik*, 1979）要早半个世纪以上，是以社会语言学的观点写成的意味深长的普鲁士语言政策史。

但是，保科所关心的只是殖民地统治者一方的"政策"，无法以学术的方式为其确立批判性的体系。更不用说，这个《德领时代波兰的国语政策》并不是出于客观立场的研究著作。虽然并没有直接涉及，但其实这本书背后是将殖民地朝鲜的情形视作与波兰有"同构性"的事物。

保科在"序言"中写道："不必说，殖民地的统治政策是建立在同化的基础上的。对他们进行武力压迫的话，不仅从国际关系来看是不明智的，也可能反倒激发出反感，不会有好的结果。新归附的国民要自然地使其心悦诚服，那么对他们进行思想同化就是最有效的万全之策。因此国语政策具有深远的意义，近年来欧洲列强也越来越重视这个政策，从这个角度看是当然的了。"①

从这样的观点来看，保科最为关注的是俾斯麦对波兰人推行的"日耳曼化"政策。在"合并"的最开始普鲁士政府就已经在公用语、审判用语的领域实行了排除波兰语的政策。然而，俾斯麦时代的"日耳曼化"政策与之前对待波兰的政策是完全不同的。它并不仅仅是以把波兰语从公共生活中驱赶出去为目的的，而是希望通过语言政策对波兰人的民族性进行改造。关于这一点，保科说道："普鲁士政府对波兰的政策如果用一句话说，那就是德化（Germanisierung），用尽一切手段让波兰人丧失国民精神与热爱国

---

① 保科孝一：『独逸属領時代の波蘭に於ける国語政策』，朝鮮总督府，1921年，序言第1页。

语之心，这是一种不能让他们从根本上成为德国人就不罢休的热情。"① 保科详细地追溯了这一"热情"的景况：

1872年2月，"普鲁士政府向议会提出学校管理规则，俾斯麦想借此机会解决波兰问题"。这之后，俾斯麦认为"普及德语的一些法律"应"以波森省为目的进行发布"，因为"国语政策很明显是以波兰问题为中心的"。②

1872年11月，"接受了省令的波森省高等学校（Höhere schulen），实行了1873年4月1日开始宗教教育与其他教育一样使用德语来教授的命令"③。

1873年7月，"接受了省令的波森省高等学校从第二年10月开始废除波兰语的班级"④。

同年同月，"（波森省）总督"决定"波森省的小学校，除了低年级的宗教以及赞美歌方面，所有的科目都采用德语授课"⑤。

1876年8月，普鲁士政府"发布了面向普鲁士省的各政府机构各官吏以及其他政治团体的公用语规则"⑥。普鲁士通过这一公用语规则"禁止了在公共生活领域使用波兰语"⑦。

1883年3月，"波森政府从1883年5月开始，将在所有的都市小学校以及私立小学校的中级、高级的宗教教育中使用德语授

---

① 保科孝一：『独逸属領時代の波蘭に於ける国語政策』，第14页。
② 同上，第75页。
③ 同上，第76页。
④ 同上，第78页。
⑤ 同上。
⑥ 同上，第80页。
⑦ 同上，第87页。

课"这一训令发布了出来,但是遭到了波兰人强硬的反对,后变成了"根据使用德语的儿童所占的比例酌情实施"。①

这样看来保科实际上谨慎地注视着波森省的"日耳曼化"过程。在这里保科注意到的是,在这个"日耳曼化"政策中,相比于公用语、审判用语、军队用语,教育用语的问题更受关注。为了达成被统治民族的"思想同化",不仅将统治语言作为学校科目来授课,而且所有的科目都必须由统治语言来授课,这是更为有效的政策。这一做法是将统治语言作为与认识内容不可分的事物使其扎根于学生的精神之中。这样一来,1870年代开始到1880年代前半期,教育用语的德语化范围从高等学校逐渐扩展到小学校,最后甚至连波兰语的堡垒——宗教教育也如风中之烛摇摇欲灭了。

另外,根据保科所叙述的,波森省的教员只聘用德国人,并且,只限于完全不懂波兰语的德国人。波兰人被完全排除在教职岗位之外,是因为"他们(波兰人)很可能有挑拨反德情绪之嫌,恐怕会破坏用德语教育波兰儿童这一根本原则"②。正可谓"为德化政策提供最为有利的手段的是使用德国语的学校"③。

四 "学校罢课"与"三一运动"

尽管保科将普鲁士的"日耳曼化"政策视作朝鲜殖民统治的绝

---

① 保科孝一:『独逸属領時代の波蘭に於ける国語政策』,第92—93页。
② 同上,第117页。
③ 同上,第104页。

好样板，但并不是对其全面称赞。与此同时保科也看到了那里殖民统治失败的一面。实际上，德国的波兰统治最终并没有成功，1916年波兰王国独立，1918年波森省并入了新波兰共和国。看到了这一过程的保科警告说："近一百年始终不断的德化政策也未见成效，促使波兰国再度复兴，这一事情当政者须深刻地引以为戒。"①

也就是说，《德领时代波兰的国语政策》另外一个意图是，探寻德国语言殖民统治失败的原因。保科认为最大原因是"因为国语政策时常摇摆不定，所以无法勇敢迈进"②。继承了俾斯麦的"日耳曼化"政策的"卡普里维（Georg Leo von Caprivi）内阁的怀柔政策"发布了在宗教的个人教育中可以使用波兰语的政府令，另外，在其他个人教育中也逐渐在向可以使用波兰语的方向迈进。但是内阁换届之后，再次全面禁止了波兰语。保科从中得到的教训是："这样的政策变更常常会摇动波兰人的心，因其激烈的反抗运动，其结果就酿成了学校的骚动。"③

保科所说的"学校骚动"是指1906—1907年发生的大规模罢课。当时的总理比洛率领的普鲁士政府想破除波兰语最后的壁垒，即在小学校的宗教教育中禁止使用波兰语。对此波兰人在波森省全境爆发出了怒火。据伊藤定良说，1906年的秋天是罢课运动达到最高潮的一年，总计约1600个学校，93000名学生参加了罢课。此外，语言与宗教这一波兰民族性之根源受到威胁，也招致了民众激烈的反抗。在这一状况下，"大主教斯塔佩斯基容忍了罢课，新

---

① 保科孝一：『独逸属領時代の波蘭に於ける国語政策』，第115页。
② 同上，序言第1页。
③ 同上，第115页。

闻编辑以及下级圣职者积极地支持了这一运动,通过抗议集会受到了社会各阶层广泛的支持"①。如此一来,学校罢课成为"德意志第二帝国时期最大的波兰民族运动"②,"普鲁士-德意志的统治者总的来说是将学校罢课视作有可能破坏德意志国家统一的事情来接受的,并将其理解为与普鲁士-德意志统治之根基息息相关的问题"③。

对于这一学校罢课运动,保科也与"普鲁士-德意志的统治者"分享着共通的担忧。因此,保科拼命地贬低学校罢课的意义。保科这样说道:"同盟罢课这样的罪祸"并不是学生自己引发的,而是"学生的父兄、旧教的僧侣、媒体以及贵族(引发的)"。也就是说,"父兄"是"煽动僧侣、媒体、贵族"的直接原因。④这三者才是"同盟罢课的真的煽动者"。"这三者煽动了贫困的、没受过教育的、缺乏独立意志的穷苦底层人民,并且煽动的方式是利用宗教,这是罪大恶极的。"⑤ "为什么波兰人要发起这一罢课运动,是因为被独立建立波兰国的错误观念支配了。"⑥ "也就是说,这一罢课的真正目的并不是反抗普鲁士王及其政府,而是抱有如果可能的话,就脱离普鲁士恢复往时的波兰领地这一大野心,因而发动了运动。由此可知,波兰人中间存在着大规模反抗德国的运动。"⑦

---

① 伊藤定良:『異郷と故郷』,第 262 页。
② 同上,第 216 页。
③ 同上,第 261—262 页。
④ 保科孝一:『独逸属領時代の波蘭に於ける国語政策』,第 99—100 页。
⑤ 同上,第 100 页。
⑥ 同上,第 102 页。
⑦ 同上,第 104 页。

正因如此，在认为"学校罢课"是贵族、僧侣、媒体这些反普鲁士势力"煽动"无知民众的结果的保科心里，朝鲜"三一运动"（1919年，大正八年）的冲击一定还留有新鲜的记忆。《德领时代波兰的国语政策》于"三一运动"两年后，在"京城府明治町一丁目"的朝鲜总督府作为秘密文书出版，绝对不是偶然的事情。保科从波森省的波兰人抵抗中看到了"三一运动"时抵抗日本统治的朝鲜民族的身影。

实际上，与保科在之前写《国语教育及教授的新潮》时相比，这时他对普鲁士殖民政策的评价发生了变化。

在之前这本著作中，保科说普鲁士政府"没有完全放弃俾斯麦的压迫主义，不断挑起波兰人的反感，这实在很遗憾"，"如果能缓和政策，在爱抚国民上投入力气的话，今天这样的统治上的困难就不会发生了吧"。[①]

然而他在《德领时代波兰的国语政策》中却就殖民统治政策的无效性进行了论说。"这毕竟是在怀柔政策下，想让新附之民悦服所做出的考虑，然而这遭遇了精彩的背叛。即使对新附之民进行温情主义式的教育，他们也丝毫不会感谢。只会愈发地轻蔑统治者，愈发地想要恢复所有的权利。如果不被理睬的话，就自然会引发叛乱，这是在新附之民那里可以看到的共通的、普遍的心理。……一边保持统治者与被统治者的关系，一边实行怀柔政策，其结果一定会以失败告终，这很常见。"[②]

保科的观点变成了普鲁士的波兰统治之所以失败，并不是因为

---

① 保科孝一：『国語教育と教授の新潮』，第321页。
② 保科孝一：『独逸属領時代の波蘭に於ける国語政策』，第26页。

俾斯麦采取了"压迫主义",而是因为之后的政府为顺应时势采取了"怀柔"政策,所以"同化"政策没有什么进展。在这两部著作之间,保科一方面看到了波兰的独立,另一方面也看到了"三一运动"的爆发。甚至可以说是这两个事件促使保科提笔写作的。"如果我们不能很好地控制(朝鲜)的形势,那么(朝鲜)很有可能踏上普鲁士政府的波兰,以及英政府的爱尔兰所走的路。"① 也就是说,殖民地统治体制如果稍微接受一点儿被统治者的要求,那么就会招致崩溃。这是保科对"三一运动"两年后的朝鲜总督府提出的警告。

在这本书中,保科总结了在殖民地应采取的语言政策的四项要点:

第一,关于"国语政策"的意义。"国语与民族有着极为密切的关系,所以,要让被统治者从其固有的语言中脱离出来,亲密接触统治者的语言。对于坚守这一点来说,国语政策有着深远的意义。"但是,保科反对采取"民族语绝灭政策",他这样说:"俄国政府对波兰采取的政策,即禁止使用一切固有的民族语,这种事情是非常欠斟酌的。本就不该做出禁止使用这样的事情,而绝灭固有民族语这样的事情,就更是鲁莽之举了。"②

---

① 保科孝一:『独逸属領時代の波蘭に於ける国語政策』,序言第2页。保科在这里说道:"看到朝鲜的近况,与1830年前同样被占领了五十年的德领波兰极为相似。"(序言第1—2页)这是1830年的波森州与普鲁士的"合并"开始,经历了1848年的民族运动的爆发,到1850年普鲁士宪法体制确立、殖民地体制安定下来的时期。保科将殖民地支配体制的安定化这一事态的过程套用在朝鲜上。对保科来说困扰他的,是"三一运动"与"促进波兰国的再兴"的"学校罢课"非常"相似"。

② 同上,第6页。

采取过于强制的政策，反而会让民族意识高涨，从而导致殖民地体制陷入危险的境地，这是保科从波森省那里学到的教训。但是，这并不意味着缓和"同化"政策。其他三点提议是由此而生的总结。

第二，关于"国语政策"的目的。"通过国语教育来进行异民族的同化是最为安全且便捷的。也就是说，通过用统治者的语言教育被统治者，可以使他们自然地归附于其下。"①

第三，关于"国语政策"的长期性。"经由国语教育急速地同化被统治者，这几乎是不可能的"，"一百年自不必说，有的场合可能需要数百年才能实现"。"如果错误地使用这一方法，想要激进地达到同化这一目标的话，一定会失败的，甚至会将祸患永远地留给后世。"② 殖民地的语言政策"尽可能地采用稳健的手段，缓慢而稳妥地达到这一目标，这是重点需要注意的"③。

第四，关于"国语政策"的一贯性。"对于国语政策来说最为重大的条件是一旦树立起确定下来的方法之后，绝对不能变更。"④ 在波森省"波兰人一而再地发起叛乱，为了尽快镇压叛乱、安抚民众，总是容忍他们提出的要求。所以，他们会认为只要发动反抗要求就会得到容许，从而形成了这样不顺从的想法"。因此，在殖民地"确立不可动摇的方针，一旦有了这一方针，让民众遵照其行事，直到达成同化之目的为止，几百年也坚决地不许变更这样的方针"⑤。

---

① 保科孝一：『独逸属領時代の波蘭に於ける国語政策』，第7页。
② 同上，第8页。
③ 同上，第9页。
④ 同上。
⑤ 同上，第11—12页。

在这之后保科写了几本关于语言政策的书，但语言政策的基本层面都包括在上述这几条中了，没有发生过变化。也就是说，保科认为，异民族统治，特别是对殖民地统治来说，从长期一贯的目的来看，施行基于语言的同化政策是最为强有力的。在这个意义上，《德领时代波兰的国语政策》这本书是保科所有著作中最为重要的一本。

保科的这一著作，对于朝鲜总督府从"武断统治"到"文化政治"的政策转换，特别是对朝鲜教育令改正（1922年，大正十一年）产生了多大的影响尚不明确。[1]但是，对于经由"国语教育"来展开"同化政策"这一点来说，保科的提议确实在日本的殖民地政策中扎下了根。受到"三一运动"冲击的朝鲜总督府，想用"文化政治"这一听上去不错的口号遏制民族运动，但实际上它比"同化政策"更为巧妙，也更进一步地强化了同化政策。关于这一点将会在下一章中进行论述。

然而不知道保科是否知道总督府的"民族语抹杀政策"的实际状态，他反复地论说"我国的殖民地国语政策非常稳健"[2]，"我们并没有采取德领波兰那种绝对禁止地方语的做法，所以新附之民对这一点没有丝毫的不满"。保科这样的观点，是将日本殖民统治正当化的时候一定会拿出来说的老套的"妄言"，直到现在还存在着。

---

[1] 比如在改正朝鲜教育令的时候，朝鲜总督府学务局的朝鲜教育研究会在『朝鲜教育』第六卷第六号（1922年3月）以"教育制度改正纪念号"的方式，大张旗鼓地努力解说并宣传改正教育令，但是保科孝一的名字完全没有出现。更为重要的是，保科的著作明显是"秘密文书"，因此保科的名字不出现在公众场合也是情有可原的吧。

[2] 保科孝一：『大東亜共栄圏と国語政策』，统正社，1942年，第28—29页。

虽然可以说保科依据"缓慢而稳妥"提出了"稳健"的"语言政策",但绝不意味着他注重维持"民族语"。或者说,即使保科说很希望"民族语"能继续存在下去,但他描绘出的却是不可撼动殖民地统治体制的强力的语言体制。保科考虑的是,在这样一种语言体制之下,如果实行一以贯之的政策的话,其自身会被逐渐"同化"。这一视点让他逐渐转向对"国家语"的思考了。

第十二章
什么是"同化"？

正如上一章所述，保科明确地主张殖民地统治政策应以同化主义，特别是经由语言而实行的同化政策为基本。但是，"同化"究竟是指怎样的现象呢？另外，为什么在同化政策中，语言应该占据中心的角色呢？对于这些疑问，保科并没有做出回答。保科的著作写得太过易懂，另一方面，则倾向于对根本性的疑问置之不理，只是一味地在应用问题上刨根问底。从这一点来看，保科绝不是"理论家"。于此，这一章将会稍微离开一下保科，尝试考察对于近代日本来说"同化"究竟意味着什么这一问题。

一 殖民政策与同化政策

如果说日本的殖民统治的高潮的话，应该是1937年（昭和十二年）7月开始的中日战争的扩大化以及与此伴随的"皇民化"政策的实施吧。不必说，这之前日本对殖民地采取了内地延长主义，逐渐实行彻底的同化政策，但是"皇民化"政策则是完全抹除被统治民族的民族性，让所有殖民地的异民族成为"皇国臣民"的至上命令。

1936年（昭和十一年）8月就任朝鲜总督的陆军大将南次郎

将"第一，期待陛下巡幸朝鲜之事"，"第二，在朝鲜实行征兵制度之事"①确立为最重要的目标。为此而打的口号是所谓的"内鲜一体"，因此，1938年（昭和十三年）2月实施陆军特别志愿兵制度，同年3月实行第三次《朝鲜教育令》以及1940年（昭和十五年）2月开始进行臭名昭著的"创氏改名"，各种政策一个接一个地推出。

老早开始就对日本的殖民政策的同化主义方针进行批判的矢内原忠雄在卢沟桥事变发生大约半年前，留下了一篇"皇民化"政策将会出现的预言式的论文，这就是《军事性与同化性·日法殖民政策比较一论》。②

在这篇论文中矢内原试图论证的是日本与法国的殖民政策非常类似。首先，一个类似点是，日本相对于（中国）台湾、朝鲜、萨哈林、满洲与法国相对于北非的马格里布这一地区，都是对与本国有着地理邻接关系的领土进行军事性征服、占领，这是两个国家所有殖民政策的出发点。矢内原认为法国的殖民政策是以"国家的虚荣心与军事性膨胀政策下的殖民地掠夺热"的方式推进的，实际上他也想说，在这一点上日本也是同样的。

另外，矢内原认为，在对军事性占有的殖民地采取内地延长主义，试图创造出"以本国为中心的一体性区域经济"这一点上，日本与法国也是共通的。因此这一统治就不仅停留在制造包括殖民地在内的巨大的经济圈上了。两国的殖民政策与其说是政治性的、经济性的要因，首先应该是军事性的要因占主导地位，旨在"形成军

---

① 宫田节子：『朝鲜民衆と「皇民化」政策』，未来社，1985年，第94页。
② 初出于『国家学会雑誌』，1937年2月。后收录在『矢内原忠雄全集』第四卷，岩波书店，1963年，第276—306页。引用自后者。

事性的、政治性的统治的一大地理上的区域"。

另外一个重要的相似点是，从两国的殖民地统治中都能看到极端的"同化政策"。矢内原指出，法国的殖民政策无论是在政治层面上还是经济层面上都无视了"各个殖民地的特殊社会状况"，不仅仅使其与法国本国进行一体化，而且在"原住民政策"中以"原住民的法国人化"为目标。而这一同化政策的核心则是比什么都重要的语言问题。据矢内原所说，"法国认为同化殖民地原住民最为妥当的手段是教育，特别是法语教育"。矢内原引用了阿尔班·罗泽（Alibin Rozet）的话："只有当北非人说法语的时候，才真正地变成了法国的领地、祖国的延长。这最终会让他们与法国有同样的感觉和思考。"矢内原认为这正是"法国殖民地的原住民政策的传统"。

在此之上，矢内原认为正是在这一点上，日本的"同化政策"要比法国的"同化政策"远为彻底。"在通过教育，特别是语言来实行的同化政策方面，日本与法国是一样的，甚至可以说在面对殖民地的时候比法国更具有决定性的态度。也就是说，对殖民地的人教授日本语，以此将其日本人化之事，是被视为我国殖民地教育政策之根本的。"①

矢内原甚至说，法国同化政策的背景中有"与18世纪末的启蒙哲学齐头并进的法国革命思想"。也就是说，"人类并不局限于自身出生境遇的差别，作为理性的所有者是具有同一性的，因此殖民地原住民也与法国人一样抱有天赋的人权，即作为人类的自然权

---

① 初出于『国家学会雑誌』，1937年2月。后收录在『矢内原忠雄全集』第四卷，第297页。

利。在理论上与法国人相同的人类，在政策上就应该被视为可同化为法国人的人类"[1]。

一般而言，启蒙哲学大多数情况下是被作为人类解放的思想来使用的，矢内原指出，它与法国革命中都包含着殖民同化政策的依据，这一说法实际上意味深长。从矢内原的这一观点来看，殖民主义对于国民国家来说绝不是附带性的事物，也不是一时脱离常规的现象，而是扎根于国民国家成立之本质中的。

事实上，在法国革命的时候，当提出创造"国民"这一要求时，矗立在人们面前的最大障碍就是语言问题。法国国内的多种方言，尤其是在阿尔萨斯、洛林、布列塔尼、巴斯克、科西嘉岛等地被使用着的不同语言，被视为创造同质性的"国民"时必须排除的异物。在这个意义上，国民国家首先必须在国内实行"同化主义"，在国民国家看来，可以将少数语言地域视为"国内殖民地"。但是，矢内原的考察并没有走这么远。

矢内原提出了这样的疑问："法国的同化政策有如上的哲学的、思想的背景。那么日本的同化政策的思想根据在哪里呢？"

矢内原回答说，日本的同化政策之根本中存在着将日本语与日本精神视为同一物的观念。"首先对（中国）台湾人、朝鲜人、阿伊努人以及南洋群岛的岛民教授日本语，通过日本语的习得，让他们具有日本精神。只有在他们讲日本语并且变成具有日本精神的日本人之后，才可以让他们有社会的、政治的自由——这是我们面向殖民地原住民的同化政策之根本精神。这不同于法国那样以自然法的

---

[1] 初出于『国家学会雑誌』，1937年2月。后收录在『矢内原忠雄全集』第四卷，第299页。

人类观为基础，而是以日本国民精神的优越性的信念为基础的，在这个意义上，它比法国的同化政策更为具有民族性、国民性、国家性，因此在与军事支配相结合的时候也比法国更为容易。"①

矢内原仿佛预言到了这之后在殖民地展开的"皇民化"政策。在日本的殖民地，广泛推广了"国语常用运动"，在生活的各个方面强制推行了"同化"。朝鲜的"创氏改名"政策、（日据）台湾的"国语家庭"运动等是其直接表现。特别是对于朝鲜来说，从征兵制的实行成了其最终目标这一点来看，规定了"皇民化"政策的首先是军事上的考虑。

为日本的殖民统治赋予以上特征的矢内原，对经由语言来实行的同化政策变成了殖民政策的基础这一事情抱有很大的恐惧感。虽然这么说，但矢内原并不是对殖民统治本身进行批判。在《殖民及殖民政策》（1926年，大正十五年）中，他这么说：

> 在原住民之中普及本国的语言，这对于统治者以及殖民者的活动来说是有便利的，而且可以成为两个社会群体之间有力的联络手段，应该奖励这一行为。但是通过普及语言来直接达成种族之间的融合同化，下这一判断尚且过早。语言只不过是社会生活的形式，这一变化并不能直接带来内心的变化。并且，原住民的语言是历史性存在之物，压制其使用会招致反抗。本国语言的普及应该尽可能通过自然发展的方式进行。②

---

① 初出于『国家学会雑誌』，1937年2月。后收录在『矢内原忠雄全集』第四卷，第301页。
② 『矢内原忠雄全集』第一卷，岩波书店，1963年，第326页。

也就是说，语言因为"不过是社会生活的形式"，所以语言的同化主义一方面与真正的同化相距甚远，另一方面压抑民族语言反而种下了"反抗"之种子。在殖民地体制中推进"自然的发展"意味着什么，矢内原不可能不知道答案。这必然会招致宗主国语言的扩张以及被支配语言的压抑。矢内原寄望于"本国语言"的"自然发展"。对于殖民地朝鲜，当看到矢内原在接下来这样说的时候，必须要考虑上述这一表述。

> 朝鲜的普通学校里，最近也开设了朝鲜语科目，但是学校用语除了朝鲜语科目之外一切都使用日本语。我曾经听一位朝鲜知识分子说，不应该在初等教育中强制采用作为国语的日本语，在理解相当程度的国语（日本语）之前，国语科目之外应用朝鲜语教学。这不能说是不负责任的请求。①

但是，如矢内原所说，语言真的只不过是"社会生活的形式"吗？矢内原的考察在揭示日本殖民主义的本质方面是非常重要的，但是对于语言认识这一点来说，矢内原并没有采取对日本的殖民主义进行批判的视角。像很多社会科学工作者那样，矢内原也只不过把语言当作交流的工具而已。如果"语言只不过是社会生活的形式，这一变化并不能直接带来内心的变化"的话，那么日本的同化政策的大半都是没用的工作吧，而且在民族语言中找到民族的身份认同这一被殖民民族的努力也就是竹篮打水一场空了吧。

---

① 『矢内原忠雄全集』第一卷，第 326 页。

二 殖民地朝鲜的"民族语抹杀政策"

日本在殖民地朝鲜进行的语言统治,一般称为"朝鲜语抹杀政策"或者"民族语抹杀政策"。这不仅说明了日本的殖民统治是如何的残酷,也是在为了凸显其彻底性的时候,一定会被拿出来说的事情。如今无论是韩国还是朝鲜,都可以看到的那种可以称之为狂热的爱国语之心的宣传活动,以及活跃的"国语纯化运动",可以说都是被这一作为持续不断的能量之源的"民族语抹杀政策"的历史性记忆推进的运动。

那么,这个被称为"语言抹杀"的,对极为困难的课题发起挑战的,背负着极大恶名的政策,究竟有怎样的内容,通过什么样的法律措施推行的,也就是说这一政策的实质是怎样的,却完全不存在明确给出了答案的相关研究。"民族语抹杀政策"这一表述成了研究这一时期的历史学家想也不去想拿来就用的、仿佛可以自明的老生常谈一样,这一做法本身就阻断了通向语言统治实质的研究之路。

尽管如此,日本的统治政策中也有其原因。如果把"民族语抹杀政策"这一词放置在欧洲各国进行的这类政策的具体事例中来考察的话,人们可能会发现一贯性原理原则之下成熟的立法措施,或者以此为基础确立的一系列的作战等。但遗憾的是,对于近代日本殖民地的语言问题来说,无论是从什么意义上讲,都没有设置什么以往被称之为"政策"的事物,其推行的过程也没有什么组织性。殖民地的公用语是哪种语言?另外审判、教育应该用哪种语言来进行?明确规定了这些的法律完全不存在。就连日本语占据了那样的地位也只是不证自明的,并不是通过法律的措施,而是通过赤裸裸的强制力让日本语恬不知耻地统治了殖民地。在这个意义上，日本语并没有实施语言"政策"，有的只不过是政策实施之前的语言"暴力"而已，这样说也许更接近真实情况。

然而，在日本，到今天为止也能不时地听到肯定日本殖民地语言政策的声音，或者是为其辩护的主张。① 这种主张所依据的论据极为单纯。这些主张认为日本绝对没想"抹杀"朝鲜语，而为了强行证明这一主张，则一定会用在普通教育中开设了"朝鲜语"这一科目来说事。但是，这只不过是掩盖了事实的强词夺理之言而已。

根据1911年（明治四十四年）的《朝鲜教育令》而设置的是"朝鲜语及汉文"这一具有欺骗性的科目，其内容实际上只有汉文而已，或者说只教授了作为解释汉文的辅助手段的朝鲜语而已。而且，"朝鲜语"也是为了实行"国语"教育的辅助手段，可从第十条"朝鲜语和汉文必须在教学上与国语相关，必要的时候须让学生用国语解释其意思"② 这一规定中看出。

的确，1922年（大正十一年）的第二次《朝鲜教育令》中"朝鲜语"是作为独立科目的，但是正如"在教学中朝鲜语必须与国语相关，在必要时须让学生说国语"③ 这一规定所示，"国语"的作用更为增强了。这一第二次《朝鲜教育令》象征了日本殖民统治从所谓的"武断政治"到"文化政治"的转换，但相反的是，它谋求的是同化政策的强化。为什么这么说？因为在这之后在法律上规定了"内地人"是"常用国语的人"，"朝鲜人"是"使其常用国语

---

① 比如可参考梶井陟：『朝鮮語を考える』，龙溪书舍，1980年，第四章。
② 文部省内教育史编纂会编修：『明治以降教育制度発達史』第十卷，龙吟社，1939年，第76页。
③ 同上，第658页。

的人",朝鲜人独立的民族性完全被否定了。也就是说,"使其常用国语的人"(着重号为引者所加)这一表述指出了"朝鲜人"在成为国民这一点上还欠缺着一些本质性的事物,尚且只是否定性的存在。这一本质性的事物就是"国语"。

实际上,在《朝鲜教育令》修订工作的最终阶段,文书中还保留下了"内地人""朝鲜人"这样的语句。在总督府制作的最终的敕令案"朝鲜教育令案"①中,这些话也被原封不动地印刷出来。然而,不知道被什么人手写订正了,将"内地人"和"朝鲜人"分别巧妙地换成了"常用国语的人"和"使其常用国语的人"。不知道究竟是谁发明了这种天才的转换方式,并采用了这种方式,这是极值得关注的问题。

总督府之所以采用"使其常用国语的人"这一表述是因为有现实的背景。1921年(大正十年)朝鲜总督府学务局刊发的小册子《国语普及的状况》②中写道,到大正八年12月末,在朝鲜人中使用"国语"可以"无障碍地进行一般会话的"大概有108276人(其中男性为100059人,女性为8217人),"稍微可以理解"一些"国语"的有232390人(其中男性201353人,女性31037人)。这个资料中包含"朝鲜人掌握国语者人口比例表",如果将每千人人口转换为百分率的话,"可进行普通会话者"为男性的0.596%,女性的0.049%。"稍懂一些者"只不过占男性的1.200%,女性的0.185%。所以男性的98.204%,女性的99.766%是"使其理

---

① 渡部学、阿部洋编:『日本植民地教育政策史料集成(朝鲜篇)』第十六卷,龙溪书舍,1987年。
② 同上。

解""国语"的人。

根据总督府的《朝鲜学制改正案要领》，改正教育令是为了"逐渐将朝鲜人转变成完全的日本国民，并且在学校持续强调国语教育的重要性"[①]。在"一视同仁"的名义下取消"内地人"与"朝鲜人"的区别，将"朝鲜人"定义为"使其常用国语的人"，这是对上述那样的"国语"的普及率之低怀有恐惧的当局通过"国语"更加下力气强化同化教育的表现。这样一来，朝鲜人已经不是"朝鲜人"了，只不过是专门等待被"同化"的"使其常用国语的人"罢了。

另外，"皇民化"政策中制定的1938年（昭和十三年）的第三次《朝鲜教育令》中，"朝鲜语"这一科目被从正式课程中撤出，成了"选修科目"，这一做法实际上等于让以'"朝鲜语"授课走上了被废止的道路。

无论如何，日本的统治者并不是在原本的意义上，即以语言教育为目的的意义上设置"朝鲜语"这一科目的。在某种程度上，殖民统治下的朝鲜语教学，只不过是为遮掩日本统治的暴力性而制造出的不在场证明而已。因为，朝鲜语无论怎样作为科目存在，学校的课堂用语也只能是日本语。

上述《国语普及的状况》中写着"各个学校的教科书除了朝鲜语和汉文之外，须有国语标记（必要的话发行国语教科书的翻译版），以提供学习上的便利，另外兼顾普及国语"，"学校的教学用语虽然并不必须，但通常应该在公立学校中使用国语"。也就是说，

---

① 渡部学、阿部洋编：『日本植民地教育政策史料集成（朝鲜篇）』第十六卷。原资料第1—2页。

不仅仅是为了教授"国语"而采取"直接教授法",日本语被规定为教育领域所有知识的传输手段。

不过在这里,上述提到的日本语言政策的虚假性也有所体现。为什么这么说?因为学校的教学用语须用日本语这一事宜,在三次的教育令中并没有做出法律上的规定。在奥匈帝国那样的多民族国家,围绕着学校的课堂用语应用哪种语言这一问题屡屡发生激烈的争论,甚至有时带来了民族冲突。如果这样来看,对于语言的法律规定毫不关心本身,呈现出近代日本的语言意识的一个侧面。

三 什么是"同化"?——"教化"与"同化"

究竟什么是"同化"呢?同化异民族是可能的吗?让构成"国民"本质的要素扎根于异民族中,如果因此实现了同化的话,那么"国民"的本质究竟是什么呢?为了同化"他者",首先必须确定"自己"的根基。"自己"尚处于暧昧不清的状态的话,怎么可能将"他者"同化为"自己"呢?这样一来,对殖民地的同化政策本身,必然会引发这样的问题:"国民"的本质是什么?"国民"的身份认同最初的根据在何处?

日本的同化政策的特质是什么样的,关于这个问题有一份引人深思的资料,那就是韩国政府学部书记官隈本繁吉及其周边人物起草的《教化意见书》。[1]

隈本 1873 年(明治六年)出生,东京帝国大学文科大学史

---

[1] 渡部学、阿部洋编:『日本植民地教育政策史料集成(朝鲜篇)』第六十九卷,龙溪书舍,1991 年。

学科毕业，历任文部省图书审查官、督学之后，于1908年（明治四十一年）开始就任韩国政府学部书记官一职。1910年（明治四十三年）"日韩合并"之后在朝鲜总督府学务局工作。1911年（明治四十四年）转任前往（日据）台湾总督府工作，到1920年（大正九年）为止一直留在（日据）台湾。那之后，担任大阪高等学校校长、第六高等学校校长等职务，1952年（昭和二十七年）去世。可以说隈本是从中央文部官僚开始然后转而就任殖民地行政机关的教育家的典型人物。[1]

这里所说的《教化意见书》是写有明治四十三年9月8日日期的朝鲜总督府的秘密文书。这之前的8月29日公布了"日韩合并"条约，这一《教化意见书》是第二年公布的《朝鲜教育令》制定过程中学务局向朝鲜总督寺内正毅提出的意见书。《朝鲜教育令》以"培育忠良的国民"为其最大目标，但在这份意见书里，可以窥见很难体现在法律文书中的总督府的真正意图。

意见书的一开头就点明了执笔意图："本篇主要研究讨论朝鲜民族是否应该实现同化，以及就与此相关的朝鲜民族教化之方针提出我自己的意见。"[2] 并且在整篇文章中，"同化"这个词上都标记了"日本化"（ジャパニゼーション）这样的注音假名记号。由此可知，朝鲜人的"日本人化"是其明确的目标。

首先意见书是基于大日本帝国具有世界上任何国家无法类比的

---

[1] 渡部学、阿部洋编：『日本植民地教育政策史料集成（朝鲜篇）』第六十三卷，龙溪书舍，1991年，第7页。

[2] 渡部学、阿部洋编：『日本植民地教育政策史料集成（朝鲜篇）』第六十九卷，第1页。

"无比的国体"这一前提而展开论述的。支撑起这一"国体"的是"万世一系的天皇所赐予的国民之忠义心"①。"日本帝国国民的忠义心是与日本民族固有的祖先崇拜相关联的。"②因此,日本的"国体"不是政治上"统治-被统治"这样的权力关系,而是基于日本民族与生俱来的"祖先崇拜"这一民族心性。如果是这样的话,"国体"是先于作为政治制度的"国家"而存在的概念,因此它被定位于远离"人为"世界的"自然"世界中的事物。"意见书"接下来这样断然说道:

> 日本帝国以外的君臣关系是从权力关系中生长起来的,不得不服从。而与日本民族的天皇的关系则是在服从之外还有从祖先崇拜这一渊源而来的敬爱之情。所以前者的权力关系只限于存在这一关系的期间内,而后者则是永远持久的、不会断绝的。③

这样一种"国体"概念的揭示,即使从皇国史观来看,也是极为正统的吧。但是,如果"国体"是从"日本民族"的自然心性中自发地孕育出来的,为了让"国体"的概念在"国民"中扎下根来而实行的"教育"本身,不就是不必要的了吗?意见书甚至说:"日本民族的忠义心是建国以来一贯的,我国国民脑海里共通的,

---

① 渡部学、阿部洋编:『日本植民地教育政策史料集成(朝鲜篇)』第六十九卷,第3页。
② 同上,第4页。
③ 同上,第5页。

人们并不是通过说明训谕而得以启蒙的。"①

那么，如果"国体"的概念是"我国国民脑海里共通的"，不需要"说明训谕"的话，那为什么专门制造出《教育敕语》等，并不得不对"国民"进行天皇制教育呢？这并不是无足轻重的疑问。实际上在天皇制教育中，原本的"教育"概念自身破产了。这样一来，不是传授不知道的知识，而是不去质问超越理性象征之物是否存在，就要求绝对的同意与服从。不过，这一点先搁置不论，回到《教化意见书》上来。

意见书在论述殖民地朝鲜的同化政策应该是什么样的之前，首先追溯了同化政策的历史先例。一开始列举了古代日本的"归化者"与"归服者"的同化现象，并指出"日本民族有很大的同化力量"。但其结论是，那时候同化的数目并不多，而且多为"基于自己的选择的归化者"，因此这并不能作为殖民地统治中的同化政策的参照。②

那么，别的国家的同化政策是怎样的呢？美国的同化状况是"只在表面上而并未深入其内面"。法国是"实行同化主义之模范者"，"将新领土作为本国的延伸，力图移植法兰西文明"，但是"在阿尔及利亚失败"之后，同化主义的方针逐渐地松弛下来了。英国原本将"经济扩张主义"作为经营殖民地的方针，并没有计划实行积极的同化政策。意见书全面地分析了西欧各国的同化政策失败的原因，那就是，西欧与殖民地之间所存在的明显的人种差异，

---

① 渡部学、阿部洋编：『日本植民地教育政策史料集成（朝鲜篇）』第六十九卷，第6页。
② 同上，第7页。

以及西欧所特有的个人主义的制度。

另外，意见书认为对琉球、（日据）台湾的殖民地统治与对朝鲜的统治相比困难少得多，所以其经验不具备参考价值。另外，也提到了德国对阿尔萨斯-洛林的占领，俄罗斯、普鲁士、奥地利对波兰的瓜分等，但意见书写道："我国的'日韩合并'是比这些更重大的事业。"意见书断言道："把这一重大的事件称为历史上未曾有的也毫不夸张。"①

也就是说，日本对朝鲜的统治不仅是日本殖民地统治历史上划时代的事件，甚至也是世界同化政策历史中没有先例的、具有重大意义的事业。在这里有着殖民地统治者自夸的一面，但作为历史意义比重甚大的事情，他们也对朝鲜殖民地统治所具有的困难有着清晰的自觉，上述的话应该从这个角度来理解吧。事实上，这个《教化意见书》的一个意图是，准确地把握横在日本的朝鲜统治面前的困难。

意见书指出了日本与朝鲜之间和西欧各国及其殖民地之间相比，障碍物更多，并列举了四个主要的原因。第一，"朝鲜民族欠缺同化所必需的特殊要素"。也就是说"朝鲜民族与我皇室之间没有（日本民族那样的）特殊的关系，因此不可能让他们拥有那种美妙的忠义心"②。第二，"朝鲜民族虽然是不完全的，却是已有三千年民族历史的国家"，已经形成了稳固的民族精神了，"所以他们缺

---

① 渡部学、阿部洋编：『日本植民地教育政策史料集成（朝鲜篇）』第六十九卷，第14页。
② 同上，第16—17页。

乏受日本民族的感化影响与同化的动力"。① 第三,"他们拥有作为朝鲜民族的明确的自觉心","这一民族的自觉心是接受日本民族的同化感化中最大的障碍"。② 第四,"朝鲜民族有一千两百万以上的民众",移住朝鲜的少数日本殖民者所能产生的"感化影响"并不值得期待。③ 另外,意见书甚至说,在同化政策方面,不能夸大政治与教育的影响力。

如果因这四个条件而"没有办法做什么"的话,到底该怎么办呢?是否应该放弃对朝鲜人的"同化即日本人化"了呢?在这里,意见书改变了方向,提议将殖民统治的目标从"忠良化"改为"顺良化"。意见书中这样说道:

> 如果想要将朝鲜民族完全同化为与日本民族一样的忠良臣民的话,希望就会落空。在设施机构中谋求教化这一目标的话,只会徒劳无获。那么就不能教化朝鲜民族,只能将其放任不管了吗?并不是这样的,还有另外的办法。那就是虽然他们无法成为帝国忠良的臣民,但可以将其教化为帝国顺良的臣民。在严格意义上说,同化是为了忠良化,而教化则可使其顺良化。④

因此,作为"顺良化"的手段,一是"积极普及日本语",另外则列举了"让其习得与生存有关的知识与技能",使其"怀有归

---

① 渡部学、阿部洋编:『日本植民地教育政策史料集成(朝鲜篇)』第六十九卷,第17—18页。
② 同上,第19页。
③ 同上,第19—20页。
④ 同上,第22—23页。

服帝国的心愿"。①

《教化意见书》并没有否定在朝鲜实行同化政策这一举措。朝鲜人无法对天皇"忠",但可以"顺",它从这一点出发提出了朝鲜人的"顺良化"。但是,"在最严肃的意义上来说,朝鲜民族的同化是让他们学习日本民族的语言风俗习惯等,更进一步体会到日本民族的忠君爱国精神(忠义心)",如果说"同化的本质在于深入其内在的精神"②的话,那么日本的朝鲜同化政策,与美国的同化政策一样只停留在了"外部",所以无法在真正的意义上达成"同化"。

在这里,显露出了近代日本的"国体""国家""国民"概念的矛盾之处。日本越是执着于自然主义式的"国体"概念,在理论上对异民族进行"同化"就越不可能。同化异民族意味着将日本民族才有的本质,人为性地移植到异民族那里去。这样一来,异民族的同化能成为可能,恰恰证明了国家与国民之间的关系并非根植于"自然",而是人为创造的。

然而,虽然这么说,但日本并没有放弃异民族的同化政策。日本的殖民地统治采取内地延长主义,在意识形态的层面上来说,本国对殖民地并不像西欧各国那样通过"统治-被统治"的关系来进行暴力统治,而是希望采取彻底的以天皇为中心的同质性统治空间自然扩大的方式达到目的。因此,如果放弃同化政策的话,就失去了殖民地统治的正当性本身。

---

① 渡部学、阿部洋编:『日本植民地教育政策史料集成(朝鲜篇)』第六十九卷,第24—25页。
② 同上,第8—9页。

那么，近代日本采取了什么方式呢？采取的是极为巧妙的"差别性同化"这一方式。真正意义上的"同化"如果意味着"日本人化"的话，那么殖民地的异民族也应该与日本人一样，被赋予同等的政治、社会的权利吧。然而，并不是这样的，殖民地的被统治民族被放置在剥夺掉政治的、社会的权利之后的从属性地位上。《教化意见书》将此称为"如果彻底地将朝鲜作为日本民族应该发展的殖民地来经营的话，有必要将朝鲜民族放置于日本民族的从属位置"[①]。即，日本所采取的"同化"只不过是为了制造出日本可以自由榨取的对象而进行的"差别化"而已。随着同化政策的展开，"差别化"也愈演愈烈，这一矛盾的过程就这样进行着。

但是，在这样的差别性同化主义中，语言可以发挥出特别的威力。语言不可能只是"社会生活的"形式而已，这样一来，也不会有那种土生土长的不可移植的习俗。无论对天皇的忠诚之心如何生长在日本人的心中，也没有一个人一生下来就能说日本语。而且，语言与其他的习俗不同，外国人通过教育也可以学习。在"内面"与"外面"、"自然"与"人为"的媒介下，语言第一次呈现出其应有的样子。这样缜密且强有力的社会要素，在别的地方是找不到的吧。

《教化意见书》在"日本语的普及"中极大地支持了"顺良化"，这不是没有理由的。如上所述，从"国家"的自然主义概念与"同化"的可能性之间的矛盾中摆脱出来的唯一方式正是借助于语言——"国语"而进行的同化政策。[②]

---

① 渡部学、阿部洋编：『日本植民地教育政策史料集成（朝鲜篇）』第六十九卷，第28—29页。
② 驹达武的『植民地帝国日本の文化統合』（岩波书店，1996年）的第二章中谈到了《教化意见书》，对此展开了意味深长的议论。但是，尽管叙（转下页）

那么，对于保科而言"同化"究竟是什么呢？应该注意的是，像《教化意见书》那样，对天皇怀有绝对皈依心这一意义上的"忠良化"，在保科所有的著作中都没有提到过。保科所说的"同化"，在某种意义上更为接近意见书所说的"教化"。他那个时候并没有将其视为比"同化"低一个等级的事物。《教化意见书》说的"严格意义上的同化"恐怕是只有在日本才可通用的特殊概念吧，然而保科所说的"同化"却并非如此。被保科尊为典范的完全是普鲁士、奥匈帝国那样的欧洲近代国家的语言政策，他想在日本也实行这样的政策。在这个意义上，保科所说的"同化"的内涵比殖民地的国民同化政策更丰富。保科所提议的语言政策中，皇道主义的、国粹主义的要素非常稀薄。

嗅觉灵敏的山田孝雄有所察觉。正因此，山田防患于未然地对保科的主张加以正面的反击。

但是，如果采用保科那样的"同化"的话，"国语"的自然性就会减弱。正因此，"国语政策"就变得必要了，在这个意义上，可以说保科曾试图将"国语"引入到"人为"的世界中。但当时，"国语"正在等待着新的局面的到来。于是人们认为，大日本帝国的"国语"是"日本语"这一事情本身并不是自明"自然"的，有必要采用一些法律的措施来确立其基础。于是"国语"就走向了"国家语"之路。

（接上页）述上有重复的地方，但其视角与这里的分析相当不同。驹达从教育政策史的观点出发，认为《教化意见书》是"谋求短期且直接的利益"的"日本殖民者欲求的反映"（同上，第92页），而我却是从思想史的观点出发，指出在理解近代日本的"同化"概念时，《教化意见书》中展现出了一个关键的本质性的面貌。

第十三章
伪满洲国与"国家语"

一 所谓"多民族国家"伪满洲国

对于目睹了"三一运动"的威胁而发生动摇的朝鲜总督府,保科以明确的方式提出了大日本帝国应该采取的语言政策方向。十年后,保科再次有机会对日本帝国做出新的贡献。这就是1931年(昭和六年)的"满洲事变"(九一八事变)的爆发以及第二年的伪满洲国建立这一事态。

1931年(昭和六年)9月,自导自演了"柳条湖事件"的关东军迅速地进行了军事占领。大约半年后的1932年(昭和七年)3月,一个叫作"满洲国"的"国家"忽然出现了。因为是强制性地制造出来的伪满洲国,所以提出了各种方法来宣传其正当性。在这其中,"王道乐土""五族协和"等空无实质的口号在象征层面上更好地将其表现出来。

"五族"是指"原有的汉族、满族、蒙古族,以及日本和朝鲜的各民族",日本人还认真地提出了这五个民族在伪满洲国"协和"相处,创造出可称为地上乌托邦的"王道乐土"这一事情。对于伪满洲国的建立理念来说,"多民族国家"是具有"积极"的意义的。

"多民族国家"这一情况同时意味着它是"多语言国家"。那么应该赋予"五族"的各个民族语言怎样的位置呢？政府机构、法院、学校以及其他的公共机关应该使用哪种语言呢？可以肯定的是，恐怕伪满洲国的首脑一点儿也没有操心过这样的问题。也许因为他们知道"五族协和"只不过是对日本统治进行遮掩的粉饰吧，但是他们甚至都没有想到，如果要提出这样的主张的话，有必要对语言的问题进行深入的考虑。就像之后所看到的那样，在伪满洲国公共用语是哪种语言，并没有在法律的层面给出规定。

然而，伪满洲国是"多民族多语言国家"这一情况，对于保科孝一来说是不容忽视的重要问题。正如在第十一章中所示，在德意志普鲁士对波兰的语言政策中，保科看到了在殖民地朝鲜推行日本语言政策的方向。因此在这个时候，保科看到了与采取单一语言主义的普鲁士的殖民地不同，多民族多语言的奥匈帝国从内部发生了崩溃这一问题。作为"多民族多语言国家"的伪满洲国诞生了，到处都是夸张地用华美的辞藻称赞的声音，而完全没有理解多民族多语言国家究竟意味着什么，对此保科产生了危机感。多民族多语言国家该如何避免崩溃呢？保科从"国家语"这一概念中寻找解决的方案。

二 "政治的国语问题"与多民族国家

保科在伪满洲国建立的第二年，即 1933 年（昭和八年）5 月及 10 月相继出版了《关于国家语的问题》《国语政策论》这两本著作。在这两部著作中，保科将奥匈帝国当作反例，指出了殖民地与"满蒙新国家"应该采取怎样的语言政策。另外，他在 1936 年（昭和十一年）的《国语政策》中完全重复了这两部著作的内容（反复书写同样的内容，这是保科一生的著作中显著的特征）。

这些著作中一以贯之的思想可以作总结如下。国语、民族与国家相互促进着彼此的成长，是相互补充营养的生命体。因此，国语的标准化问题直接与国家体制的统一相关联，民族与国家势力的扩大直接导致国语自发地扩张。国语随国家之变而动，国家随国语之变而动。能巩固国家体制、使民族精神发扬光大的是保科反复说到的"国语的微妙之力"。因此，为了充分发挥国语的力量，国家一以贯之的国语政策怎么都是必要的。然而，日本这个国家完全没有认识到国语政策所具有的重大使命。这是保科的担忧之处。保科说：

> 在我国，没有人对至今为止的国语政策的重要性有深入的关心。然而现在占领了（中国）台湾、朝鲜等殖民地，与满蒙以及中华民国之间有了更为密切的联系。因此在今天，确立稳固的国语政策，以此促进国运的伸展，是一大急务。①

首先，保科指出，被称为国语问题的有两种类型。第一种是以标准语的制定、文体的统一、国字的改良、假名使用的决定等为代表的"人文的国语问题"。因为这些问题仅关乎一个国家内部一种语言的文体，所以"其结果在政治上不会产生任何结果"②。与此相对的是"政治的国语问题"。根据保科所说，多民族多语言的国家，因为在大多数情况下各民族坚定不移地主张自己民族的语言的权利，所以"国语问题"必然会带上"政治性"色彩。"究竟是让

---

① 保科孝一：『国語政策』，第1页。
② 同上，第7—8页。

各个民族集结成一个国家呢,还是即便是作为同种的民族,当它们各有固有的语言的时候,采用某一种语言来执行国务呢?这是一定会遇到的重要问题。"①也就是说,"政治的国语问题"最终会归结到"国家语(Staatssprache)"制定的问题上来(但是,保科虽然对"人文的"以及"政治的"这两种"国语问题"在概念上进行了区分,但认为在现实中它们是连续的,并且两者相互规定。关于这一点接下来的一章会进行论述)。

"政治的国语问题"是指,在多语言国家中该如何保持统一的语言体制这一问题。保科首先将"政治的国语问题"的发生限定在语言的领域,也就是公用语、教育用语、审判用语、军队用语这四个领域。公用语是指"执行国务的场合自不必说,甚至包括市町村办理手续时,一切公共生活中使用的语言"②。教育用语是学校进行教学采用的语言。审判用语是与审判的审理、供述书、法庭上使用的语言有关的语言。军队用语是与军队中的用语、命令语相关的。"国家语"是指包括这四个领域的、在法律上被规定了的概念。在这些领域,哪些语言可以使用,哪些语言禁止使用,这对于一个一个的民族来说是事关生死的问题。在各个领域中会发生怎样的问题,保科以各国的具体例子进行了论述,在此不再赘述。

但是,"政治的国语问题"并不仅限于此。它虽然与上述的四个领域是并列关系,但处于"国家语(Staatssprache)"之下,与各州规定的"地方语(Landessprache)"、现实中各个民族使用的"民族语(Volkssprache-Stammsprache)"这些垂直的系统相交叉,"政

---

① 保科孝一:『国語政策』,第16—17页。
② 同上,第21页。

治的国语问题"变得更加复杂了。这三个层面形成了阶段式的等级制度,保科认为"国家语与地方语、民族语相比,具有非常优越的地位","地方语从属于国家语,民族语又从属于地方语。地方语是各州各地方最高地方官厅的公用语,也是各高等专门学校所用的授课语言。它是其他地方议会、地方官厅的公用语,也是总督和地方的各种会议使用的公用语"。①

从这一观点出发,保科对奥匈帝国、瑞士、比利时等多语言国家的语言问题进行了详细研究。在这之中保科最为重视的是奥匈帝国的例子。从其构成民族的数量之多、民族问题之复杂这一点来看,奥匈帝国是展示出"政治的国语问题"的典型范例。

如上所述,保科的学问是建立在相对于日本的传统国语学,欧洲近代语言学占有压倒式的优越性这一认识之上的,在语言政策方面也是一味地要向欧洲学习。战时状态下,保科也在时局迫使下采取过"日本精神"说,但正如之后所言,这一立场在本质上是与山田孝雄等基于传统国语学精神而提出的主张相异的。保科的构想与国粹主义的国语学者提出的空论不同,因为在他那里有奥匈帝国这一"政治的国语问题"的具体模式。与论述普鲁士的语言政策时一样,关于对今天的研究者也十分有参考价值的奥匈帝国的语言问题,保科对其历史变迁进行了详细的调查。

三 奥匈帝国的"国家语"论争

保科认为"奥匈帝国的国家语(Staatssprache)这一词语是非

---

① 保科孝一:『国語政策』,第147页。

常新鲜的事物,到现在为止的法律中都没有采用过这个词"[1]。1848年的议会演说中首次用到这个词,这之后,1880年发出"应规定德语为国家语"提案的代议士采用了这一说法。在当时"关于国家语这一概念,引发了各种质疑。但没有人对此给出明确的回答"[2]。因此,1883年的帝国议会中,围绕这一提案进行了"'国家语'指的是什么"的讨论。据保科说,议员们从各自的立场出发"大多数给出了有利于政治的解释,却没有人从科学的角度给出确定的定义"[3]。

因此保科一边借用瑞士的国家学者约翰·伯伦知理(Johann Kaspar Bluntschli)的说法,一边用自己的解释加以装饰,结果得出了"国家语是指为了执行国务而采用的语言"这一极为"稳健"的结论。[4]但是,据保科所说,如果是这样来规定的话,"国家语"就会有"外在的国家语(äussere Staatssprache)"与"内在的国家语(innere Staatssprache)"这两种类型。前者是在国家之间交往的时候使用的,后者是"对国民行使国家权力关系的时候使用的"[5]。当然,保科重视的是后者,即"内在的国家语"。在这种场合下,"这一内在的国家语的适用范围被认定为政府机构、学校以及公共生活这三种领域"[6]。从这个观点出发,保科对公用语、教育用语、审判用语、军队用语这四个领域用语中的语言问题进行了符合历

---

[1] 保科孝一:『国語政策』,第148页。
[2] 同上,第149页。
[3] 同上,第150页。
[4] 同上,第151页。
[5] 同上。
[6] 同上,第152页。

史事态的详细论述。保科这种整理方式与今天的社会语言学的手法大同小异。

在"国家语""地方语""民族语"这三个概念中最容易引起误会的恐怕是"地方语（Landessprache）"。被翻译为"地方语"的"ランデスシュプラーへ（Landessprache）"并不是指方言，也不是指某个地方所特有的民族语。而是指，某一地方，即作为行政单位的"州"的政府机构、议会、学校、审判中可以使用的语言。① 因此，某种语言成为"地方语"是必须经过权力的认定的。在这一点上"地方语"是分权式的联邦国家，比如瑞士等的近似于缩小版的"国家语"。无论是"国家语"还是"地方语"，因其是以多语言多民族的状况为背景产生出来的概念，所以在日本那样的风土人情中尤其难以把握。事实上，从保科自身来看，比如对殖民地朝鲜来说，如果将朝鲜语称为"地方语"的话②，那么"地方语"与"民族语"就又混为一谈了。假设将殖民时期的朝鲜语称为"地方语（Landessprache）"，那么朝鲜就应该像联邦制国家的"州"那样要具备相当程度的高度自治体制才行。

保科的论述中有一些混乱的地方，这恐怕是因为保科对"国家语"的抽象性定义并不感兴趣。他注目的是围绕着"国家语"在现实中发生的民族间的斗争。

简要总结一下保科的叙述的话，那就是到19世纪前半期为止，哈布斯堡王朝并没有采取普鲁士那样的"德化政策（Geimanisier-

---

① 保科孝一：『国語政策』，第147页。
② 保科孝一：『国家語の問題について』，「東京文理科大学文科紀要」第六卷，1933年，第62页。

ungspolitik）"，但事实上其国家语是德语。由此，迎来了1848年的"反抗运动"。保科将这一"1848年革命"完全视作民族斗争。也就是说，"非德语民族唤起了公民的自觉，展示出反抗德语占据优势地位之愤慨。这一反抗运动的目的是将他们的民族语作为国家语，使其获得与德语相同的待遇"①。帝国议会的宪法制定委员会中"非德语民族的代表者"主张"奥地利所有的民族应具有均等的权利（Gleichberechtigung）"。1849年3月，宪法中添加了"所有的民族拥有均等的权利，无论哪个民族，都拥有其国民性及语言的尊重与拥护不受损毁的权利"②。因此确立以下这十种语言为公用语，即德语、意大利语、匈牙利语、捷克语、波兰语、鲁塞尼亚语（乌克兰语）、斯洛文尼亚语、塞尔维亚语、克罗地亚语和罗马尼亚语。

但很快，1851年就废除了包含上述条文的宪法，"那之后政府的德化政策愈演愈烈了"。特别是在教育用语方面，1853年12月以及1855年1月通过内阁训令，"匈牙利语以及德语与斯拉夫语混用的地方，文理中学越来越德国化了"③。但是，非德语民族的反抗再次激烈起来，"到了1860年终于爆发了"。也就是说，试图"撤销奥匈帝国的国家语问题"，"倡导各个民族与各地方的均等的拥护、均等的权利、均等的义务，各地方选出代表努力达成这一目的"。④这之后保科详细介绍了1861年到1865年之间在奥地利议会进行的激烈的语言论争，在这里省略不论。

在这一讨论结束的时候，1867年12月制定的奥匈帝国宪法中，

---

① 保科孝一：『国語政策』，第153页。
② 同上，第155页。
③ 同上，第157页。
④ 同上，第160页。

加入了如下的第十九条条文：

> 所有的民族拥有均等的权利，无论哪个民族，都拥有其国民性（来自 Nathionalität 一词，这里翻译为"民族性"与其含义更相符，但此处保留了保科的译文）及语言的尊重与拥护不受损毁的权利。
> 国家承认所有的地方语在学校、官厅以及公共生活领域都拥有均等的权利。在各个民族所居住的地方，设置公立学校。并且，不强制性使用其他民族的语言，通过自己的母语可进行必要的教育。①

通过这一宪法第十九条，看上去奥匈帝国的语言问题暂且得到了解决，但保科认为这一解决方案招致了帝国本身的瓦解。保科这样说：

> 如果贯彻国民性以及语言的尊重拥护与权利均等的精神的话，就不会引发国家语的问题了。特别需要指出的是国家语的问题与斯拉夫主义、马扎尔主义以及德国主义是完全不相容的，这使得其与国民性以及语言的尊重拥护之间带有更深的冲突的可能。也就是说，从国家语的立场来看，是不允许地方语以及民族语的发展的。从民族间的问题来看，国家语那样的事物，在奥匈帝国是永远不能允许其存在的。②

---

① 保科孝一：『国語政策』，第167页。
② 同上，第168页。

也就是说，保科认为，多民族多语言国家是走"国家语制定"之路，还是走"承认民族均等的权利"之路，这两条路必选其一。为什么这样说？因为这两者不可并行。但是，如果选择后者的话，民族之间的斗争就无法避免，甚至会撼动国家的基础。这样的话，可选择的道路只有一条，那就是通过明确的法律来制定"国家语"，否定"民族均等的权利"。保科从奥匈帝国那里学到的就是这样的教训。

四 "国家语"的构想

保科最根本的想法是，即便是多民族国家，"两种（及其以上）民族语言并用的情况只能是不得已的时候，否则要求只使用国家语就没有意义了"[①]。这在殖民地当然也行得通。"在殖民地的政府机构以及其他公共生活领域所使用的语言应该全部为统治者的语言，在这里存在着统治者与被统治者之间的界限。"[②] 在《关于国家语的问题》中，保科更为直接地进行了论述。"只要殖民地也是国家的一部分，就需要用一种国家语来进行统治，只能在私人生活领域允许其使用他们的母语。"[③] 如此一来，保科明确提出有必要在法律上规定，在"多民族国家"的大日本帝国，公共用语、教育用语、审判用语、军队用语这四个领域，日本语须为唯一的"国家语"。

那么在伪满洲国是如何的呢？在那个时候保科尚未提出伪满洲

---

① 保科孝一:『国語の問題について』，第 7 页。
② 保科孝一:『国語政策』，第 100 页。
③ 保科孝一:『国語の問題について』，第 62 页。

国的"国家语"应规定为日本语这样的提案,但却有"满蒙新国家的人民学习日本语是最为必须的事情","满蒙新国家也……需要通过日本语来维持与我们国家的亲和与协力,这是确立国策时眼下最大的急务"①这样的说法。这恐怕是因为他判断在"建国"不久的伪满洲国直接提出"制定国家语"的要求为时尚早呢。所以,带有这一想法的保科到了1942年(昭和十七年)发表《大东亚共荣圈与国语政策》的时候,就说出了在伪满洲国"确立日本语为国家语是最为贤明的方策"②这样的话。

然而,在伪满洲国担任官僚的人中,伪满洲国不可能采用"单一的国家语"这一意见相当强烈。丸山林平在《伪满洲国的日本语》③这一论文中说道:"因为伪满洲国是复合民族的国家,很明显,这里的国语无法采用单一语言。"但是,据丸山所说,伪满洲国尚未制定宪法,只能在《学制纲要》《学校令》《学校规程》等与教育相关的法令中确立"国语"的法律地位。认真调查了这些法令,丸山得出了"伪满洲国的国语应为日本语、满语、蒙古语三种",而"日本语应在这三种语言中最受重视"这一结论。

建国大学的教授重松信弘的《伪满洲国的日本语地位》④这一论文本质上更为尖锐。重松认为"让日本语成为国语这件事,自己所知道其出现的范围只是在学制要项以及学校规定中","学校规定本身的性质相当于日本的省令,所以尚不具有作为国法的充分权威

---

① 保科孝一:『国語政策』,第135—136页。
② 保科孝一:『大東亜共栄圏と国語政策』,第255页。
③ 『国語文化講座第六巻・国語進出篇』,朝日新闻社,1942年,第120—136页。
④ 『文学』(特輯・東亜に於ける日本語),岩波书店,1940年4月号,第45—56页。

性"。重松从"学问的立场"出发,想要明确"国语"这一概念的意思。"国语这一概念不能不放置在与国家的关系中进行思考",因此"国语"并不是"单纯的语言学的概念",而是"一种政治的概念"。重松深入指出了日本语中"国语"的用法中存在"语言学的概念与政治的概念的混乱",他试图明确可在伪满洲国这一多民族状况中通用的"国语"概念。据重松说,"国语"是一个国家"中枢民族"使用的,而且"是成为这个国家存立基础的文化上的母胎语言"。根据这一定义,"国语"并不必然只能有一个。"世界上所有国家都有包含了成为国家存立根基的国家精神、国民文化的语言,在日本它是单一的,在伪满洲国则是两种(或者三种)",差别仅是如此而已。在这里重松得出了结论:只要伪满洲国的"建国精神"是"日本的指导与本地各民族的协力","国语就会是二元的(为了简化问题,假定本地民族的语言是单一的),这是'满洲国'无法避免的宿命"。但是重松认为两种"国语"不应该是平等的,而应明确日本语比其他语言具有更为优越的"指导力"。

但是,这些论者并没有用"国家语"这个词,而用的是"国语",这一点需要特别注意。

山田孝雄的"国语"是指"日本国家的标准语",保科的"国家语"的意思与此完全不同。山田所说的"日本国家的标准语"是指形成日本自古以来的文化传统,并且与"万世一系"的"国体"传统相连接的精神主义的、国粹主义的概念。然而,保科所说的"国家语",完全没有那样的精神主义、国粹主义的含义。一如前已详述的那样,"国家语"必须是经由法律上的规定来定义的,在严格的意义上是"政治的概念"。

然而,让"政治的概念"介入语言的世界的时候,必然会产生妨碍的是"国语"。"国语"这一表述自身虽然是"政治的概念",但实际上它带有隐藏政治性,使语言变得自明、自然化的作用。然而"国家语"这一概念将那种应该隐藏起来的政治性展示了出来。

"国家语"这一概念在当时的日本完全不为人所知,到今天为止也还是人们并不熟悉的表述。今天和往昔一样,在只是将语言的问题作为自明的事物的日本,保科导入"国家语"这一概念的尝试完全是徒劳的。[①]

当时的国语学者中,也有极力反对"国家语"这一用语的人。安藤正次指出"学者中间有人认为需要制定国家语",这毫无疑问是指保科,接下来他对此意见加以批判。"称作国家语的应是指所有机关的公用语,以及国家在执行国务的时候使用的语言","然而所谓制定国家语并非是从无到有地制造出来,而是指在国家内已有的语言中指定一个为国家的公共用语,也就是说,与以国家的名义认定国语没什么大的区别。一方面看起来像是在强化国语,但另一方面会带来国语的势力范围被限定之弊端"。[②]

如果是山田孝雄的话那还好,而这次是来自安藤正次的批判,对于保科来说应该是相当沉重的打击。因为安藤正次与保科同为上田万年的弟子,在国语调查委员会的时候他与保科一起从事过很

[①] 田中克彦曾经提到 Staatss Prache 这个词,比利时出身的古洛塔斯指出:"Max Niemeyer 写的 Lexikon der Germanische Linguistik(1973)中找不到 Staatss Prache 这个词,其他的文件中也没有。"因此,田中认为这个词"很可能是造出来的"(「「国語」と日本人」,『言語生活』,筑摩书房,1978 年 3 月号,第 86—87 页)。从社会语言学的观点来看,如此重要的一个词,在过去的一个世纪之中却是很生疏的。

[②] 安藤正次:「国語の政策」,『国語文化講座第一巻・国語問題篇』,朝日新闻社,1941 年,第 18—19 页。

多工作，两个人是同事（比如，1918年，即大正七年，文部省发行的《关于外来语问题的德国国语运动》这本小册子就是保科与安藤共同著述的）。并且，在汉字、假名使用、标准语、口语文等相关的国语政策方面，安藤正次与保科是完全站在同一立场上的。另外，安藤在担任国语调查委员会委员之后，到（日据）台湾总督府与台北大学工作，为确立日本殖民地语言政策基础之事煞费苦心。保科孝一与安藤正次可以说是战前日本语言政策史上举世无双的存在。而到了战后，安藤与山本有三一起成了"国民的国语运动联盟"的中心人物。

为什么"国家语"这一概念会让人觉得它会使"国语"体制变得更为弱化呢？这是非常有深意的问题。的确，国家语被认为是政府机关使用的语言，如果其他领域在其管辖范围外的话，那么在所有场合都可具有绝对权威的"国语"的地位就会发生动摇了吧。安藤所担心的是，如果将"国家语"限定在"政治"的场合，反而会撼动"国语"的权威性。

安藤正次在其他方面也对保科进行了批判。安藤说道："在学者中有人将国语问题分为人文的国语问题和政治的国语问题这两类……并认为国语政策可以解决这两种问题"，又一次暗中对保科进行了批评，并且接下来这样说："这也是一种观点。但是我认为所谓的政治的国语问题是因为国家将其在政治的意图下进行理解，所以使它第一次成了与政治有关的事情。它在本质上与所谓的人文的国语问题没有什么不同。"[①]

[①] 安藤正次：「国語問題と国語政策」，『安藤正次著作集6・言語政策論考』，雄山閣，1975年，第412—417页。

安藤没有认识到其实语言在政府将其作为政策的对象之前已经带有"政治性"了。正因如此,在他那里"国家语"这一概念反而将"国语"引入人为与政策的世界中了,而实际上"国语"应该摆放在远离人为的"自然"世界中。

然而保科有着清醒的认识,即在作为政策出现以前,语言本身就在现实世界中作为政治力发挥着作用。保科反复提出"使得民族团结的最为强有力的纽带……没有什么可以胜过语言"① 的主张,但须注意的是,民族与语言的一体性并不仅仅对统治民族适用,对被统治民族来说也同样适用。只要民族想要存续下去,那么这个民族就会理所当然地自发主张母语的权利,那么统治民族与被统治民族之间,就一定会发生语言的争斗。因此,保科相信"在国内有异民族或者领有了新的殖民地的情况下,或早或晚一定会引发政治的国语问题的"②。因此,保科从奥匈帝国的例子看到了,对于统治民族来说,被统治民族这一要求是如何地执拗,会招致怎样恐怖的结果。因此保科提出了在任何民族语的地位上升时都可以起到防波堤作用的"国家语"。

保科预见到,如果某一民族语要求获得地方语甚至国家语的地位,那么整个统治体制就会崩溃。因此保科坚决地反对复数国语制。"在朝鲜如果有两种国语,因为朝鲜人的数量相当之多,所以日本语会受到朝鲜语的压迫,一定会频频地引发事端。"③ 因此,保科表露出对未来的担忧,他说:"已经有朝鲜的代议士在议政场合

---

① 保科孝一:『国語政策』,第 56 页。
② 同上,第 35 页。
③ 同上,第 108 页。

登场，今后这样的人会与日俱增。他们当然使用的是日本语，但是将来也许会找机会要求使用母语。到了那个时候国家语的问题才会首次正式地展现在人们面前。"①

奥匈帝国为了解决"政治的国语问题"，提出了"国家语"。但保科为了避免在身为多民族国家的大日本帝国中发生"政治的国语问题"而要求制定"国家语"。无论保科如何试图为"国家语"赋予"科学的定义"，都只不过是学术上的卖弄。保科提倡的是，有制定对于日本语来说具有自我保护作用的"国家语"之必要。

在那个时期，保科非常关心的除了"国家语"的问题之外，还有欧洲各地爆发的"泛民族运动"，奥匈帝国的泛德国主义、泛斯拉夫主义、泛马扎尔主义的相互冲突，对于保科来说这些是民族斗争的终极形态的体现。因此，保科认为在泛民族主义运动中民族的生命力首先是通过语言来培养的，"民族的斗争会引发语言的斗争"②。

"泛民族运动"一般是指，说同一系统语言的民族团体无视既存的国境而想要合并的运动。但是保科却并没有将其视作与语言、民族系统相关的事物，而是当作通过统治者语言领域③的扩大而将

---

① 保科孝一:『国家語の問題について』，第64页。
② 保科孝一:『国語政策』，第125页。
③ 同上，第70页。正如这里所见，保科一连串的发言让人想起明治以来广泛影响了日本知识分子的社会达尔文主义以及纳粹式的"民族斗争史观"的表达。如果说，纳粹意识形态的来源之一是奥地利的泛日耳曼主义运动，那么保科对"泛民族运动"的关注就变得更为意味深长了。在这个意义上，保科将欧洲视为模型想要推进的是"泛日本主义运动"。

其他民族同化为自己民族的运动,用保科的话说是"扩张民族固有势力的运动"。对于保科来说,只要民族是一个独立的生命体,"民族的斗争""语言的斗争"就是其宿命。这一"斗争"超越了善恶的判断,是从民族与语言的本性而来的。保科这样说道:

> 各民族的语言始终保持了其固有的领土,甚至更进一步地侵犯了其他的领域。其结果会酿成甚为激烈的争斗,并且这一争斗恐怕永远也不会完结。像奥匈帝国那样即便用宪法保障各民族语言的权利均等,各民族也绝不会满足于此,毫无例外地在努力扩张着自己的势力范围。对此,树立确定的语言政策之必要性自不必言。

从这一点来看,"国家语"的制定是向国外推进"泛民族运动"的第一步,也应是强有力的武器。因此,在"国家语"中,特别是"教育用语",担负着尤其"重大的使命"。为什么这么说?因为"教育用语""健全地启发和培育民族固有精神与性情,与此同时具有同化其他民族的伟大力量"[1]。保科接连介绍了欧洲的"泛民族运动"之后,指出了日本应该选择的"泛民族运动"的方向。保科认为,"向东洋的各民族移植、普及我国的文化和语言,这是使大和民族的势力得以发展的最为紧要的方法"[2]。因此,保科借此机会极力倡导在大陆各地开设语言学校,如此一来,"大东亚共荣圈"近在咫尺。

---

[1] 保科孝一:『国家語の問題について』,第34页。
[2] 保科孝一:『国語政策』,第130页。

第十四章
"共荣圈语"与日本语的"国际化"

一 伪满洲国的"假名国字论"

在上一章中可以看到,保科想在伪满洲国树立日本语为"国家语",或者至少是相对于其他语言而言具有特权地位的语言。但是,保科并没有要将日本语原封不动地"移植"到伪满洲国去。他仍旧坚持着"国语改革"的意见。保科认为,对于伪满洲国的建设来说最重要的课题是教育的普及,但是"要通过汉字对他们进行新的教育,是非常困难的",因此"在满蒙,必须更为迅速地从汉字的烦琐中脱离出来,通过一些其他的方法实现教育的普及"。为此,"应迅速普及日本语,将假名作为国字,由此推进知识的开发和文化的进展,这是最为贤明的方法"[①]。对于不使用汉字的民族来说,汉字并没有成为教育的障碍。由于汉字的"日本读音"和"支那读音"非常不同,即便是使用汉字的民族之间它们也会妨碍正确意思的表达。为了避免这样的事情,"抛弃汉字而通过假名来进行教育是上策"[②]。

---

① 保科孝一:『国語政策』,第133页。
② 保科孝一:「満蒙新国家と国語政策」,『国語教育を語る』,育英書院,1932年,第231页。

这样的考虑并非是脱离现实的。实际上伪满洲国当局也在考虑放弃汉字而将假名作为国字。

根据在伪满洲国"国务院"总务厅任秘书官和参事官，之后任"建国大学"教授的神尾弌春的回忆所说，某个时期"关东军、日本大使馆、伪满洲国政府、协和会的翻译官集结在一起，发起了号召用日本语假名作为伪满洲国国字的运动"。翻译官们还强硬地提出了"舍弃汉字用假名作为国语这一意见"。但是，在满铁有关的人中间，反对这一运动的声音也很强烈。神尾说"国务院"就是这一反对意见的代表。因此某一天，神尾被叫到总务厅，被明确地告知"假名国字问题不予采用"，这一事件就落下了帷幕。①

这究竟是什么时候的事情呢？神尾的回忆中说道："正好刚刚结束了呼伦贝尔语言调查的服部四郎博士来了，他听了我的话之后感到担忧。"服部四郎结束约两年半的伪满洲国的语言调查，回到日本是在1936年（昭和十一年）2月②，因此如果神尾的回忆没有差错的话，"假名国字论"正是在那个时候发生的。

但是，伪满洲国的"假名国字论"并没有就此告终。1939年（昭和十四年）6月召开的第一次国语对策协议会（关于这一协议

---

① 神尾弌春：『まぼろしの滿州国』，日中出版，1983年，第102—105页。据神尾说，"假名国字论"的骚动之后，也出现了"蒙古文字改良"的计划。"不久之后，兴安总省里出现了改良为蒙古文字的观点，东京外语（现东京外国语大学）蒙古语学科出身的菊竹、佐藤两位元老与我（神尾）三个人组成了委员会，任命一些蒙古语学者以及实干家为干事。这与蒙古国在苏联的指导下创造出与俄国文字相似的注音文字，不必说在社会主义经济方面使用它，甚至连工业方面的著作也使用这样的文字这一行为相对抗。不过，还没有确立方案就迎来了战败，因而未能实现。"（同上，第105页）

② 「服部四郎博士略年譜」，『言語研究』第108号，日本語言学会，1995年11月。

会会在之后进行详细论述）中，伪满洲国代表做了关于"如今在伪满洲国应着手研究东亚假名"的报告。根据这一报告所说，"如果记住一个系统的表音文字就可以读日文、汉文、蒙古文，那是最好不过的。特别是这一系统须是以日本语假名为基准的东亚假名"①。作为其结果，1943 年（昭和十八年），文教部国语调查委员会发表了《"满语假名"趣意书及解说书》。②"满语假名"是指用日本的片假名标记中文那样的诀窍，结果它还没来得及实施，伪满洲国就崩溃了。

据神尾说，服部是听到"假名国字论"的话后感到"担忧"的，但是从服部所写的东西来看，他自身的考虑并非如此。当时服部的立场是"日本民族在未来必将舍弃汉字而采用表音文字（罗马字、假名等）"③。

服部说："汉字在事实上显然在破坏日本语本身。"如果采用表音文字的话，"对于日本人来说国语学习将会是非常轻松的事情"，不仅如此，"让不使用汉字的异民族学习日本语，会变得相当容易"，"汉字保存论的根据是情绪化且不重要的"。因此，服部断言道："日本语通过采用表音文字，可以第一次成为世界性的语言。"④

因谨慎的研究态度而广为人知，除了语言学之外对其他事情闭

---

① 伪满洲国教育史研究会监修：『「満州・満州国」教育資料集成 10・教育内容・方法Ⅱ』，エムティ出版，1993 年，第 307—308 页。
② 这一趣意书的要约刊登在丰田国夫：『民族と言語の問題）──言語政策の課題とその考察』，锦正社，1964 年，第 318—321 页。
③ 服部四郎：「満蒙の諸民族と民族性」（初出『ドルメン』第四卷五号，1935 年 5 月），『一言語学者の随想』，汲古书院，1992 年，第 32 页。
④ 同上，第 32—36 页。

口不谈的服部在这里对日本语的现状直率地吐露了自己意见。战后，服部在音韵论的研究与介绍方面倾注了非凡的热情，这一定是因为这种热情实际上在这个时候就已经存在了。他因为文字表记的问题深究到底，最终会落到应该设定什么样的音素这一音韵论的问题上，由此诞生了《音韵论与正书法》（1951年，昭和二十六年）这一在服部那里很少见的、充满了社会言论的著作。

无论是伪满洲国的建设，还是"大东亚共荣圈"的建设，为了扩大日本的统治圈，"日本语的普及"这一课题总是作为特别重要的课题被提出来。因此，日本军队到来之后一定是日本语教师的到来。但是，应该"普及"的"日本语"到底是什么样的？在发音、声调、假名使用、汉字、文法、词汇、语法、文体等方面，究竟应该教怎样的"日本语"才好呢？面向"大东亚共荣圈"的"日本语普及"问题越被当成问题，就必然越会遭遇到日本语应该是怎样的语言这一问题。由此，所谓"日本语的国际化"问题也随之呈现在了人们的面前。

二 《大东亚共荣圈与国语政策》

1942年（昭和十七年）10月时候，之前几乎只是详细地讨论欧洲的语言问题的保科出版了《大东亚共荣圈与国语政策》这本书。这一著作是保科在战前的最后一本著作，在这本书中，可以整体性地看到到那时为止保科对语言政策的观点。

在这本书里呈现出的保科的论点是朴素而单纯的。首先，保科认为因为"民族固有的精神完全融汇在了祖先传下来的国语中"[①]，

---

① 保科孝一：『大東亜共栄圏と国語政策』，第3页。

"各民族把自己的国语移植到其他民族上,使其文化普及,这对民族势力的扩张而言是最为有效果的方法"①。这是他一直都没有什么变化的主张,但是这次,保科有了实现这一主张的契机。

以确立"大东亚共荣圈"为目的,日军向东南亚的"进击"并不仅仅是军事性的占领,而是想在占领地种下"日本精神"之种。为此,第一要务是"日本语"的普及。所以在日军占领下的各个地方,设立了很多日本语学校。强迫推进着为了注入"日本精神"而进行的日本语教育。保科结合这一事态的进展提出了"要统合共荣圈内的各个民族,将大日本帝国敬仰为盟主的话,首先将日本语作为共荣圈内的共通语是最为紧要的条件"②的主张。因此在回顾了(日据)台湾、朝鲜等殖民地的"国语政策"之成功后,他对在马来西亚、印度尼西亚、越南、菲律宾、缅甸、中国大陆的日本语学校的设置情况以及教科书编纂等国语教育的现状进行了整理,在此基础上给出了未来的发展方向。

但是为什么日本语必须成为"共荣圈内的共通语"呢?保科给出了极为"语言学式的"说明。其一,因为在政治上、文化上占据优越地位的语言,对于其他民族来说是极具感化力的。也就是说:"文化发展迟缓的国家的国民接触到优秀国家的国民的时候,会大量地输入后者的语言。这在以往的语言史上是普遍的通则。那么现在,如果想建设大东亚共荣圈,使我国成为盟主的话,就要担负起指导健全发展之重任。"③遵照这一"语言史上的普遍通则","那么

---

① 保科孝一:『大東亜共栄圏と国語政策』,第9—10页。
② 同上,第195页。
③ 同上,第375页。

在这些民族中普及日本语，就如水流往低处一样"。①

其二，在东南亚，不仅异民族之间，甚至在同一民族之中也使用着非常多样的语言，因此统一的共通语是必要的。保科指出，在菲律宾群岛使用着的语言有40多种。另外，"桑格岛上的查莫罗语、帕劳语、桑格语，苏拉威西岛上的米纳哈语、博朗蒙贡多语、哥伦打洛语、望加锡（乌戎潘当）语、托拉查语、布吉语，婆罗洲的达雅语、提东语、柏罗刚语、打拉根语，爪哇岛的巽他语、爪哇语、马都拉语，苏门答腊的巴厘语、亚齐语、米南佳保语、巴塔克语、明打威语、尼亚斯语，马来半岛以及苏门答腊岛上的马来语，这些语言也都在被使用着"②。在这样的多语言状况下如果要交流沟通的话，当然需要一种共通语了。可以起到这一作用的就是日本语。

当然，在这样的多语言状况中如果需要交流的话，会选择一些"起桥梁作用的语言"。另外，事实上，对于战后独立了的东南亚各国来说，不必说，形成统一的"国民语"是极为重要的课题。但是这样一种语言选择，应该是参与交流过程的人自发进行的。从语言的、文化的理由出发让日本语成为东亚共同语这一主张，只不过是为了遮掩军事的、政治的统治之不正当性。

这样一来，他在这一著作中说："所有优秀国民的语言，通常具有强大的感化力。因此作为共荣圈盟主的日本的语言，当然具备这一资格。对此，共荣圈内的民族不应该有任何不满及反对的意见。"③他反复表达了与其学问修养极其不相符的、空虚而又独断的

---

① 保科孝一：『大東亜共栄圏と国語政策』，第376页。
② 同上，第197页。
③ 同上，第199页。

帝国主义式的言论。

但是，这其中充分展现了保科在论述上的特征。这正与日本国内的标准语制定的问题相同。保科一贯坚持这样的理论：所谓语言政策只不过是将自然过程中潜藏着的优越语言的"感化力"，通过人为的力量进行强化。这样一来，"标准语"也好，"国家语"也好，"共荣圈语"也好，无论怎样进行权力的介入，都会产生其结果是自然合理的产物这一错觉。本应对语言的政治性很敏感的保科一生都没能从这一错觉中脱离出来。

但是，必须注意的是，保科这样的论述完全没有当时这一类著作中蔓延着的狂热的皇道主义主张。保科并没有歌颂日本为"因言灵（即语言所具有的灵力——译注）而幸福的国家"，也完全没有涉及过"国语的传统"。在这一著作中保科最为借助的事例，仍旧是普鲁士与奥匈帝国的语言政策。而且保科的主张并没有什么精神主义的色彩，是极为功利性的、"文化主义式"的。因此，保科的理论在"战败"以后也没有受到决定性的打击，故而持续地存活了下来。

三 《向世界蔓延的日本语》

虽然题名是《大东亚共荣圈与国语政策》，但谈论的范围并不仅限于"大东亚共荣圈"这一范围。保科称颂道："遍及全世界的日本语热急剧高涨之势头，一定会为我国带来国运发展的结果。"①在别的地方，保科例举欧洲的语言政策说："我们已经完成了在和平的时候通过语言将我国的文化移植到其他民族，不知不觉之间

---

① 保科孝一：『大東亜共栄圏と国語政策』，第302页。

使其发展扩大的工作。这一工作的第一步就是在别的民族中设立学校,对其子弟进行教育。"①据保科说,不仅限于殖民地和占领地,只要是在其他民族之中推广自己民族的语言,施行语言教育,就都是"民族势力扩张策略之一"②。保科认为在海外的大学开设日本语课程,是日本语"势力扩张"的标志,在这个意义上它与"共荣圈"内"输入日本语"没有什么本质上的区别。如果是这样的话,伦敦大学、巴黎东洋语学校的日本语课程与殖民地的"国民学校"一样,都是其杰出的"日本语政策"之一环。

保科直接引用了外务省文化事业部发表的《在国外对外国人教授日本文化及日本语的学校团体等一览表》,对具有代表性的课程的沿革、教师队伍的构成、讲义内容、教材等进行了介绍,并且说这些团体是"普及日本语"的重要部队。

"外务省文化事业部"本身就是特定国策中产生的组织。这一事业部在1939年(昭和十四年)以《向世界蔓延的日本语》这一单刀直入的题名印发了小册子。据其所说,1933年(昭和八年)正值日本脱离国际联盟之际,"各个国家并没有理解我国优秀的文化,因此无视了帝国正当的主张及立场,致使我国损失严重"③。对此表示担忧的人们,为了推进"国际文化事业",1934年(昭和九年)4月创立了财团法人国际文化振兴会,高松宫担任总裁,近卫文麿任会长。与此相联动,1935年(昭和十年)8月,外务省内设立了专门负责国际文化事业的文化事业部第三课,其业务1938

---

① 保科孝一:『大東亜共栄圏と国語政策』,第138页。
② 同上,第134页。
③ 外务省文化事业部:『世界に伸び行く日本語』,1939年,第3页。

年（昭和十三年）12月开始由文化事业部第二课接管。这个文化事业部第二课所担负的重要任务中就有"在海外各地大学等机构设置日本文化课程及日本语课程，并配合其做辅助、指导、监督等事务"，做"日本语的海外普及工作"。① 顺便一提，近卫文麿也担任了1930年（昭和五年）创设的"国语协会"的会长。这个"国语协会"是1937年（昭和十二年）国语爱护同盟、语言问题谈话会合并改组之后的产物，并创刊了机关杂志《国语运动》。这一杂志是同时具有"日本语输入"和"国语改良"之立场的代表性杂志。

《向世界蔓延的日本语》这本小册子是以全面介绍当时在世界各地举办的日本语课程为目的的。不过，在这里直率地讲了当时"普及日本语"的活动究竟意味着什么。据其所说，"语言的海外输出与国力的发展不可分"②，日本语的普及本身并不是目的。第一目的是"通过日本语，让人们理解日本的文化与国民精神"。并且"国际文化事业既是文化战也是思想战"，"通常是永无止境的战斗"。③ 不仅仅是保科，专注于向世界"普及日本语"的文部省当局也将其当作"和平的时候"进行的"工作"，甚至将其当作"思想战"。

然而，这一战争的武器出了问题。日本语这一武器是否只拥有在"语言战"中获胜的威力与性能呢？毫无疑问，文化事业部对这一点也有所担心。《向世界蔓延的日本语》中提到，因为让外国人记住"复杂的日本语"并不是容易的事情，所以有必要"将日本语整理为外国人可接受的样子，并对如何向外国人教授日本语这一问题"④ 进

---

① 外务省文化事业部：『世界に伸び行く日本語』，第5—6页。
② 同上，第72页。
③ 同上，第75页。
④ 同上，第67页。

行研究，由此提议必须制作出"如基础日本语那样的东西"①。

英语文学专家土居光知参考奥格登（Charles Kay Ogden）设计的基础英语（Basic English）完成了词汇量限制在一千词以内、语法简略化了的"基础日本语"的体系建构。其缘由是，"听说对朝鲜、（日据）台湾的人教授日本语是非常困难的事情"，而"如今对满洲的人也需要教授日本语"，"我担心如果将自然的、未经整理的日本语用来教学的话，又会遭遇失败吧"。② 土居着手于这一"基础日本语"的工作，并于1937年（昭和十二年）开始担任伦敦大学极东言语文化部日本语学科的日本语教授。

土居因这一先锋性的尝试从各个方面进行了调查研究。比如说，其中之一是从日常生活中选定不可或缺的最小限度的单词，即"基础词汇"。据石黑修说，"基本词汇"的调查是从"和最近激增的日本语的海外输入这一新事态伴随的国语教育之反省"中产生的，"对内可改善国语，对外可利于国语的输出"。③

这样一来，面向海外的"日本语普及"和"日本语输出"的问题转了一大圈，最终又绕回到了"国语改革"这一问题上来了。常年在殖民地教授日本语的山口喜一郎说道："我国国语向海外输出这一事态，对内可促进现代口语的改善与整理，促使语言教学方法的变化。"④

---

① 外务省文化事业部：『世界に伸び行く日本語』，第68页。
② 土居光知：『基礎日本語』，六星館，1933年，第2—3页。
③ 石黑修：「基本語彙の調査」，国语教育学会编：『標準語と国語教育』，岩波书店，1940年，第255—256页。
④ 山口喜一郎：「海外に於ける日本語教育」，国语教育学会编：『標準語と国語教育』，第391页。

保科孝一最为担心的也正是这个问题，因此保科与这些论者相比更为彻底。就像被什么惹怒一样，保科说："我国现在并不存在明确的标准语，而且普通国民对此并未感到疑惑。这可以说明我国国民欠缺对日本语的反省能力。在向海外输出日本语的时候，才痛感这导致了很大的障碍。"①

四　第一次国语对策协议会

据平井昌夫说："昭和十一、十二年的时候第一次谈论到向海外输出日本语的问题。到了昭和十四年的时候，这一问题突然变得很热。"②事实上，从那时起新闻媒体就开始组织诸如"日本语的海外输出"这样的特辑了。另外，政府机构、民间团体也都开始致力于日本语教科书的制作、基本词语表的确定、日本语教师的培训等事宜了。

如果说最大的事情的话，那莫过于1939年（昭和十四年）6月20日、21日、22日这三天文部省召开的国语对策协议会了。这个协议会是为了编纂日本语教科书，由文部省召集朝鲜总督府、（日据）台湾总督府、关东局、南洋厅、伪满洲国以及兴亚院的华北、华中、蒙疆、厦门的各个联络部的相关人士开的会议。作为学者代表，藤村作、小仓进平、久松潜一、神保格参加了会议。另外，也可以看到作为文部省代表之一的保科孝一的名字。只不过在会议上保科没有发言。

---

① 保科孝一：『大東亜共栄圏と国語政策』，第454页。
② 平井昌夫：『国語国字問題の歴史』，第322页。

会议以荒木文部大臣的"我国国语是在我国国民之间流通着的精神血液……我国国民是在这一精神血液的连带中凝聚起来的"①这句话拉开帷幕。不必说，这是从上田万年的《国语与国家》中引用的话。但是，会议并没有终结于上田这一华丽的辞藻，而是充满了无休止的纷争。

这其中并不是没有称赞"国语"普及的发言，然而发言基本上都是与实际的"日本语教育"现场相匹配的具体事宜。因此，各地的代表异口同声地诉说对日本语非母语者进行日本语教学是多么地困难，并对文部省当局没有充分地理解表示遗憾。因此话题并没有停留在教科书的编纂上，而是扩大到了教学法、教材选定、教员的培训，甚至教员待遇等方面。

其中一个对立是，始终认为"内地"用的教科书也应该成为"外地"的基本教材这一文部省的立场，与教科书应该在当地进行编纂才可发挥出教育上的效果这一"外地"的立场之间的对立。伪满洲国的立场尤为微妙。伪满洲国代表直言伪满洲国不是殖民地也不是"外地"，而是"作为独立国家的特殊情况"②，这一说法导致其与文部省处于一触即发的危险对立状态。

特别是在教科书编纂问题的讨论上，逐渐转向了日本语自身的问题。从各个代表的发言中可以生动地看到，对于该如何教日本语谁都无法确信地给出答案。因此，大家对语调、发音、语法、词汇等所有方面都没有制定出"标准语"而感到不满。伪满洲国代表福

---

① 「国語対策協議会議事録」，伪满洲国教育史研究会监修：『「満州‧満州国」教育資料集成 10‧教育内容‧方法Ⅱ』，第 273 页。
② 同上，第 470 页。

井优感叹道：教师经常陷入"对日本语本身不得不从本质上来重新看待"的状况。① 另外，朝鲜总督府的森田梧郎说道："东北人、九州人等各地的人都来到朝鲜，朝鲜人对来自内地的人语调之不统一感到困惑。"② 因此，森田诉说道，标准语的问题是"不知道什么时候就会触碰到的暗礁"，"我们会频繁地遇到并不能确定我们选出的词语是不是标准语"这一实际情况，并对文部省提出"以此教科书编纂为契机，务必一并制定出标准语以及标准语法"③ 的要求。

另外一个重要的问题是日本语教科书中应该怎样使用假名。当时在朝鲜，小学低年级使用的是表音式假名使用法，而高年级则使用历史假名使用法。对于这一不统一的状态大家也纷纷表示不满。因此，各个代表强调，"外地"的日本语教育，与其用眼睛不如用耳朵和嘴巴，也就是说，不应以文字语言，而必须以声音语言为中心。如果这样的话，作为文字表记的方式，表音式假名使用应为最好的方法。

伪满洲国的代表一谷清昭断言道："关于外地的假名使用绝对应该用表音式的"，并且要求"尽量不使用汉字、少使用汉字"。④ 对于这一点，华中的代表坂本一郎以这样的意见直逼问题的核心："当我们思考日本语这一语言的时候，我们有必要采取发音式假名使用法，或者让我们当前的用法更接近于它。我们之中，甚至在更老的一代人中，有多少人可以完美而正确地用今天国定教科书中使

---

① 「国語対策協議会議事録」，第 303 页。
② 同上，第 282 页。
③ 同上，第 428—429 页。
④ 同上，第 465 页。

用的假名系统来进行书写呢？如果本土的人都无法使用的话，就更不可能让外国人去用这一方法书写了。"①

假名使用的问题并不是教科书中应该采取怎样的方式进行文字表记这样一种技术性的问题。"内地"的代表神保格提出了这样的意见："外地"即便使用表音式的假名使用法，那也只不过是作为发音记号来使用的声音表记而已，并不能算是假名使用法。②也就是说，日本语正式的假名使用法只有历史假名使用法这一种。

实际上这样的观点是以国语学者桥本进吉的假名使用论为基础的。桥本说道，日本语本来的历史假名使用变成了欧洲语言的正书法，"它决定的不是用假名书写读音，而是用假名写什么样的语词"。③"写什么样的语词"是指对读音相同的不同语词区分开来进行书写这一操作。也就是说，读音的对应并不是本质性的。对此，"如果以读音为基准，把读音当作书写原则的话，那么把表音式假名使用当作一种表音记号来对待比较好"④，因此，可以说"（历史）假名使用与表音式假名使用是建立于互不相容的个别理念之上的"。⑤

日本语真正的假名使用一定是历史假名使用，表音式假名使用是"外国人"使用的教学上的方便之计，这一观点实际上在"内地"的"国语"与"外国人"学习的"日本语"之间画了一条区隔线。甚至可以说，这表露出肯定"外地"的日本语改革，而尽可能

---

① 「国語対策協議会議事録」，第489页。
② 同上，第371页之后。
③ 桥本進吉：「仮名遣の本質」，日本国語会编：『国語の尊厳』，第78页。
④ 同上，第94页。
⑤ 同上，第99页。

地使其不波及"内地"的迫不得已的立场。

保科坚决反对这一立场。他说:"对(大东亚共荣圈的)居民教授日本语的时候,不依靠古典的假名使用,而依靠遵照现代的标准发音、根据发音进行书写的表音式假名使用,不必说这才是上策。"① 因此,他批判道:"在那些强硬地支持古典的假名使用的人当中,甚至有主张将假名使用当作发音符号,根据发音来进行书写,并以此方式向外国人教授日本语的人。"保科断言道:"避免使用'表音式假名使用'这一名称,而用发音符号,这本身就有些牵强,不如光明正大地依据表音式的假名使用在外地教授日本语更为有利。"②

保科寄希望于这些应在"外地"进行的"改革"与国内的"国语改革"能够同步进行。并且,参加国语对策协议会的"外地"代表也基本上有此意愿。发言者们将最终问题归结于"内地"的日本语本身,这一观点引起了广泛的关注。因而他们要求尽快在国内实行"日本语改革"和"日本语的整理"工作。

在第一天的议程结束的时候,主持人近藤图书局长计划外的发言给人留下了深刻印象。"作为总结,我想说,我们这些人出生、成长、到死都与国语——日本的语言相伴,但是我们却对这个语言没有清楚的自觉……面对今天的情况,当我们真诚地想到其他地方普及日本语时,作为最基本的问题,我们不可避免地会遭遇国语本身的本质问题。"③ 近藤这一充满焦躁的发言,可以说很接近于参加

---

① 保科孝一:『大東亜共栄圏と国語政策』,第 410 页。
② 同上,第 411 页。
③ 伪满洲国教育史研究会监修:『「満州・満州国」教育资料集成 10・教育内容・方法Ⅱ』,第 358—359 页。

这次协议会的所有人的心声吧。

协议会的最后一天,以下这一决议被首先通过了。

一、设置统一的国语调查机关之事宜

为了在海外普及日本语,日本语的整理和统一是最为要紧的事情,所以向文部省强烈建议设置国语调查的统一机关,以期快速解决国语问题。

其他被通过的决议还有:"设置日本语教育联络机关之事宜","日本语指导者的培训之事宜","编纂标准日本语词典之事宜","日本歌词、乐曲选定之事宜"和"唱片以及有声电影制作之事宜"。①

接受这些决议的方式是,1940年(昭和十五年)11月文部省图书局内新设了国语课;同年12月,在兴亚院与文部省的援助下,设立了日本语教育振兴会。

五 第二次国语对策协议会

1941年(昭和十六年)1月20日、21日、22日这三天召开了第二次国语对策协议会。然而,第二次协议会的召开,一直不为人所知。这是因为,第一次协议会的速记记录被当作秘密文书管理起来,印刷之后发放到了文部省内,而第二次协议会的速记记录的原稿被捆起来放置在文部省中。并且后来第一天会议的记录丢失了,

---

① 伪满洲国教育史研究会监修:『「満州・満州国」教育资料集成10・教育内容・方法Ⅱ』,第518—519页。

参加了协议会的成员的名单并没有全部刊登出来，发言者之外究竟谁还参加了，谁也不知道。不管怎么说，到现在为止并不清楚第二次协议会记录为什么没有被印刷出来，但这是不次于第一次协议会的贵重资料。特别是在第二次协议会上，日本语教师对于"日本语教育"想说的话比第一次协议会更为清晰地表达了出来。

第二次国语对策协议会的议题是"在本省进行的国语调查以及日本语教科书编纂之现状"。已经在省内设置了"国语课"的文部省表达出"向海外普及纯正的日本语——不是方言或者难以理解的语言，而是标准的、纯正的、美的语言"①这一意向。然而果不其然，第二次国语对策协议会上的发言与第一次大相径庭，不过仍旧提出了标准语、语调、基本词汇、发音与语法的基准、儿童的母语对日本语的影响等问题。

但是，第二次协议会意外地出现了对当地作为语言规范提供者的日本人所说的日本语不满的情况。

（日据）台湾代表米田龟太郎这样感慨道："现在国语指导者提出正确的批判非常重要，但是台湾的国语指导者是从内地的北方千岛到四国九州的各个地方汇集而来的，他们并不缺乏人格品质与教育背景，但缺乏教授作为外国语的国语之经验，而且各地的语调各有不同，甚至须依赖台湾人教师来指导，国语指导的成绩当然很难提升了。"②

---

① 『第二回国語対策協議会議事速記録』第二日，第3页。这一速记中的页码是按照天数来标记的。另外，第二日的第1页到第65页没有写页码，页码是我加上的。

② 同上，第二日，第127—128页。

第十四章 "共荣圈语"与日本语的"国际化"

伪满洲国代表今井荣对于伪满洲国日本语的状况有如下描述："来伪满洲国的人大部分是从名古屋以西,特别是九州来的,所以伪满洲国的日本语大体上使用的是关西方言。虽然并不一定是大阪话或是九州话,但多多少少都是关西方面的日本语。然而国家的方针是将东京的标准话作为日本语,之后也提到过,用东京话作为日本语在实际运作中有很大的困难。"① 也就是说,"日本人自身的日本语中也包含了一些被方言所困的问题"②。

另外,关东州的大石初太郎说道:"从国语政策这一点来说……要在大陆就地对日本人重新进行国语教育的话,作为其根本的内地国语教育改革就显得极其重要了。……然而现在的关东州以及'满洲国',还有北支,日本人的日本语各式各样,各种方言杂居在一起,没有一个统一的方言可做代用,实际上非常杂乱,更不必说相去甚远的标准语了。"③ 因此,大石得出这样的结论:"国语教育的问题退一步考虑的话,必须从国语整理与统一的问题出发。"④

伪满洲国的另一代表大塚正明则更为严厉。大塚认为为了普及日本语,"日本人的再训练"是必要的。大塚的发言超越了不满,可以说完全接近于愤怒了。"已经居住在大陆的日本人是如此,但如今进入大陆的日本人的语言已经极为无规范了。事实上,北满两百名日本人之间相互也听不懂彼此的话。在新京的日本人的校长会议上,在决定开设面向日本老师的满语课程时,有一位校长提出应该为日

---

① 『第二回国語対策協議会議事速記録』第二日,第 223—224 页。
② 同上,第二日,第 226 页。
③ 同上,第三日,第 48—49 页。
④ 同上,第三日,第 51 页。

本教师开设日本语课程，并因这一提案而被嗤笑。我认为这并不是笑话。……学校的日本语建设在社会层面上被破坏了，其破坏者是日本人。这样是不行的。想发展大陆的是不具备日本语水平的人。"[1]

在这些发言面前，文部省想"普及""纯正的日本语"这一愿望就太过空洞了。但这些才是在各地的日本语教师想说的真心话。

协议会是以东大国语学教授桥本进吉的发言作结的。作为协议会的最终发言，桥本的话给人留下了深刻的印象。因为越是谈论"日本语的普及"，问题就越会往国内的"国语问题"方面发展，这一趋势十分明显，桥本说：

> 关于日本语教学这一问题听取了各种意见，各种困难与不完善之处并不仅仅是外地、外国的日本语问题，其实可以说是内地的国语教育的问题。关于两种国语并用而引发的困难，虽然性质、程度大不一样，但我想在内地也有同样的问题。日本的大部分进入到小学的孩子已经掌握了日本语，但掌握的是什么日本语呢？是方言。然而在学校里教授的国语绝不应该是这样的语言，而必须是日本全国通用的语言，也就是标准语。方言与标准语之间的差别在不同地方有着程度之差，应该教使用方言的孩子们使用标准语。那么在学校不使用方言，并学习标准语，却在家庭、孩子之间使用方言，这就变成了双语并用了。……这是对于日本语自身的问题、内地的国语问题来说的重大问题。[2]

---

[1] 『第二回国語対策協議会議事速記録』第三日，第150—152页。
[2] 同上，第三日，第181—183页。

协议会的最后一天,通过了《第二次国语对策协议会希望决议》。这份决议并没有被刊登在任何出版物上,所以在此转载全文:

  一、在内地计划实行日本语教育联络
  计划建立内地、外地的国语教育以及海外日本语教育之联络,这对于培育东亚新秩序建设之根基而言是紧要之事。因此文部省应设置适当的联络机关,并将相关人员派遣到外地、伪满洲国以及中华民国。
  二、日本语教育者的培养
  为了普及纯正的日本语应培养多位优良的日本语教师。因此,文部省应迅速设置日本语教师培养机关。
  三、扩充强化日本语整理统一机关
  为了实行日本语的海外普及,国语的整理统一是当务之急,第一次本协议会的参加者一致表明期望文部省强力设置国语调查统一机关,迅速解决国语问题。所以在希望决议中通过了在图书局新设置国语科这一决议,甚为可贺。然而时局的进展要求迅速解决有关国语的各种问题。因此期待能够扩充强化机构,促进对国语进行研究调查、整理统一。[①]

因此,这一"希望决议"很可能被接受了,因为在1941年(昭和十六年)2月25日,文部省发布了《关于国语国字之整理统一的阁议申合事项》,其内容如下所示:

[①] 『第二回国語対策協議会議事速記録』第三日,从第196—203页中整理出了"希望决议"的朗读部分。

调查研究并整理统一国语、国字，振奋国民精神、增进国民教育之能效，进一步普及作为东亚共通语的纯正的日本语，这些事宜均为当下紧迫之事，故政府制定出以下这些重要的国策：

一、文部省促进国语国字的调查研究以及整理统一，内阁以及各省协力配合。

二、前一事项所做的整理统一工作，经由内阁决定之后，内阁以及各省须迅速实行。①

六　国语改革与日本语的普及

1942年（昭和十七年）10月出版的保科的著作《大东亚共荣圈与国语政策》一书所具有的意义，须以上述文脉为背景来理解。

即便日本语进入"共荣圈"，甚至在世界范围内广为流传，在保科的心底对其结果也是悲观的。他这样说道：

在不足半个世纪的短暂时间里，急速发展普及国语，这恐怕是只有日本语才有的事情，在别的语言那里没有前例可循。这一点确实值得庆贺。但是，另一方面，对于其成果来说，也难以否认存在着颇多的遗憾之处。这个时候，我不禁会认为，其罪过不在其土壤，而应归结为种子的不良。也就是说，我们的国语作为语言没有明确的标准，甚至连标准语与地方语之间的界限也不甚明确。除此之外，文字的组织复杂而不规则，按

---

① 文部省教科书局国语课：『国語調査沿革資料』，第195页。

照一条标准进行学习,甚至对于日本人来说都是很难的事情。①

保科怀有这样一个痛苦的认识:日本语的"海外输出"的主要阻力存在于日本语本身之中。"作为共荣圈盟主的日本的语言,当然应该具备作为'共荣圈语'的资格。"同时,他却认为这一"资格"的内在实质却是极为贫弱的。日本语没有确定的"标准型",也没有词语和发音的标准。难写的汉字、汉语四处泛滥,假名使用法与发音不相一致,口语与书写语言之间太过分离。保科断言道,这些问题如果得不到解决,日本语的海外普及将会非常艰难。对于"大东亚共荣圈"内的各民族来说也是一样的。保科提出"教授给新附民的日本语是什么样的呢?"②这样的问题。想要让日本语成为"共荣圈语"的那一瞬间,明治以来尚未解决而又不断累积的"国语国字问题"作为须紧急解决的问题清晰地展现在了人们面前。

如果认为为配合日本语的"海外输入"日本语本身必须进行改良的话,那么问题就不是"整理统一"那么简单的事情,而是必须要推进到日本语的"简易化"这一问题上。1942年(昭和十七年)4月,国语协会与假名文字协会(カナモジカイ)共同向内阁提出了《大东亚建设之际关于国语国策之确立的建议》这一建议书。在这一建议书中提出了"至今为止我国国语极为复杂且不规则,因此值此之际应加以充分的整理改善,若不对其做简易化处理,作为大东亚的通用语来进行广泛普及则是无法期待的"这一主张。并且作为具体的方针,建议书提到了如下六点:"文体应完全口语化""使

---

① 保科孝一:『大東亜共栄圏と国語政策』,第347页。
② 同上,第210页。

用易懂的词语""正确地统一发音""文字使用假名书写""假名使用方面,字音、国语都采用发音式的""采取从左往右的横排书写,并在词语之间留有空格"。在《大东亚共荣圈与国语政策》一书中,保科对这一建议书深表共鸣,并全文转载于书中。①

促进了这样一种可谓激进的"国语改良"的,却是陆军主导的改革。被迫进行大量的兵力动员,结果导致军队的平均学识低下,甚至给兵器的操作带来了障碍,因此军队不得不对兵器用语进行简化。这样一来,1940年(昭和十五年)2月的《关于兵器名称及用语简化之规程》中将名称限制为"寻常小学校毕业"的人可以读写的1250字的汉字范围内,同年5月的《兵器用语集》中进行了用日常用语替换掉难以理解的汉语的工作[在这里认定了作为"敌性用语"(即战争中敌对一方所使用的语言——译注)的为数不少的外来语]。特别是,1941年(昭和十六年)3月的《有关兵器的假名使用要领》中,彻底采用了表音式的假名使用法。这一计划虽然仅仅是在陆军内部进行的,但它与保科长时间以来的期待相吻合。保科将这一陆军的用语改革描述为极为理想的改革方向,在著作中花了相当的篇幅详细地进行了介绍。②

保科在《大东亚共荣圈与国语政策》中强调的,正是这样一种"国语改革"的必要性以及由此而来的"标准语"的制定,即选定社会生活中必要的"基本词汇"、统一发音与语调、采用表音式的假名使用法、限制汉字、制定统一的"口语法"、使用"达意平明的口语文"等等。特别是关于教学法方面,保科希望遵照"直接

---

① 保科孝一:『大東亜共栄圏と国語政策』,第427—435页。
② 同上,第38—100页。

法"编纂教科书,并培养专门的日本语教师。

保科从1901年(明治三十四年)做"国语调查委员会"辅助委员的时候开始,就一直坚持倡导上述这些语言改革的方向。这并不是保科在"日本语的海外输出"论中利用战时这一特殊情况顺势而为的论说。反过来可以说,这一时期无疑是他实现"国语改革"这一多年愿望的好机会。他还意识到,在日本国内受阻于"国语的传统"的"国语改革",一旦涉及"海外输出"的话,就不会受到传统的羁绊了。因此,他有了首先在"海外"推进"国语改良"之后,再将其带入"国内"的想法。

七 "国粹派"的反击

但是,这样一种"国语改良"论也持续不断地受到保守派的国语学者、文学者的攻击。特别是以山田孝雄为首的国粹派的国语学者发出了强烈抗议的声音,理由是,为了"外国人教育"而对日本语进行改革,这完全亵渎了以国体为根基的"国语"的神圣传统。

冲在最前面的依然是山田孝雄。1940年(昭和十五年)4月《文学》杂志组稿刊发的《东亚的日本语》特辑中,山田的《所谓国语问题的归趋》中充满了对想要将日本语的"输出"与"改良"相结合的一派的愤怒:

> 说国语杂乱、无规范,让国语变得杂乱无规范的是什么人呢?明治维新以后的罗马字采用论者、汉字排斥论者、假名使用破坏论者等所谓从事于国语政策论、国语改良运动的这些人

共同负有很大的责任。①

所以说变得杂乱无规范的原因并不在国语内部，而是这些国语论者擅自实行自己的主张，踩躏国家的教育，混淆国语的纯正性，从而使国语变成了这个样子。从这一原因出发，应该规范的、应该整理的是国语论者自身。②

山田的攻击可以说完全是针对保科的。山田甚至说，无视"国语的传统"与"国家的权威"的改革是"无视国家权威，将自己置于国家之上的叛逆行为"③。山田对"改革派"这样的攻击已经在第三部中详细地呈现了，在这里不再重复。

山田更进一步地将攻击的矛头指向了"国语很复杂，应简单化"这样的论述。山田认为，"明明是日本人，却像外国人那样说日本语很难，这样的话流露出了阿谀奉承的卑屈心"。因此，"在向东亚大陆输出国语时，说它太难理解必须要简单化之类的论述"只不过是"卑屈的俗论"罢了。"教外国人应采用发音式的假名使用，必须对这样的俗论予以正面排斥。"按照山田的说法，学习日本语本身最终为的是"将其视为传统来保存，无条件地将这一传统继承下去"④。

---

① 『文学』，1940年4月，第3页。
② 同上，第4页。
③ 同上，第5页。
④ 同上，第6—10页。顺便一提，在这个《文学》特辑号中，刊登了保科的"强化日本语的统制"这一句话，广为流传开了与山田完全相反的主张。也就是说，保科与山田这一对不共戴天的敌人却在同一特辑号上展开了对决。

第十四章 "共荣圈语"与日本语的"国际化"

第九章中说到的结成"日本语国语会"的契机并不仅仅是因为国语审议会发表了"标准汉字表",也有如上所述的那种反对日本语的"规范整理"和"简易化"的趋势的原因。

伴随着"日本语的海外输出"而提出的"国语国字改良"论,经由保守的国粹派人士的攻击逐渐处于劣势地位。虽然这样说,但是,想将日本语预备为"大东亚共荣圈语"这一主张并没有因此消失,而是以"皇国史观"和"皇道主义"为盾牌,集中力量往彻底效忠于纯正且传统的日本语这一方向上前进。

保科的《大东亚共荣圈与国语政策》出版约一年后,志田延义的《大东亚语言建设的基本》(1943年,昭和十八年)就典型地突出了这一方向。

据志田所说,"日本语向大东亚普及"是"使其认识到我国之精神,感受到作为大东亚生命圈的连带关系。……巩固以皇国日本为中心建设全新的、真确的秩序这一觉悟"。让日本语成为"东亚的共通语"这件事本身,从这一"本质上的立场"来看则是"从属的目标"。[①] 志田的著作中这样一种皇道主义式的、精神主义式的主张色彩浓厚地呈现着。

即便是志田也并没有否认"日本语普及的课题是……以国语问题的解决以及彻底贯彻国语教育为前提的"[②]。然而,其出发点是"作为因言灵而幸福的国家,受言灵引导的国家而尊重国语","国语问题的解决"并不是"树立起一种国语的正当发展以及教育必须

[①] 志田延义:『大東亜言語建設の基本』,畝傍书房,1943年,第8页。
[②] 同上,第11页。

建立在传统之上的态度"①之外的事情。因此,"立足于当前的便利主义,机械地整理,被国语的对外普及政策左右,追求简单的形式,等等,应该受到严厉的禁止"②,"只是持有日本语复杂论的人再三提出主张,就贸然实行轻率而过激的改革,这背后大多存有否定传统的意图"③。不必说,志田既反对限制汉字,也反对表音式的假名使用法。他认为汉字与历史假名使用法才是"国语的传统"和"国语的本质"。

志田的这样一种观点的核心是与山田孝雄相通的特殊的"国语"观念。志田说道:

> 国语在守护国体、养育正直的国民方面起着作用,对其起支撑作用的是国体。"国语"是指"我们国家的语言",而它不像日本语那样是从国际的角度来考虑的、含有与其他语言并列的意思。"我们国家(わがくに)"这一意识伴随的是翻译语那样的语言,与"我们的国家(われわれの国)"这一意识是不同的。即便是"语言(ことば)"也与科学语言学那样的"语言(言語)"有区别。④

---

① 志田延义:『大東亜言語建設の基本』,第22页。
② 同上,第31页。
③ 同上,第60页。
④ 同上,第147页。从引用部分可以知道,保科与志田的问题是截然相对的,保科的文体是用平实的语言倾诉般的推进,而志田则是用复杂的文章结构掺杂着汉语,基调高昂地滔滔不绝。在《大东亚共荣圈与国语政策》中,保科认为口语文至今为止还被书写问题的要素支配着,他举出这样的新闻报道为例子:"发表了的开战以来的海军战果,将我们国民浸入到新的感激之中,这不得不让世界的耳目为之惊倒。"(第420—421页)(转下页)

第十四章 "共荣圈语"与日本语的"国际化"

也就是说,"国语"是拒绝像日本语那样被当作各种语言之一来看待的概念。并且,只要是无法经由"科学语言学"来理解"国语",那么"国语学"就无法被容纳在"语言学"之中。在第三部中论述到的,国语学与语言学之对立的意识形态性,在这里充分得到了体现。

到此为止的"国体论"式的"国语"认知方式,也许的确只是山田孝雄、志田延义所特有的。然而,"国语"与"日本语"是不同的这一认识却被广泛地接受了。

重新回顾一下之前的那份第二次国语对策协议会的"希望决议"的话,可以发现,在"内地外地"实施的是"国语教育",而在"海外"则是"日本语教育"。各地的代表清晰地意识到了这样一种用法上的区别。特别是朝鲜和(日据)台湾的代表,避免使用"日本语"而坚持使用"国语"。朝鲜代表森田梧郎说:"在朝鲜实行的不是日本语教育,而是国语教育。"[①](日据)台湾代表小林正一说:"在使用日本语这个词时我会感到犹豫,更倾向于称之为国

(接上页)在保科看来,耳朵听到之后不能立刻理解的文章就是极为差劲的文章。然而,志田的文章比这个还要难理解。"肇国的精神,皇祖皇宗的御遗业的实现才是宇宙根源的生命历史的开启,皇国日本的历史性建设为全世界的人类之追求赋予活力,万邦的共荣,完全地增进了人类的福祉。也就是说,对于人类来说的根源性事物是进行历史性地把握和建设之外别无他物。因而遵从皇国之道的特殊的国民立场,是唯一的历史性人类的立场。"(《大东亚语言建设的基本》,第5页)完全不能理解他究竟在说什么,这一点可以说志田的文章完全像咒语一样。这种文体的差别直接展现出保科和志田在思想位置上的不同。保科的思想幸免于难,在战后还能存活下去,也许多亏了这种文体。

① 『第二回国語対策協議会』第二日,第18页。

语。"① 这样一种使用上的区分，其背后究竟有着怎样的心理呢？

对于这一点，与森田同为朝鲜代表一同参加了会议的寺岛安的发言意味深长。寺岛说："像我这样长时间在朝鲜从事教育工作的人一听到'日本语'，就好像谈论别的国家的事情那样，会感到不舒服。不管怎样都想使用'国语'这个词。"② 也就是说，"日本语"这一词会给人带来"外国语"的感觉。对此，"国语"却绝对不允许外在视线的进入，展现出了存在于内部的人才可能掌握的语言所具有的姿态。但是，即便是只能从内部来理解的"国语"，其内部也绝不是与外部相对立的。或者说，对"国语"来说并不存在与之对立的外部。没有与之对立的外部的内部，就已经不是严格意义上的"内部"了。因此，只要没有"外部"的牵制，"国语"的世界就一味地变得自闭了，同时也可能无限地膨胀。"八纮一宇"的精神就是这样一种自我封闭与无限膨胀相结合的精神运动产生出来的夸大妄想的理念。

只要"国语"是那样的存在，保科的"国语改革"就必然会失败。因为，保科是从"日本语"的视点出发倡导"国语改革"的。但是，另一方面，即便是志田延义，也不得不在以"大东亚语言建设的基本"为题目的著作中花费一半的篇幅来论述"国语问题"与"国语教育"，以及"标准语"的确立是当务之急之类的观点，由此可见，保科所关心的问题是更为根本性的。

在这里出现的是近代日本背负的"国语"理念本身所包含的矛盾。

---

① 『第二回国語対策協議会』第二日，第 67 页。
② 同上，第二日，第 41—42 页。

八 "共荣圈语"之梦

保科将"日本语的海外输出"与"日本语改良"结合在一起的观点并非来自国粹主义。正因如此，保科可以在"战败"后毫无顾虑地将战时的主张原封不动地提出来。如上所述，对保科的语言思想而言，"战败"并不是多么沉痛的打击。甚至可以说，从保科的"国语"理念来看，"战前"与"战后"之间并不存在断裂。在回想五十年来国语改革工作的《国语问题五十年》(『国語問題五十年』，1949年，昭和二十四年)这本书结束的部分，关于"日本语的海外普及"保科这样说：

> 现在战败导致的结果就是，至今为止广泛普及的日本语在此之后其势力会丧失殆尽，这是没办法的。但是，日本民族重新站起来，带来世界的和平与文化的时候一定会到来，那时候人们也一定会重新拾起日本语的。然而，至今为止外国人在学习日本语时感到辛苦，是因为日本的标准语尚未确立下来。发音也没有一定的标准。也没有什么标准语的辞典可以使用。……所以，如果要让日本语普及，首先要确立标准语、编写辞典，这是毫不犹豫地应该去做的事情。……简而言之，要让外国人安心学习日本语，须有所准备。搁笔之时特别想要强调这一点。①

这样看来，保科的各种提议与当今"日本语国际化"的话题所

---

① 保科孝一：『国語問題五十年』，第271—272页。

涉及的问题有着太多的共同点了，实在令人惊讶。[1] 比如，几年前野元菊雄等人提出的"简约日本语"[2]的动机以及想法，与战前土居光知的"基础日本语"以及上述"国语协会"以"基本词汇"为基础对日本语进行的"简易化"并没有相差太远。甚至可以说，从他们的改革方案中"海外普及"与国内的"国语改革"同时进行这一意图来看，与今天的相比更富激进主义的主张，这一点很难否定。如果是在今天，保科也可以像被全面赞同的"国语协会"的议案那样，勇敢地断言道："作为国民常用文字的汉字，会逐渐消失。这是国语进步的必然之路"[3]吧。

然而，掺杂着倡导"作为武器的日本语"声音的如今的"日本语国际化"热潮，也散发着保科梦想般的"共荣圈语"的气息。这也许是"共荣圈民"的后代所特有的偏见导致的过敏反应吧。

---

[1] 1942年（昭和十七年）在朝日新闻社刊行的《国语文化讲座》的第六卷题为"国语输出篇"，从"今日的日本语输出问题是与时局相伴的"（藤村作:「国語の進出と国語教育」,『国語進出篇』, 第2页）这一立场出发，对殖民地、伪满洲国、占领地的日本语教育进行了论述。但欧美各国的日本语教育，特别是外国留学生、日系移民二代的日本语教育也都纳入了讨论的范围。另外，用现在的话说，对归国子女的语言问题也有所涉及。从"时局"的部分窥看，完全会让人觉得是今天的日本语状况。

[2] 1988年在国立国语研究所当时的所长野元菊雄的主导下，着手制作面向外国人日本语学习者的大幅度简化语法、词汇的『簡約日本語』。这个『簡約日本語』带有语尾统一为"です""ます"，动词的活用限制为连用形，基本词汇约为1000个等特征。因为容许使用现在的日本语惯用中不相符合的表达，所以招致了社会上的赞同与反对的意见。

[3] 保科孝一:『大東亞共栄圏と国語政策』, 第432页。

结　语

近代日本的"国语政策"之所以是暴力性的，并非因为"国语"的强大，而恰恰因其脆弱性。"大日本帝国"的暴力性也相应地展现出日本"近代"的脆弱。在殖民地，不，就连在日本国内都没有建立起始终一贯的语言政策。

对"国语"的脆弱、贫困感到绝望的并非森有礼一人。比如还有广为人知的志贺直哉，他在第二次世界大战后提出了将法语用作日本的国语的提案。但是，也有人比森有礼和志贺直哉有着更为大胆的想法。这个人就是北一辉。

被视为法西斯圣典的北一辉的《国家改造案原理大纲》(『国家改造案原理大綱』，1919年，大正八年）中的"国民教育的权利"这一部分中写有"废除英语，将世界语作为第二国语"[①]这一项。据北一辉自己写下的注释来看，其中一个理由是因为日本并不是英国的殖民地，完全没有必要学习英语。可是为什么不能只用日本语，还需要将"世界语"提升到"第二国语"的地位呢？从"第二国语"这一说法来看，可以猜想，"世界语"并不是仅仅作为一种语言来学习的，还试图使其具备一定的公共性作用。实际上，北

---

① 『北一輝著作集』第二卷，みすず書房，1959年，第251页。

一辉在这里的筹划是相当令人震惊的。他这样说道：

> 实际上，在欧美各国中都没有见到过的，诸如国字改良、汉字废止、言文一致、采用罗马字等争议，说明了国民所有的大苦恼都是因为日本的语言文字并不正确、恶劣。如果我们采用这其中最为激进的罗马字的话，可避免一些我们曾经遭遇到的文字上的不方便。然而如果我们把日本语翻译成英文或用汉文来读的话，就会意识到表达是相反的，这是因为日本语的表达结构自身是与心理法则相悖反的。国语的问题并不在文字或词语方面，而是需要发自语言组织根底的革命。①

就因为与英语、汉文相比，日本语的语序是"颠倒"的而慨然兴叹，这足以见出北一辉的语言观之狭隘。从所有的语言都没有语法上的优劣这一语言学的观点来看，北一辉的论述的确可以说完全是愚论。但是，更为重要的是北一辉对"恶劣"的日本语之绝望，因而他期待着"发自语言组织根底的革命"。

> 受最不方便的国语之苦的日本，为除去这样的痛苦，同时并用第二国语，在自然淘汰的原则下，五十年之后，全体国民都会自觉地将世界语用作第一国语了，今天所用的日本语将会像梵语、拉丁语那样被视作特殊的研究对象。②

---

① 『北一辉著作集』第二卷，第252页。
② 同上，第253页。

"像梵语、拉丁语那样"这种说法听起来还不错,但那样的话就把日本语放逐到"特殊的研究对象"那样的"死语"中去了。北一辉想做的是让"日本语"灭绝。但是,灭绝的并非只是日本语。

在北一辉的说法中,日本的领土在此之后会扩张到西伯利亚、澳大利亚。不能让那里的居民继续说英语、俄语,但是也不能强制他们使用日本语。北一辉的理由是:"我们不能像对待朝鲜那样强制性地使其使用日本语,因为他们拥有比我们深受其苦的国语更为良好的国语。"①

即便可以强迫朝鲜民族使用"恶劣的"日本语,却无法强制那些拥有"更为良好的"国语的民族,特别是欧洲人。如此一来被强制使用"恶劣"的日本语的朝鲜民族,不就成了被牺牲掉的悲惨的羔羊了吗?

既然如此,那么可统一广大的日本帝国领土的语言应该是哪种语言呢?北一辉给出的答案并不是日本语,而是世界语。

> 劣者亡胜者存,自然淘汰法则决定了日本语与世界语的存亡。在接下来的百年中,日本领土内的欧洲各国语言、支那语、印度语、朝鲜语全都会被世界语所替换。没有统一的语言而拥有广阔的领土的话,最终只能招致瓦解,宛如昙花一现。②

---

① 『北一辉著作集』第二卷,第253页。
② 同上。冈本幸治在《北一辉——转换期的思想构造》(『北一辉——転换期の思想構造』,ミネルヴァ书房,1996年)的第六章"北一辉与世界语"这一章中,在北一辉的思想中为他的语言论确立位置,这一点是很重要的考察,但是只注意到北一辉的"世界语采用论",是不能充分认识到北一辉对日本语的绝望的。为北一辉的语言论在明治以来的"国语"思想的展开这一语境中确立位置,才有可能最终理解它的意义。

这实际上是令人惊讶的计划。世界语并不仅仅作为一种语言来学习，而是成为"第二国语"，那么"恶劣"的日本语就只能遵从"优胜劣汰"的进化论法则走向灭绝之路了。如果按照北一辉的观点发展的话，五十年后就连天皇也不会说日本语，而是说世界语了。如果山田孝雄读到这些观点的话，该是多么地愤怒啊。他肯定会将北一辉断罪为与上田、保科一样的"国家的叛徒"。北一辉的信奉者们究竟怎么去读这样的观点呢？恐怕他们对语言的事情丝毫不关心吧？

北一辉的这种言论，可以视作荒唐无稽的话而无视它。但是，竟然被逼到策划如此荒唐无稽的事情的地步，这说明北一辉对日本语之绝望吧。这种绝望在上田万年与保科孝一那里也能看到。

无论是上田还是保科都想结束"国字改良、汉字废止、言文一致、采用罗马字等争议"，想要改良作为"国民所有的大苦恼"的、"恶劣"的"日本的语言文字"。因此，无论是上田还是保科都深深地理解"国语的问题并不在文字或词语方面，而是需要发自语言组织根底的革命"。然而，上田和保科却走上了与森有礼、北一辉方向相反的道路。上田与保科寄希望从"国语"的理念中找到为改良"日本的语言文字"而开出的处方。

上田万年比谁都更热心于论述"国语与国家"之间的关系。这一"国语"正是在山田孝雄所说的"传统"断裂之后才得以成立的。并且，上田不断对日本完全没有培养出"国语"的意识这一事情发出叹息。对于上田来说"国语"并不是日本语原本的样子，而是在一定方向的引导下实现的语言理想的样子。因为，给语言以方向性才是近代的语言学。

保科孝一几乎原封不动地继承了上田万年的"国语"理念。因此保科花费了几乎半个世纪的时间，可以说愚直地投身于确立一贯的日本的语言政策、语言教育上。在今天日本的"学术"氛围中，保科孝一似乎被无视、被遗忘了，但是保科的语言思想并不应被统统扔到禁忌物品保存袋里就完事了。就像反复论述过的那样，保科的思想是在国内制定"标准语"，在殖民地和"大东亚共荣圈"推进"同化政策"，等等，它带有国家主义的、帝国主义的一面，同时兼有限制汉字、采用表音假名使用法、普及口语文等"国语民主化"的一面。

而且应该注意的是，构成保科的语言认识之基础的事物，从他担任国语调查委员会的辅助委员开始，一直到战后为止的五十年间一直没有发生过变化。"大东亚战争"也好，"战败"也好，都没有从根底上否定保科的思想。这是因为其一贯性是从保科的语言观本身产生出来的。如上所述，保科语言思想的两面性对于保科自身来说绝不是矛盾的。这并不仅仅是因为保科是折中的、不彻底的思考者，而是"国语"的理念本身具有可以统合这两面性的活力。

保科的侵略主义式的发言并不是为了乘浅薄的政治之便，而是从上田完成的"国语"的理念本身中诱导出来的。保科比同时代的任何人都痛感森有礼所说的"日本语的贫困"。正因如此，保科想给予这贫困的日本语以跃动的生命力，因此渴望国语的"海外输出"。坚信语言与民族不可分离地联结在一起的保科，将这一认识同样用在了"帝国日本语"的跃进以及被统治民族语言的压抑上。

近代日本语不得不背负的各种问题，宿命一般的压在了保科孝一这位官僚学者的肩上。另外，这些问题到现在也没有被清算，更别说解决了。

仔细想一想的话，山田孝雄的"国语"思想可以说是上田与保科的"国语"思想的对立面。上田和保科持续对日本语的现状抱有不满,而对于山田孝雄来说,只要有"国语"的世界,特别是有"国体"的传统支持下的"国语"在就足够了。因为山田的"国语"并不是在与非日本语这一外部的对立下形成的,这一封闭的内部创造了能够无限膨胀的自我妄想的世界。"八纮一宇"这一语言意识形态恐怕就是那样创造出来的吧。

山田孝雄这样的超现实"国语"思想,也许不可能再以原貌重新出现了。但是非常有可能出现的是,不以"国体"的传统,而是换上"文化"传统的连续性这一文化主义式说辞的外衣,以此来称颂"国语"的纯粹性。站在这一立场的人,也许像山田孝雄所愤慨的那样,认为国语改良论是破坏传统的改革派官僚搞的鬼吧。

比较而言,上田与保科的"国语"思想延续到了"战败"之后。战后的"国语改革"并不能说是保科常年努力的结果,但近十年的"日本语的国际化"这一潮流可以说是在上田与保科言说的延长线上的。正如本书所论,现在围绕"日本语的国际化"而展开的各种讨论话题,几乎全是战前保科孝一提出过的。这样来看的话,已逝世的保科可以被誉为"国际化"的先驱者吧。

但是,我们却不能不揭示出保科暗中在心里怀抱着的语言政策之梦。也就是,保科语言政策的终极目标是"国家语"和"共荣圈语"。语言在其内部宿命性地带有政治性的因素,并没有理解这一点的"日本语的国际化"论可以说是与"国家语"和"共荣圈语"的思想直接相连的。

保守派与改革派围绕"国语"的霸权争斗恐怕今后也会持续下去吧,但这一争夺之物必须以日本"语言的近代"的样子呈现出来。保守派与改革派在争夺中不断地相互补充,"国语"的思想因而逐渐变成了不可动摇之物。

因为无论是保守派还是改革派，都默默地分享着一个共同的前提。这个前提就是，日本语不可动摇的同一性。山田孝雄与上田、保科在相当不同的程度上建立起这一同一性，不必说他们之间也存在着敌对关系，然而在日本语是一个同一的实体这一信念上，两者是一样的。

也就是说，只要默不作声地以日本语的同一性为前提，就不会走出"国语"的舞台之外。在这个意义上，"国语"思想成了为近代日本的语言认识世界划定界限的地平线。然而现在，这地平线的对岸——借用艾萨克·多伊彻的非犹太的犹太人这一说法[①]——也应该能听到多样的、无固定形态的"非日本语的日本语"这样的声音吧。"国语"的思想会不会转变为"国家语"和"共荣圈语"的思想，这在很大程度上取决于这些"非日本语的日本语"的声音有多少能够被真诚地对待。

[①] 艾萨克·多伊彻（1906—1967），波兰出生，二战爆发时迁居英国的犹太马克思主义作家、新闻工作者、社会活动家。尽管是位无神论者且终生信奉社会主义，多伊彻仍旧不断地强调犹太教遗产的重要性，并称自己为"非犹太的犹太人"。——译注

后　记

本书的如下章节是根据已发表的论文修改而成的：

序章 《森有礼与马场辰猪的日本语论——"国语"以前的日本语》(「森有礼と馬場辰猪の日本語論—「国語」以前の日本語」)，《思想》，岩波书店，1990 年 9 月号。

第八、九章 《国语学与语言学》(「国語学と言語学」)，《现代思想》，青土社，1994 年 8 月号。

第十一、十三、十四章 《保科孝一与语言政策》(「保科孝一と言語政策」)，《文学》，岩波书店，1989 年 5 月号。

第十二章 《什么是"同化"》(「「同化」とはなにか」)，《现代思想》，青土社，1996 年 6 月号。

上述论文在整理成书之际，均重新做了修改。

上田万年这个名字在论述"国语"的时候是绕不过去的。但是，与其占据同样重要地位的，是想在日本语中导入"国家语"这一用语及其概念的保科孝一。

从我的指导教师田中克彦老师那里，听到了这样的话：

去年去世的龟井孝先生说，有必要对与日本语学相区别的真正意义上的"国语学",即"国语"这一名义下的各种各样的现象进行学术上的建设,因此,"谁能够将保科所做的事情彰显出来的话,就好了"。

虽然不知道我是否彰显了保科孝一做过的事情,但我想我深入地去理解了他。正因如此,没能在龟井老师健在的时候奉上此书,深感遗憾。

李妍淑

1996 年 11 月

岩波现代文库版后记

《作为思想的"国语"》一书从最初出版到现在已经有相当长的时间了。从初版的1996年年末算起，已经过去十五年了。2006年出版了韩文版（somyungbooks出版社），在美国史密斯学院Maki Hirano Hubbard教授的帮助下，2010年由夏威夷大学出版社出版了英文版。在这些译本出版的时候，每次都会与新的读者相遇，这让我感到非常开心。值此成为岩波现代文库之中的一册之际，大概也会与前所未有的读者相遇吧，这十分令人期待。我想，《作为思想的"国语"》一书从作为作者的我手中离开，便会踏上出其不意的旅程吧。

说实话，我完全没有想到过《作为思想的"国语"》一书能拥有这么多的读者。这本书是以我向一桥大学大学院社会学研究科提出的博士论文为底本的，其中的章节以论文的形式在一些杂志上发表时，岩波书店编辑部的天野泰明先生问我，不把这些论文出版成书吗？我吓了一跳，同时也感到特别高兴。那个时候的事情像昨天才发生过的那样，清楚地留在了记忆中。我只想将自己花费心血和力气写下的论文整理成书，没有期待更多。所以当这本书引起了意想不到的反响的时候，首先感到惊讶的就是作为作者的我了。

随着英文版出版而来的书评中，有这样的评论：这本书与同时代的安田敏朗、长志珠绘、小森阳一等人的著作一同，是1990年日本的"国民国家论"文脉中的产物。这些"国民国家论"中存在着特有的"目的论式的叙述"，由此而来的弱点与局限在本书中也存在。

的确，回过头来看也许可以这样说。但是，我在写作《作为思想的"国语"》一书的时候，完全没有设想将其放入"国民国家论"那样的议论构架中。那时候忘我地全身心投入到论文写作中，完全没有观察社会的思想状况、学界动态的余力。与其说事前设想了什么样的框架，不如说自身的感觉更接近于在迷离恍惚之中摸索着前行。

那么，《作为思想的"国语"》得以完成的出发点是什么呢？首先是大学院时代与保科孝一著作的相遇。一开始读到的著作我想并不是《关于国家语的问题》这本书。当时在学习社会语言学的我，发现保科在详细地考证了哈布斯堡王朝的语言政策后，想要将其成果运用到殖民地、伪满洲国去这一事实，这引发了我极大的兴趣。因此，理所当然地对保科的老师上田万年的著作也有了关注。然而，在多方查阅之后，遇到了奇妙的景象。那就是在国语学者山田孝雄以及这一派的人看来，上田万年和保科孝一是带有"恐怖思想"的"国语道路上的革命分子"，并对他们进行了激烈的批判。那个用《国语与国家》热情地称颂语言民族主义的上田万年，为什么会被当作企图颠覆传统的"革命分子"呢？在殖民地热心地提倡同化式语言政策的保科，为什么会带有"恐怖思想"呢？实际上《作为思想的"国语"》可以说是为了解答这些疑问而写的。这本书在根子上就是这么小的疑问而已。

另外，"国语"是近代的产物这一认识也不是我首先发现的。

正如那些评论中提到的，是经由至今为止很多研究者的研究得出的。然而我所做的是，在此基础上进一步深入，想要正确把握"国语"概念产生的具体过程是怎样的。正是出于这样的原因，本书没有用"作为意识形态的国语"来作为题目。正如本书的副标题所示，我想把握的是"近代日本的语言认识"这一大脉络。因此，通过详细地分析一个一个的国语学者、语言学者，努力从中整理出近代日本的语言认识的一些重要环节。

写作《作为思想的"国语"》时的我与现在的我已经不同了。十五年的岁月流逝，即便是自己写的书也已经可以稍微客观地来看待了。《作为思想的"国语"》的一个要点是，指出了近代日本的语言民族主义中有保科孝一与山田孝雄两种类型。保科属于国语改革派，他是战后的国语改革先驱，同时也想在殖民地推进对异民族的语言同化政策。与此相对，山田不仅反对一切改革，而且原本就没想通过语言来对异民族进行同化。这不是因为山田宽容，而是因为他想让"国语"停留在只有日本人才可享受的、具有至高价值之物这一点上。

因此，我想如果聚焦于保科孝一的话，也许可以描绘出日本"战前"与"战后"的连续性。这一点没有明确地论述出来，所以可能会有一些难以理解。但是这一动机在我的意识中一直存在着。因此，在明治以前与明治时代之间画上了断绝线。也就是说，支撑这本书的历史认识是，将明治以前/明治时代作为"断绝"，战前/战后视作"连续"。当然，这不是现实的时间问题，而是视点的问题，也很有可能采用别的视点来看待这一问题。事实上，从现在来看，我会在对明治以前与明治时代之"断绝"这一清楚划分方面有所反省。因此，如果《作为思想的"国语"》继续写下去的话，也许会变成探讨从前近代到近代的连续性方面的研究吧。

如果说还有一个值得反省的地方的话，那就是，我曾说保科的思考方式到现在还在持续着，而另一方的山田孝雄的"国语思想"已经无法复活了。这是半包含着期待而写下的，然而十五年之后，我觉得这样的判断也许为时过早了。当时人们热热闹闹地谈论着"日本语的国际化"，而现在却谁也不会再提起了。这样一来，山田孝雄那种"国语的思想"也许会与"日本人的身份认同"这样的主题相结合，重新复活。可以说，已经有这样的兆头了。

但是，这样写的话，无论如何都像是比起山田孝雄，我更偏袒保科孝一似的。的确，因为让保科孝一占据了主人公的位置，所以也并不是没有这样的可能。然而，我自己也发现了这一点。因此，我想在"结语"部分写明：保科与山田在"国语的思想"内部是相互补充的。因此有人说这个"结语"是不是有些画蛇添足，在对这本书的书评中也可以看到这样的批评。但是我无法不这么去写。所以，我将在对立关系的外部存在的、相互补充式的语言称为"非日本语的日本语"。

"非日本语的日本语"究竟是什么？我也时常会遇到这样的质疑。我脑海中思考的是移住到日本的人使用的日本语。这是在这十五年中，唯一愈发变得清晰的问题吧。我希望成长在日本的外国籍孩子们可以在使用日本语和本国语的环境中茁壮成长。如果会影响到这些孩子的未来可能性的话，让"作为思想的'国语'"早日消失在人们的视野中会更好。因此，每当被问及上述的问题时，我都想小声地说："这本书也是用非日本语的日本语写成的呀。"

《作为思想的"国语"》一书给我留下了很多"作业"。因为必须再次着手于这其中没有论述彻底的一些问题。其中之一就是柳田国男的国语论。另外，围绕着同化展开的问题，山路爱山的著作中发现了"狭义的日本人/广义的日本人"这一区别，关于这一方面我也想再进行论述。涉及这些问题的论文都收录在了《作为幻影的"语言"》(『「ことば」という幻影』，明石书店，2009 年)一书中，如蒙惠览，不胜荣幸。

事无巨细地网罗、堆积事实，那样的研究不是我所采用的方式。因此，我并没有在《作为思想的"国语"》的原有框架中不断地加入另外的事实。那种做法并不是说是错的，而是对于我自己来说那种发现带来的喜悦甚为淡薄。因此，现在的我不再像写作此书时那样，怀抱着固执于语言这一视点的心情了，而是想进入更为广阔的文化研究的领域。

因此，也许《作为思想的"国语"》对于我来说是再也写不出的著作了。因此也可以这样说："我想将这本书作为接力棒递到其他人的手里。接到这个棒子的人可以自由地使用它。请你用自己的方式在属于自己的跑道上竭尽全力地奔跑吧！"值此之际，祝愿现代文库版可以成为这样的接力棒。

李妍淑

2012 年 1 月

参考文献

B・アンダーソン『想像の共同体』白石隆・白石さや訳，リブロポート，1987年
『安藤正次著作集6・言語政策論考』雄山閣，1975年
M・イヴィッチ『言語学の流れ』早田輝洋・井上史雄訳，みすず書房，1974年
石黒魯平『標準語の問題』三省堂，1944年
伊藤幹治『家族国家観の人類学』ミネルヴァ書房，1982年
伊藤定良『異郷と故郷』東京大学出版会，1987年
岩堀行宏『英和・和英辞典の誕生』図書出版社，1995年
上田万年『国文学』雙々館，1890年
　『国語のため』冨山房，初版1895年，訂正再版1897年
　『国語のため第二』冨山房，1903年
　『国語学の十講』通俗大学会，京華堂，1916年
　『言語学』新村出筆録，柴田武校訂，教育出版，1975年
　『国語学史』新村出筆録，古田東朔校訂，教育出版，1981年
梅根悟『近代国家と民衆教育——プロイセン民衆教育政策史』誠文堂新光社，1967年
　監修『世界教育史大系5・朝鮮教育史』講談社，1975年

監修『世界教育史大系12・ドイツ教育史Ⅱ』講談社，1977年
大野晋『日本語と世界』講談社，1989年
大久保忠利『一億人の国語国字問題』三省堂，1978年
岡本幸治『北一輝——転換期の思想構造』ミネルヴァ書房，1996年
小熊英二『単一民族神話の起源』新曜社，1995年
W・J・オング『声の文化と文字の文化』桜井直文・林正寛・糟谷啓介
　　訳，藤原書店，1991年
海後宗臣編『日本教科書大系・近代編』第7巻「国語（四）」講談社，
　　1963年編『井上毅の教育政策』東京大学出版会，1968年
外務省文化事業部『世界に伸び行く日本語』1939年
風間喜代三『言語学の誕生』岩波書店，1978年
梶井陟『朝鮮語を考える』龍渓書舎，1980年
神尾弌春『まぼろしの満洲国』日中出版，1983年
神島二郎『近代日本の精神構造』岩波書店，1961年
『亀井孝論文集1・日本語学のために』吉川弘文館，1971年
加茂正一『ドイツの国語醇化』日独文化協会，1944年
川村湊『海を渡った日本語』青土社，1994年
『北一輝著作集』第2巻，みすず書房，1959年
木村宗男編『講座日本語と日本語教育15・日本語教育の歴史』明治書
　　院，1991年
京極興一「「国語」「邦語」「日本語」について」『国語学』第146集，
　　1986年9月
金田一春彦『日本語セミナー5・日本語のあゆみ』筑摩書房，1983年
釘本久春『戦争と日本語』龍文書局，1944年
F・クルマス『言語と国家——言語計画ならびに言語政策の研究』山

下公子訳，岩波書店，1987 年

E・ケルヴェル，H・ルートヴィヒ『洗練されたドイツ語——その育成の歩み』乙政潤訳，白水社，1977 年

E・F・ケルナー『ソシュールの言語論』山中桂一訳，大修館書店，1982 年

国語教育学会編『標準語と国語教育』岩波書店，1940 年

『国語文化講座第 1 巻・国語問題篇』朝日新聞社，1941 年

『国語文化講座第 2 巻・国語概論篇』朝日新聞社，1941 年

『国語文化講座第 3 巻・国語教育篇』朝日新聞社，1941 年

『国語文化講座第 6 巻・国語進出篇』朝日新聞社，1942 年

E・コセリウ「言語体系・言語慣用・言」『コセリウ言語学選集 2』原誠・上田博人訳，三修社，1981 年

駒込武『植民地帝国日本の文化統合』岩波書店，1996 年

H・コーン『ハプスブルク帝国史入門』稲野強ほか訳，恒文社，1982 年

察茂豊『台湾における日本語教育の史的研究——一八九五年～一九四五年』東呉大学日本文化研究所，1989 年

佐久間鼎『日本語のために』厚生閣，1942 年

佐々木力『科学革命の歴史構造』全 2 巻，岩波書店，1985 年

真田信治『標準語の成立事情』PHP 研究所，1987 年

石剛『植民地支配と日本語』三元社，1993 年

塩田紀和『日本の言語政策の研究』くろしお出版，1973 年

志賀直哉「国語問題」『志賀直哉全集』第 7 巻，岩波書店，1974 年，所収

志田延義『大東亜言語建設の基本』畝傍書房，1943 年

柴田昌吉・子安峻『附音挿図英和字彙』日就社，1873 年

『増補訂正英和字彙第二版』日就社，1882年

柴田武「標準語，共通語，方言」『「ことば」シリーズ6・標準語と方言』文化庁，1977年，所収

M・B・ジャンセン編『日本における近代化の問題』細谷千博編訳，岩波書店，1968年

神保格『標準語研究』日本放送出版協会，1941年

新村出「言語学概論」『岩波講座日本文学』第20回，岩波書店，1933年，所収

　『国語の規準』散文館，1943年

杉本つとむ『近代日本語』紀伊国屋書店，1981年

鈴木静夫・横山真佳編著『神聖国家日本とアジア』勁草書房，1984年

鈴木孝夫「日本語国際化への障害」，日本未来学会編『日本語は国際語になるか』TBSブリタニカ，1989年，所収

鈴木康之『国語国字問題の理論』むぎ書房，1977年

F・ド・ソシュール『一般言語学講義』小林英夫訳，岩波書店，1972年

高崎宗司「「大東亜共栄圏」における日本語」『岩波講座日本通史19・近代4』岩波書店，1995年，所収

高森邦明『近代国語教育史』鳩の森書房，1979年

武部良明「国語国字問題の由来」『岩波講座日本語3・国語国字問題』岩波書店，1977年，所収

田中克彦『言語の思想』日本放送出版協会，1975年

　『言語からみた民族と国家』岩波書店，1978年

　『ことばと国家』岩波書店，1981年

　『国家語をこえて』筑摩書房，1989年

　『言語学とは何か』岩波書店，1993年

B・H・チェンバレン『日本小文典』文部省編輯局，1887年

A・J・P・テイラー『ハプスブルク帝国 1809〜1918』倉田稔訳，筑摩書房，1987年

土居光知『基礎日本語』六星館，1933年

時枝誠記『国語学史』岩波書店，1940年，改版1966年

 『国語学原論』岩波書店，1941年

 『国語学原論続篇』岩波書店，1955年

 『現代の国語学』有精堂，1956年

 『国語問題と国語教育』増訂版，中教出版，1961年

 『国語問題のために──国語問題白書』東京大学出版会，1962年

 『言語本質論』岩波書店，1973年

 『言語生活論』岩波書店，1976年

豊田国夫『民族と言語の問題──言語政策の課題とその考察』錦正社，1964年

中内敏夫『日本教育のナショナリズム』第三文明社，1985年

 『軍国美談と教科書』岩波書店，1988年

 編『ナショナリズムと教育』国土社，1969年

西尾実・久松潜一監修『国語国字教育史料総覧』国語教育研究会，1969年

日本国語会編『国語の尊厳』国民評論社，1943年

『日本語の歴史6・新しい国語への歩み』平凡社，1965年

『日本語の歴史7・世界のなかの日本語』平凡社，1965年

F・ニューマイヤー『抗争する言語学』馬場彰・仁科弘之訳，岩波書店，1994年

根来司『時枝誠記研究──言語過程説』明治書院，1985年

『時枝誠記研究——国語教育』明治書院，1988 年

野口武彦『三人称の発見まで』筑摩書房，1994 年

野村雅明『漢字の未来』筑摩書房，1988 年

H・パウル『言語史原理』福本喜之助訳，講談社，1976 年

萩原延壽『馬場辰猪』中央公論社，1967 年

橋川文三『ナショナリズム』紀伊国屋書店，1978 年

波多野完治ほか監修『新・日本語講座 9・現代日本語の建設に苦労した人々』汐文社，1975 年

服部四郎『音韻論と正古法』研究社，1951 年，新版，大修館書店，1979 年

『一言語学者の随想』汲古書院，1992 年

『馬場辰猪全集』全 4 巻，岩波書店，1987—1988 年

平井昌夫『国語国字問題の歴史』昭森社，1948 年

『福沢諭吉選集』第 1・2・12 巻，岩波書店，1980、1981 年

Ch・C・フリーズ『近代言語学の発達』興津達朗訳，研究社出版，1968 年

『文学』（特輯・東亜に於ける日本語），岩波書店，1940 年 4 月号

H・ペデルセン『言語学史』伊東只正訳，こびあん書房，1974 年

外間守善『沖縄の言語史』法政大学出版局，1971 年

『日本語の世界 9・沖縄の言葉』中央公論社，1981 年

保科孝一抄訳『言語発達論』冨山房，1899 年

保科孝一『国語学小史』大日本図書，1899 年

『言語学大意』国語伝習所，1900 年

『国語教授法指針』宝永館書店，1901 年

『言語学』早稲田大学出版部，1902 年

『改定仮名遣要義』弘道館，1907 年

『国語学史』早稲田大学出版局，1907 年

『国語学精義』同文館，1910 年

『日本口語法』同文館，1911 年

『国語教育及教授の新潮』弘道館，1914 年

『国語国字国文改良諸説梗概』教育調査会，1914 年

『最近国語教授上の諸問題』教育新潮研究会，1915 年

『国語教授法精義』育英書院，1916 年

『実用口語法』育英因院，1917 年

『大正日本文法』育英害院，1918 年

『独逸属領時代の波蘭に於ける国語政策』朝鮮総督府，1921 年

『訓練講座国語』社会教育会，1927 年

『国語教育を語る』育英書院，1932 年

『国家語の問題について』東京文理科大学文科紀要第六巻，1933 年

『国語政策論』（国語科学講座12），明治書院，1933 年

『新教授法と我が国語教育』（国語国文学講座第 1 巻），雄山閣，1933 年

『新体国語学史』賢文館，1934 年

『国語と日本精神』実業之日本社，1936 年

『国語政策』刀江書院，1936 年

『教師のための文語法』育英書院，1939 年

『大東亜共栄圏と国語政策』統正社，1942 年

『和字正濫抄と仮名遣問題』日本放送出版協会，1942 年

『国語問題五十年』三養書房，1949 年

『国語便覧——当用漢字・現代かなづかい解説』教育図書研究会，

1949 年

『ある国語学者の回想』朝日新聞社，1952 年

保科孝一・安藤正次『外来語問題に関する独逸に於ける国語運動』文部省，1918 年

P・v・ポーレンツ『ドイツ語史』岩崎英二郎・塩谷饒・金子亨・吉島茂訳，白水社，1974 年

増淵恒吉編『国語教育史資料第五巻・教育課程史』東京法令出版，1981 年

松坂忠則『国語国字論争——復古主義への反論』新興出版社，1962 年

松本三之介編『近代日本思想大系 30・明治思想集 I』筑摩書房，1976 年

丸谷才一編『日本語の世界 16・国語改革を批判する』中央公論社，1983 年

「満洲国」教育史研究会監修『「満洲・満洲国」教育資料集成 10・教育内容・方法 II』エムティ出版，1993 年

宮田節子『朝鮮民衆と「皇民化」政策』未来社，1985 年

『明治文学全集 44・落合直文・上田万年・芳賀矢一・藤岡作太郎集』筑摩書房，1968 年

明治文化研究会編『明治文化全集』第 1 巻（憲政篇），日本評論社，第 2 版 1955 年

明治文化研究会編『明治文化全集』第 24 巻（文明開化篇），日本評論社，第 2 版 1967 年

『森有礼全集』全 3 巻，宣文堂古店，1972 年

森岡健二編著『近代語の成立——明治期語彙編』明治書院，1969 年

文部省教科書局国語課編『国語調査沿革資料』1949 年

文部省内教育史編硲会編修『明治以降教育制度発達史』第 10 巻，龍

吟社，1939 年

『矢内原忠雄全集』第 1・4 巻，岩波書店，1963 年

柳田国男『国語の将来』『定本柳田國男集』第 19 巻，筑摩書房，1963 年，所収

 『標準語と方言』『定本柳田國男集』第 18 巻，筑摩書房，1963 年，所収

山田孝雄『国語政策の根本問題』宝文館，1932 年

 『国語学史要』岩波書店，1935 年

 『国語尊重の根本義』白水社，1938 年

 『国語学史』宝文館，1943 年

 『国語の本質』白水社，1943 年

山室信一『キメラ――満洲国の肖像』中公新書，1993 年

山本正秀『近代文体発生の史的研究』岩波書店，1965 年

 『言文一致の歴史論考続篇』桜楓社，1981 年

 編著『近代文体形成史料集成・発生篇』桜楓社，1978 年

 編著『近代文体形成史料集成・成立篇』桜楓社，1979 年

山本有造編『「満州国」の研究』緑蔭書房，1995 年

吉田澄夫・井之口有一編『国字問題論集』冨山房，1950 年

 編『明治以降国語問題論集』風間書房，1964 年

 編『明治以降国語問題諸案集成』全 2 巻，風間書房，1972―1973 年

R・H ロウビンズ『言語学史』中村完・後藤斉訳，研究社出版，1992 年

渡部学・阿部洋編『日本植民地教育政策史料集成（朝鮮篇）』第 16・17・63・69 巻，龍渓書舎，復刻版 1987，1991 年

Amsterdamska, Olga, *Schools of Thought. The Development of Linguistics from Bopp to Saussure,* D. Reidel, Dordrecht, 1987.

Glück, Helmut, *Die preussische-polnische Sprachenpolitik,* Buske, Hamburg, 1979.

Joseph, John Earl, *Eloquence and Power. The Rise of Language Standards and Standard Languages,* Frances Pinter, London, 1987.

Koerner, Konrad, *Practicing Linguistic Historiography,* John Benjamin, Amsterdam, 1989.

Kirkness, Alan, *Zur Sprachreinigung im Deutschen 1789-1871. Eine historische Dokumentation,* Teill1, TBL Verlag Gunter Narr, Tübingen, 1975.

Scaglione, Aldo ed., *The Emergence of National Languages,* Longo, Ravenna, 1984.

Seton-Watson, Hugh, *Language and National Consciousness,* The British Academy, London, 1981.

Silverstein, Michael ed., *Whitney on Language. Selected Writings of William Dwight Whitney,* MIT Press, Cambridge, 1971.

Thomas, George, *Linguistic Purism,* Longman, London, 1991.

Townson, Michael, *Mother-tongue and Fatherland. Language and Politics in German,* Manchester U. P., Manchester, 1992.

Whitney, William Dwight, *The Life and Growth of Language,* Dover, *New York, 1979.*

译后记

本书根据岩波书店 2012 年出版的现代文库版《作为思想的"国语"》翻译而成。翻译工作从 2018 年 11 月一直进行到了 2019 年的 9 月，并不断地修改、完善至 2022 年 5 月。也许是第一本我自己想翻译的书，所以格外用心也格外小心。

与此书的相遇早于与李老师的相遇，或者换句话说，没有与此书的相遇也许不会有幸与李老师相遇。2015 年我灰心丧气地选择博士退学，于外有难言的理由，但直面自己内心的时候不得不承认，无论是在方法上还是研究对象上，都强烈地感觉到"这不是我想做的学问"，可又对理想的学问感到模糊而迷茫。每天都浸泡在那种滋味中，实在太难受了。一年之后的某一天，初学日本语不足半年的我，想要挑战学术著作。出于自己的兴趣，便兴冲冲从书店买回了这本书，利用字典和汉字之便，连蒙带猜地读完了。也不知道当时究竟读懂了多少，合上书后却被一种感动包围着。尤其是本书在方法论上的启示，一下子让我找到了"想做的学问"。于是，冒昧地用蹩脚的日本语给李老师写了信，告诉老师想读她的博士。

就这样有幸成了李老师的"关门弟子"。跟李老师读书期间，不断地感动于李老师的宽容与对学生的用心，每一节课的课堂都像是聆听一场绝妙的交响乐那样，给人以心灵的洗涤。李老师时常对我们说，在你们这个年纪、这个时候是最好的了，不用顾忌很多，完全可以按照自己的方式走自己的路。只要是发自内心想做的事情，我就一定会支持。这样的话听起来轻巧，但真正能做到的也许为数并不多。也因为有李老师此话为我打气，我就不知天高地厚地跟李老师说了想翻译她的这本书，完全没想到李老师竟然同意刚学日本语没多久的我来做译者，李老师毫不犹豫地说："如果是你的话，一定没问题的，我会支持你的。"就是在这样的鼓励下，我开始了本书的翻译工作。

我想能成为李老师的学生，或许是求学生涯中最美好的事情了。

本书受三得利翻译出版基金资助（三得利财团会把年度资助给予我这个无名小辈，为此深感意外），在此表示感谢。在翻译本书期间受到了一桥大学的坂元弘子老师、东京大学的铃木将久老师、南京大学的尹海燕老师的帮助和支持，以及日本成城大学的陈力卫老师的指教，在此对他们表示衷心的感谢！同时感谢三联书店，没有他们的信赖与支持，这本书也许很难顺利地与读者相见。另外，感谢我的家人为我提供无忧的工作环境。还不得不提到我家的两只猫，如果没有它们给我捣乱、擅作修改，我或许可以更早地为广大读者献上此书了，然而对于这一点它们丝毫没有歉意。

王晴

2019 年 9 月 14 日

再改于 2022 年 5 月

作者简介

李妍淑,韩国顺天市生。延世大学文学学士,一桥大学大学院社会学博士。曾任大东文化大学讲师、准教授,现为一桥大学大学院言语社会研究科特任教授、名誉教授。研究方向为社会语言学和言语思想史。本书曾荣获1997年三得利年度学艺奖。另有著作:《异邦的记忆——故乡,国家,自由》(晶文社)、《作为幻影的"词语"——近代日本的语言意识形态》(明石书店)。

译者简介

王晴,北京人。北京第二外国语学院国际传播学院汉语言文学本科毕业,华东师范大学思勉人文高等研究院中国现当代文学博士中退,现在一桥大学言语社会研究科攻读博士学位。任青山学院大学非常勤讲师。研究方向为社会语言学,以及东亚殖民地语言与文学。